2024 中财传媒版

年度全国会计专业技术资格考试辅导系列丛书 · 注定会赢®

# 初级会计实务
## 考点精要

财政部中国财经出版传媒集团　组织编写

中国财经出版传媒集团
经济科学出版社

·北京·

图书在版编目（CIP）数据

初级会计实务考点精要/财政部中国财经出版传媒
集团组织编写. -- 北京：经济科学出版社，2024.1
（中财传媒版2024年度全国会计专业技术资格考试辅
导系列丛书. 注定会赢）
ISBN 978 - 7 - 5218 - 5530 - 2

Ⅰ. ①初…　Ⅱ. ①财…　Ⅲ. ①会计实务 - 资格考试 -
自学参考资料　Ⅳ. ①F233

中国国家版本馆 CIP 数据核字（2024）第 003152 号

责任校对：隗立娜
责任印制：邱　天

初级会计实务考点精要

CHUJI KUAIJI SHIWU KAODIAN JINGYAO

财政部中国财经出版传媒集团　组织编写

经济科学出版社出版、发行　新华书店经销

社址：北京市海淀区阜成路甲 28 号　邮编：100142

总编部电话：010 - 88191217　发行部电话：010 - 88191522

天猫网店：经济科学出版社旗舰店

网址：http：//jjkxcbs. tmall. com

北京时捷印刷有限公司印装

787 × 1092　16 开　19.5 印张　380000 字

2024 年 1 月第 1 版　2024 年 1 月第 1 次印刷

ISBN 978 - 7 - 5218 - 5530 - 2　定价：68.00 元

**（图书出现印装问题，本社负责调换。电话：010 - 88191545）**

**（打击盗版举报热线：010 - 88191661，QQ：2242791300）**

# 前　言

2024 年度全国会计专业技术初级资格考试大纲已经公布, 辅导教材也已正式出版发行。与上年度相比, 新考试大纲及辅导教材的内容发生了较大变化。为了帮助考生准确理解和掌握新大纲和新教材的内容、顺利通过考试, 中国财经出版传媒集团本着对广大考生负责的态度, 严格按照新大纲和新教材内容, 组织编写了中财传媒版 2024 年度全国会计专业技术资格考试辅导"注定会赢"系列丛书。

该系列丛书包含 7 个子系列, 共 14 本图书, 具有重点把握精准、难点分析到位、题型题量丰富、模拟演练逼真等特点。本书属于"考点精要"子系列, 对教材重难点内容进行梳理, 以图表的形式提纲挈领地展现教材内容, 旨在精炼教材, 便于考生记忆把握。

中国财经出版传媒集团旗下"注定会赢"微信公众号为购买本书的考生提供网上后续服务。考生通过扫描封面下方的二维码并关注后, 可免费享有前导课、高频考点串讲、学习答疑、每日一练等增值服务。

全国会计专业技术资格考试是我国评价选拔会计人才、促进会计人员成长的重要渠道, 也是落实会计人才强国战略的重要措施。希望广大考生在认真学习教材内容的基础上, 结合本丛书准确理解和全面掌握应试知识点内容, 顺利通过考试, 不断取得更大进步, 为我国会计事业的发展作出更大贡献!

书中如有疏漏和不当之处, 敬请批评指正。

财政部中国财经出版传媒集团

2023 年 12 月

# 目 录

# 第四章 非流动资产

# 第五章 负 债

# 第六章 所有者权益

# 第七章 收入、费用和利润

## 第八章　财务报告

## 第九章　产品成本核算

## 第十章　政府会计基础

# 第一章 概　述

## 考情分析

　　本章内容属于会计基础知识、难度不大，需要记忆的内容较多。考生需要重点掌握会计基本假设和会计基础、会计信息质量特征、会计职业道德规范及其内容；熟悉会计职能、会计目标；了解会计概念、会计扩展职能、会计职业风险、会计准则制度体系。

　　考生在学习时应侧重文字表述的理解以及理论知识的应用，建议复习以客观题为主，本章预计分值 5 分左右。

## 教材变化

　　2024 年教材本章内容变化较大，具体变化情况如下：

1. 第四节修改了"会计职业道德的内容"。

2. 第五节删除了"内部控制基础"相关内容，改为"会计准则制度体系概述"。

# 教材框架

概述
- 会计概念、职能和目标
  - 会计概念
  - 会计职能
  - 会计目标
- 会计基本假设和会计核算的基础
  - 会计基本假设
  - 会计核算的基础
- 会计信息质量
  - 会计信息
  - 会计信息质量要求
- 会计职业道德
  - 会计职业及其特征
  - 会计职业道德概述
  - 会计职业道德的内容
  - 会计职业道德的相关管理规定
- 会计准则制度体系
  - 企业会计准则体系概述
  - 政府会计准则制度体系概述

# 考点提炼

## 考点1  会计概念、职能和目标★

| 项目 | 内　　容 |
| --- | --- |
| 会计概念 | 1. 定义：现代会计是以货币为主要计量单位，采用专门方法和程序，对企业和行政、事业单位的经济活动过程及其结果进行准确完整、连续系统的核算和监督，以如实反映受托责任履行情况和提供有用经济信息为主要目的的经济管理活动。<br>【要点】以货币为主要计量单位；对所有单位经济活动的记录；是一项经济管理活动。<br>2. 基本特征：以货币为主要计量单位；准确完整性、连续系统性 |
| 会计职能 | 1. 基本职能：<br>（1）核算：贯穿于经济活动的全过程，是会计最基本的职能；<br>（2）监督：分为单位内部监督、国家监督和社会监督三部分。<br>两者关系：两者相辅相成、辩证统一。会计核算是会计监督的基础，会计监督是会计核算质量的保障。<br>2. 拓展职能：预测经济前景；参与经济决策；评价经营业绩 |

| 项目 | 内　容 |
|------|--------|
| 会计目标 | 1. 概念：会计目标是要求会计工作完成的任务或达到的标准。即：<br>（1）向财务报告使用者提供与企业财务状况、经营成果和现金流量等有关的会计资料和信息；<br>（2）反映企业管理层受托责任履行情况，有助于财务报告使用者作出经济决策。<br>2. 理解要点：<br>（1）财务报告使用者既包括企业的内部使用者又包括外部使用者，主要包括投资者（首要出发点）、债权人、政府及其有关部门和社会公众等；<br>（2）企业编制财务报告、提供会计信息必须与投资者的决策密切相关 |

**典型例题**

【例1－1】（多选题）下列各项中，属于会计核算内容的有（　　　）。

A. 审查真实性、合法性和合规性

B. 收入、支出、成本、费用进行计算

C. 评价经济业绩

D. 资本的增减

【答案】BD

【解析】会计核算的内容主要包括：（1）款项和有价证券的收付；（2）财物的收发、增减和使用；（3）债权、债务的发生和结算；（4）资本、基金的增减；（5）收入、支出、费用、成本的计算；（6）财务成果的计算和处理；（7）需要办理会计手续、进行会计核算的其他事项。选项A属于会计的监督职能；选项C属于会计的拓展职能。

【例1－2】（判断题）会计监督可分为单位内部监督、国家监督和公众监督。
（　　　）

【答案】×

【解析】会计监督可分为单位内部监督、国家监督和社会监督三部分。

## 考点2　会计基本假设★★

| 项目 | 内　容 |
|------|--------|
| 会计主体 | 会计主体是指会计工作服务的特定对象，是企业会计确认、计量、记录和报告的空间范围。<br>企业应当对其本身发生的交易或事项进行会计确认、计量、记录和报告，反映企业本身所从事的各项生产经营活动和其他相关活动。<br>如果某项经济交易或事项是属于企业所有者个体所发生的，则不应纳入企业会计核算的范围。如果企业所有者向企业投入资本或企业向投资者分配利润，则属于企业会计主体的核算范围 |

| 项目 | 内　　容 |
|---|---|
| 持续经营 | 持续经营是指在可以预见的将来，企业将会按当前的规模和状态继续经营下去，不会停业，也不会大规模削减业务。<br>【要点】会计确认、计量、记录和报告应当以企业持续、正常的生产经营活动为前提，企业的资产将按照既定用途使用、债务将按照既定的债务合约条件进行清偿 |
| 会计分期 | 会计分期是指将一个企业持续经营的生产经营活动划分为一个个连续的、长短相同的期间。<br>会计分期的目的，是据以分期结算盈亏，按期编报财务报告，从而及时向财务报告使用者提供有关企业财务状况、经营成果和现金流量的信息。<br>会计期间通常分为会计年度和中期。中期，是指短于一个完整的会计年度的报告期间，如月度、季度、半年度等 |
| 货币计量 | 货币计量是指会计主体在会计确认、计量、记录和报告时主要以货币作为计量单位，来反映会计主体的生产经营活动过程及其结果。<br>货币是商品的一般等价物，是衡量一般商品价值的共同尺度，具有价值尺度、流通手段、贮藏手段和支付手段等特点 |

**典型例题**

【例1-3】（单选题）会计的主要计量单位是（　　）。

A. 货币　　　　　　　　　　　　B. 人民币

C. 劳动量　　　　　　　　　　　D. 实物

【答案】A

【解析】会计是以货币为主要计量单位的。选项A正确。

【例1-4】（多选题）企业会计确认、计量、记录和报告的前提有（　　）。

A. 会计主体　　　　　　　　　　B. 持续经营

C. 会计分期　　　　　　　　　　D. 货币计量

【答案】ABCD

【解析】会计基本假设是对会计核算时间和空间范围以及所采用的主要计量单位等所作的合理假定，是企业会计确认、计量、记录和报告的前提。会计基本假设包括会计主体、持续经营、会计分期和货币计量。选项A、B、C、D均正确。

【例1-5】（判断题）会计分期是持续经营假设的必要补充。（　　）

【答案】√

【解析】会计分期是指将一个企业持续经营的经济活动划分为一个个连续的、长短相同的期间，以便分期结算账目和编制财务会计报告。持续经营假设是会计分期假设的基础，会计分期假设是持续经营假设的补充。

## 考点 3　会计核算基础 ★★

| 项目 | 权责发生制 | 收付实现制 |
|---|---|---|
| 定义 | 是指以取得收取款项的权利或支付款项的义务为标志来确定本期收入和费用的会计核算基础 | 是指以现金的实际收付为标志来确定本期收入和费用的会计核算基础 |
| 说明 | 凡是当期已经实现的收入和已经发生或者应当负担的费用，无论款项是否收付，都应当作为当期的收入和费用，计入利润表；凡是不属于当期的收入和费用，即使款项已在当期收付，也不应当作为当期的收入和费用 | 凡是当期实际收到款项的收入和支出款项的费用，无论款项是否属于当期，都应当作为当期的收入和费用，计入利润表；凡是当期未收到款项的收入和未支付款项的费用，即使款项属于当期，也不应当作为当期的收入和费用 |
| 适用范围 | 所有企业，政府会计中的财务会计 | 政府会计中的预算会计 |
| 二者会计处理结果差异 | 相较于收付实现制，权责发生制下会计处理较为复杂，其会计处理结果存在一定的差异。在交易或者事项的发生时间与相关款项收付时间不一致时产生两种会计核算基础下确认的利润差额 | |

**典型例题**

【例1－6】（判断题）政府预算会计实行权责发生制，财务会计实行收付实现制。（　　）

【答案】×

【解析】政府预算会计采用收付实现制，国务院另有规定的，依照其规定；财务会计采用权责发生制。

## 考点 4　会计信息 ★

| 项目 | 内　容 |
|---|---|
| 会计信息作用 | 1. 解脱企业及其管理者的受托责任，降低企业和外部利益相关者之间的信息不对称；<br>2. 有效约束公司管理层的行为，提高公司治理的效率；<br>3. 帮助投资者甄别其投资的优劣进而作出投资决策；<br>4. 有利于债权人作出授信决策；<br>5. 维护资本市场秩序、提高经济的运行效率等 |
| 会计信息质量 | 会计信息质量是指会计信息符合会计法律、会计准则等规定要求的程度，是满足企业利益相关者需要的能力和程度 |

典型例题

【例1-7】（多选题）下列各项中，属于会计信息作用的有（　　　）。

A. 维护资本市场秩序　　　　　B. 降低信息不对称

C. 提高经济运行效率　　　　　D. 提高公司治理效率

【答案】ABCD

【解析】选项A、B、C、D均为会计信息作用。

## 考点5　会计信息质量要求★★

| 要求 | 内涵 | 说明 |
| --- | --- | --- |
| 可靠性 | 要求企业应当以实际发生的交易或者事项为依据进行确认、计量、记录和报告，如实反映符合确认和计量要求的各项会计要素及其他相关信息，保证会计信息真实可靠、内容完整 | 保证会计信息真实可靠，要求企业不能将不存在的交易或者事项在确认、计量、记录和报告及会计信息披露文件中予以记载。保证会计信息内容完整，企业在会计确认、计量、记录和报告及信息披露文件中不能存在遗漏行为。保持会计信息可靠性还要求企业会计信息应当是中立的、无偏的，会计职业判断和会计政策选择应保持中立的、无偏的立场 |
| 相关性 | 要求企业提供的会计信息应当与财务会计报告使用者的经济决策需要相关，有助于财务会计报告使用者对企业过去、现在或者未来的情况作出评价或者预测 | 会计信息是否有用是会计信息质量的重要标志和基本特征之一。相关的会计信息具有反馈价值和预测价值 |
| 可理解性 | 要求企业提供的会计信息应当清晰明了，便于投资者等财务报告使用者理解和使用 | 财务报告要让使用者有效使用会计信息，应当了解会计信息的内涵，弄懂会计信息的内容，这就要求财务报告提供的会计信息应当清晰明了，易于理解 |
| 可比性 | 要求企业提供的会计信息应当相互可比，即：同一企业不同时期可比；不同企业相同会计期间可比 | 同一企业不同时期可比。即同一企业不同时期发生的相同或者相似的交易或者事项，应当采用一致的会计政策，不得随意变更。不同企业相同会计期间可比。即不同企业同一会计期间发生的相同或者相似的交易或事项，应当采用同一会计政策，确保会计信息口径一致、相互可比，以使不同企业按照一致的确认、计量和报告要求提供有关会计信息 |
| 实质重于形式 | 要求企业应当按照交易或者事项的经济实质进行会计确认、计量、记录和报告，不仅仅以交易或事项的法律形式为依据 | 在实际工作中，交易或事项的法律形式并不总能完全反映其经济实质内容。多数情况下，企业发生交易或事项的经济实质与法律形式是一致的。但在有些情况下，会出现不一致 |

| 要求 | 内涵 | 说明 |
|---|---|---|
| 重要性 | 要求企业提供的会计信息应当反映与企业财务状况、经营成果和现金流量有关的所有重要交易或事项 | 在实务中，如果某项会计信息的省略或者错报会影响投资者等财务报告使用者据此作出决策，该信息就具有重要性。<br>重要性的应用需要依赖职业判断，企业应当根据其所处环境和实际情况，从项目的功能、性质和金额大小等多方面加以判断 |
| 谨慎性 | 要求企业对交易或事项进行会计确认、计量、记录和报告应当保持应有的谨慎，不应高估资产或者收益、低估负债或者费用 | 企业的生产经营活动面临着风险和不确定性，如应收款项的可收回性、固定资产的预期使用寿命、无形资产的预期使用寿命等。<br>如果企业高估资产或收益、低估费用会导致高估利润，存在误导性列报和陈述的风险，可能导致会计信息使用者高估企业盈利能力而盲目乐观，作出不切合实际的决策；如果低估负债，可能诱导会计信息使用者高估企业的偿债能力，作出不准确或不恰当的决策 |
| 及时性 | 要求企业对于已经发生的交易或事项，应当及时进行确认、计量、记录和报告，不得提前或延后 | 及时收集会计信息；及时处理会计信息；及时传递会计信息 |

**典型例题**

【例1-8】（单选题）下列各项中，关于会计信息质量可靠性要求表述正确的是（　　）。

A. 企业进行核算应与报告使用者的经济决策需要相关

B. 企业应当以实际发生的交易或者事项为依据进行会计核算

C. 不同企业同一会计期间发生相同的交易，应当采用一致的会计政策

D. 企业进行核算应便于报告使用者理解和使用

【答案】B

【解析】选项A体现的是相关性；选项C体现的是可比性；选项D体现的是可理解性。

【例1-9】（多选题）下列各项中，属于会计信息质量要求的有（　　）。

A. 及时性　　　　B. 权责发生制　　　　C. 重要性　　　　D. 历史成本

【答案】AC

【解析】会计信息质量要求主要包括可靠性、相关性、可理解性、可比性、实质重于形式、重要性、谨慎性、及时性等。选项A、C正确。

### 考点6 会计职业及其特征 ★

| 项目 | 内　　容 |
|---|---|
| 会计职业的概念 | 会计职业是指利用会计专门的知识和技能，为经济社会提供会计服务，获取合理报酬的职业 |
| 会计职业的特征 | 1. 会计职业的社会属性；<br>2. 会计职业的规范性；<br>3. 会计职业的经济性；<br>4. 会计职业的技术性；<br>5. 会计职业的时代性 |

**典型例题**

【例1-10】（多选题）下列各项中，属于会计职业特征的有（　　　）。

A. 自然属性　　　　　　　　　　B. 规范性

C. 经济性　　　　　　　　　　　D. 技术性

【答案】BCD

【解析】会计职业的特征包括社会属性、规范性、经济性、技术性、时代性。选项A不是会计职业的特征。

### 考点7 会计职业道德概述 ★

| 项目 | 内　　容 |
|---|---|
| 会计职业道德 | 会计职业道德是指会计人员在会计工作中应当遵循的、体现会计职业特征的、调整会计职业关系的职业行为准则和规范。<br>会计职业道德由特定的社会生产关系和经济社会发展水平所决定，属于社会意识形态范畴。<br>会计职业道德包括：<br>1. 会计职业理想；<br>2. 会计职业责任；<br>3. 会计职业技能；<br>4. 会计工作态度；<br>5. 会计工作作风；<br>6. 会计职业纪律等 |

续表

| 项目 | 内 容 |
|---|---|
| 会计职业道德与会计法律制度的联系与区别 | 二者的联系：<br>1. 会计职业道德与会计法律制度在内容上相互渗透、相互吸收；在作用上相互补充、相互协调。<br>2. 会计职业道德是会计法律制度的重要补充，会计法律制度是会计职业道德的最低要求，是会计职业道德的基本制度保障。<br>二者的区别：<br>1. 性质不同；<br>2. 作用范围不同；<br>3. 表现形式不同；<br>4. 实施保障机制不同；<br>5. 评价标准不同 |

**典型例题**

【例1－11】（单选题）会计职业道德是会计法律制度的（　　）。

A. 重要前提　　　　　　　　B. 基本制度保障

C. 最低要求　　　　　　　　D. 重要补充

【答案】D

【解析】会计职业道德是会计法律制度的重要补充，会计法律制度是会计职业道德的最低要求，是会计职业道德的基本制度保障。选项D正确。

【例1－12】（多选题）下列各项中，对会计职业道德起决定作用的有（　　）。

A. 社会生产关系　　　　　　B. 企业的管理水平

C. 经济社会发展水平　　　　D. 会计人员的专业素质

【答案】AC

【解析】会计职业道德由特定的社会生产关系和经济社会发展水平所决定。选项A、C正确。

## 考点8 会计职业道德的内容★★

| 具体内容 | 内涵 | 地位 |
|---|---|---|
| 坚持诚信，守法奉公 | 牢固树立诚信理念，以诚立身、以信立业，严于律己、心存敬畏。学法知法守法，公私分明、克己奉公，树立良好职业形象，维护会计行业声誉 | 自律要求 |

续表

| 具体内容 | 内涵 | 地位 |
|---|---|---|
| 坚持准则，守责敬业 | 严格执行准则制度，保证会计信息真实完整。勤勉尽责、爱岗敬业，忠于职守、敢于斗争，自觉抵制会计造假行为，维护国家财经纪律和经济秩序 | 履职要求 |
| 坚持学习，守正创新 | 始终秉持专业精神，勤于学习、锐意进取，持续提升会计专业能力。不断适应新形势新要求，与时俱进、开拓创新，努力推动会计事业高质量发展 | 发展要求 |

典型例题

【例1-13】（多选题）下列各项中，属于新时代会计人员职业道德要求有（　　）。

A. 坚持准则，守责敬业　　　　　　B. 坚持诚信，守法奉公

C. 坚持学习，守正创新　　　　　　D. 坚持惯例，守护传统

【答案】ABC

【解析】财政部研究制定了《会计人员职业道德规范》，提出"三坚三守"，具体内容为坚持诚信，守法奉公；坚持准则，守责敬业；坚持学习，守正创新。选项A、B、C正确。

【例1-14】（判断题）"坚持诚信，守法奉公"是对会计人员的履职要求。（　　）

【答案】×

【解析】"坚持诚信，守法奉公"是对会计人员的自律要求，"坚持准则，守责敬业"是对会计人员的履职要求，"坚持学习，守正创新"是对会计人员的发展要求。

## 考点9　会计职业道德的相关管理规定★

| 措施 | 内容 |
|---|---|
| 增强会计人员诚信管理 | 1. 强化会计职业道德意识；<br>2. 加强会计诚信教育 |

续表

| 措施 | 内 容 |
|------|-------|
| 建设会计人员信用档案 | 1. 建立严重失信会计人员"黑名单"制度；<br>2. 建立会计人员信用信息管理制度；<br>3. 完善会计人员信用信息管理系统 |
| 会计职业道德管理的组织实施 | 1. 组织领导；<br>2. 广泛宣传；<br>3. 褒奖守信会计人员 |
| 建立健全会计职业联合惩戒机制 | 1. 罚款、限制从事会计工作、追究刑事责任等惩戒措施；<br>2. 记入会计从业人员信用档案；<br>3. 将会计领域违法失信当事人信息通过财政部网站、"信用中国"网站予以发布，同时协调相关互联网新闻信息服务单位向社会公布；<br>4. 实行行业惩戒；<br>5. 限制取得相关从业任职资格，限制获得认证证书；<br>6. 依法限制参与评先、评优或取得荣誉称号；<br>7. 依法限制担任金融机构董事、监事、高级管理人员；<br>8. 依法限制其担任国有企业法定代表人、董事、监事；<br>9. 限制登记为事业单位法定代表人；<br>10. 作为招录（聘）为公务员或事业单位工作人员以及业绩考核、干部选任的参考 |

**典型例题**

【例 1－15】（多选题）下列各项中，属于会计职业道德管理的组织实施的内容有（    ）。

A. 组织领导　　　　　　　　　　B. 强化会计职业道德意识

C. 广泛宣传　　　　　　　　　　D. 褒奖守信会计人员

【答案】ACD

【解析】选项 A、C、D 是会计职业道德管理的组织实施的内容，会计职业道德管理的组织实施包括组织领导、广泛宣传、褒奖守信会计人员。选项 B 强化会计职业道德意识是增强会计人员诚信管理的内容。

【例 1－16】（判断题）对会计领域违法失信当事人，将其违法失信记录记入人事档案。（    ）

【答案】×

【解析】对会计领域违法失信当事人，将其违法失信记录记入会计人员信用档案。

## 考点 10　企业会计准则体系概述 ★★

| 内容 | 适用范围 | 组成内容 |
| --- | --- | --- |
| 企业会计准则体系 | 适用于上市公司、金融机构、国有企业 | 主要包括 1 项基本准则、42 项具体准则及其应用指南、17 项企业会计准则解释、10 余项会计处理规定 |
| 小企业会计准则 | 适用于符合《中小企业划型标准规定》所规定的小型企业标准的企业，但以下三类小企业除外：股票或债券在市场上公开交易的小企业；金融机构或其他具有金融性质的小企业；企业集体内的母公司和子公司 | 主要包括《小企业会计准则》和针对某些特定行业某项或某类业务的会计处理规定，如《律师事务所相关业务会计处理规定》 |

☞提示：根据会计主体不同，我国统一的会计核算制度体系主要包括企业会计准则，政府会计准则制度，以及非营利组织会计制度、基金（资金）类会计制度、村集体经济组织会计制度等。

典型例题

【例 1 – 17】（多选题）下列各项中，属于我国统一的会计核算制度体系的有（　　）。

A. 企业会计准则　　　　　　　　B. 村集体经济组织会计制度

C. 政府会计准则制度体系　　　　D. 基金（资金）类会计制度

【答案】ABCD

【解析】根据会计主体不同，我国统一的会计核算制度体系主要包括企业会计准则（选项 A），政府会计准则制度（选项 C 正确），以及非营利组织会计制度、基金（资金）类会计制度（选项 D 正确）、村集体经济组织会计制度（选项 B 正确）等。

【例 1 – 18】（判断题）符合中小企业划型标准规定且具有金融企业性质的小企业适用小企业会计准则。（　　）

【答案】×

【解析】小企业会计准则主要适用于符合《中小企业划型标准规定》所规定的小型企业标准的企业，但以下三类小企业除外：（1）股票或债券在市场上公开交易的小企业；（2）金融机构或其他具有金融性质的小企业；（3）企业集体内的母公司和子公司。

## 考点11　政府会计准则制度体系概述 ★★

| 内容 | 适用范围 | 组成内容 |
| --- | --- | --- |
| 政府会计准则体系 | 适用于政府会计主体，主要包括各级政府、各部门、各单位（军队和已纳入企业财务管理体系的单位和执行《民间非营利组织会计制度》的社会团体，其会计核算不适用政府会计准则制度体系） | 主要包括1项基本准则、11项具体准则、2项应用指南和6项政府会计准则制度解释 |
| 政府会计制度 | — | 主要包括政府财政总预算会计制度和政府单位会计制度；<br>主要规定政府会计科目及账务处理、报表体系及编制说明等，与政府会计具体准则相互补充 |

**典型例题**

【例1-19】（判断题）政府会计制度仅包含政府单位会计制度。（　　　）

【答案】×

【解析】按照政府会计主体不同，政府会计制度主要由政府财政总预算会计制度和政府单位会计制度组成。

# 巩固练习

## 一、单项选择题

1. 下列各项中，对企业经济活动进行确认、计量、记录和报告的会计职能是（　　　）。

　A. 监督　　　　　　　　　　　B. 核算

　C. 评价经营业绩　　　　　　　D. 预测经济前景

2. 下列各项中，反映企业会计确认、计量、记录和报告的空间范围的基本假设是（　　　）。

A. 持续经营　　　　B. 会计分期　　　　C. 货币计量　　　　D. 会计主体

3. 下列各项中，符合会计信息质量谨慎性要求的是（　　）。

A. 在存货的可变现净值低于成本时，按可变现净值计量

B. 确认收入时不考虑很可能发生的保修义务

C. 年限平均法计提固定资产折旧

D. 金额较小的低值易耗品采用分次摊销法摊销

4. 形成权责发生制和收付实现制两种不同的会计核算基础是基于（　　）。

A. 会计主体　　　　B. 持续经营　　　　C. 会计分期　　　　D. 货币计量

5. 2×23 年 1 月 1 日开始，甲公司按照会计准则的规定采用的新的财务报表格式进行列报。因部分财务报表列报项目发生变更，甲公司对 2×23 年度财务报表可比期间的数据按照变更后的财务报表列报项目进行了调整。甲公司的上述会计处理体现的会计信息质量要求是（　　）。

A. 实质重于形式　　　　　　　　　B. 权责发生制

C. 可比性　　　　　　　　　　　　D. 谨慎性

6. 甲公司 2×23 年 12 月的办公楼租金费用 200 万元，用银行存款支付 180 万元，20 万元未付。按照权责发生制和收付实现制分别确认费用（　　）。

A. 180 万元，20 万元　　　　　　　B. 20 万元，180 万元

C. 200 万元，180 万元　　　　　　D. 180 万元，200 万元

7. 企业对可能发生的资产减值损失计提资产减值准备、要求企业对售出商品很可能发生的保修义务确认预计负债、对很可能承担的环保责任确认预计负债等，体现了会计信息质量的（　　）要求。

A. 及时性　　　　B. 谨慎性　　　　C. 相关性　　　　D. 可理解性

8. 下列会计处理方法中，符合权责发生制基础的是（　　）。

A. 销售产品的收入只有在收到款项时才予以确认

B. 产品已销售并符合收入确认条件，货款未收到也应确认收入

C. 厂房租金只能在支付时计入当期费用

D. 职工薪酬只能在支付给职工时计入当期费用

9. 在可以预见的将来，企业不会停业，企业的资产将按照既定用途使用、债务将按照既定的债务合约条件进行清偿，这属于（　　）假设。

A. 持续经营　　　　B. 会计分期　　　　C. 货币计量　　　　D. 会计主体

10. 会计职业是会计人员赖以谋生的劳动过程，具有获取合理报酬的特性，反映了会计职业的（　　）特征。

A. 社会属性　　　　B. 经济性　　　　C. 技术性　　　　D. 时代性

11. 会计职业为社会提供会计服务，维护生产关系和经济社会秩序，体现了会计

职业的（　　）特征。

    A. 社会属性        B. 规范性        C. 经济性        D. 技术性

12. 下列关于会计职业道德的说法中，错误的是（　　）。

    A. 会计职业道德具有内在的控制力，可以约束会计人员的内在心理活动

    B. 会计职业道德不仅调整会计人员的外在行为，还调整会计人员内在的精
       神世界

    C. 会计职业道德的表现形式都是成文的规范

    D. 会计职业道德以行业行政管理规范和道德评价为标准

13. 下列关于会计法律制度的说法中，错误的是（　　）。

    A. 会计法律制度通过国家行政权力强制执行，具有很强的他律性

    B. 会计法律侧重于调整会计人员的外在行为和结果的合法化，具有较强的
       客观性

    C. 会计法律制度的表现形式是具体的、明确的、正式形成文字的成文规定

    D. 会计法律制度主要依靠行业行政管理部门监管执行和社会舆论来实现

14. 某企业 2×23 年 8 月购入一台不需要安装的设备，因暂时不需要用，截至
2×23 年 12 月 31 日，该企业会计人员尚未将其入账，该行为违背了（　　）要求。

    A. 重要性        B. 客观性        C. 及时性        D. 明晰性

15. 下列各项中，体现实质重于形式要求的是（　　）。

    A. 计提存货跌价准备

    B. 对应收款项按预期信用损失模型计提坏账准备

    C. 资产负债表提供上年数据

    D. 合同中存在重大融资成分的，按现销价格确认收入

16. 对会计信息性质和功能不同的项目应当分项列示，所体现的是（　　）。

    A. 可理解性                  B. 实质重于形式

    C. 可比性                      D. 及时性

17. 下列各项中，属于"坚持诚信，守法奉公"内容的是（　　）。

    A. 树立诚信理念            B. 保证会计信息真实完整

    C. 始终秉持专业精神        D. 与时俱进、开拓创新

18. 下列各项中，反映了对会计人员的发展要求的是（　　）。

    A. 坚持惯例，守护传统        B. 坚持诚信，守法奉公

    C. 坚持学习，守正创新        D. 坚持准则，守责敬业

19. 下列各项中，在企业会计准则体系中起统驭作用的是（　　）。

    A. 基本准则                   B. 具体准则

    C. 准则解释                   D. 会计处理规定

20. 下列各项主体中，不适用于政府会计准则制度体系的是（　　）。

    A. 某市政府                    B. 某军队

    C. 某国家部委               D. 某县政府

## 二、多项选择题

1. 下列关于会计核算和会计监督之间关系的说法中，正确的有（　　）。

    A. 两者之间存在着相辅相成、辩证统一的关系

    B. 会计核算是会计监督的基础

    C. 会计监督是会计核算的保障

    D. 会计核算和会计监督没有什么必然的联系

2. 下列各项中，属于会计核算职能的内容有（　　）。

    A. 审查各项会计核算是否反映经济业务的真实状况

    B. 归集并分配产品生产过程中发生的制造费用

    C. 对财物的收发、增减和使用进行确认和计量

    D. 审查各项经济业务是否符合国家法律规定

3. 会计的拓展职能包括（　　）。

    A. 会计核算                    B. 评价经营业绩

    C. 预测经济前景              D. 参与经济决策

4. 货币计量是指会计主体在（　　）时主要以货币作为计量单位，来反映会计主体的生产经营活动过程及其结果。

    A. 确认        B. 计量        C. 记录        D. 报告

5. 下列各项企业的会计处理中，符合谨慎性质量要求的有（　　）。

    A. 在存货的可变现净值低于成本时，计提存货跌价准备

    B. 在应收款项实际发生坏账损失时，确认坏账损失

    C. 对售出商品很可能发生的保修义务确认预计负债

    D. 企业将属于研究阶段的研发支出确认为研发费用

6. 下列各项中，可以确认为会计主体的有（　　）。

    A. 子公司                    B. 销售部门

    C. 集团公司                 D. 母公司

7. 下列各项中，属于会计法律制度表现形式的有（　　）。

    A. 正式形成文字的            B. 明确的

    C. 具体的                   D. 纸质的

8. 下列关于会计职业道德与会计法律制度的联系的说法中，正确的有（　　）。

A. 二者在内容上相互渗透、相互吸收

B. 会计职业道德是会计法律制度的最低要求

C. 二者在作用上相互补充、相互协调

D. 会计法律制度是会计职业道德的基本制度保障

9. 按照权责发生制的要求，应确认为本期收入或费用的有（　　）。

　　A. 本期已实现的收入但尚未收到的款项

　　B. 本期已实现的收入且已收到的款项

　　C. 属于本期费用但尚未付款

　　D. 应由本期负担的费用且已付款

10. 下列各项中，属于会计职业道德构成内容的有（　　）。

　　A. 会计职业理想　　　　　　　　B. 会计职业责任

　　C. 会计职业技能　　　　　　　　D. 会计法律制度

11. 下列各项中，关于企业会计信息可靠性要求表述正确的有（　　）。

　　A. 企业应当保持应有的谨慎，不应高估资产或者收益、低估负债或者费用

　　B. 企业提供的会计信息应当相互可比

　　C. 企业应当保证会计信息真实可靠、内容完整

　　D. 企业应当以实际发生的交易或者事项为依据进行确认、计量、记录和
　　　　报告

12. 下列各项中，属于我国统一的会计核算制度的有（　　）。

　　A.《民间非营利组织会计制度》

　　B.《农民专业合作社会计制度》

　　C.《工会会计制度》

　　D.《村集体经济组织会计制度》

13. 联合惩戒对象，主要指在会计工作中（　　），经财政部门及相关部门依法
认定的存在严重违法失信行为的会计人员。

　　A. 违反《会计法》《公司法》《证券法》

　　B. 违背诚实信用原则

　　C. 违反其他法律、法规、规章和规范性文件

　　D. 违背廉洁自律原则

14. 下列各项中，不属于小企业会计准则适用范围的有（　　）。

　　A. 股票或债券在市场上公开交易的小企业

　　B. 金融机构或其他具有金融性质的小企业

　　C. 企业集体内的母公司

　　D. 企业集体内的子公司

15. 下列各项中，属于我国企业会计准则体系组成部分的有（　　　）。

    A. 基本准则

    B. 具体准则

    C. 准则解释

    D. 会计处理规定

## 三、判断题

1. 会计的基本特征表现为以人民币为主要计量单位和准确完整性、连续系统性两个方面。　　　　　　　　　　　　　　　　　　　　　　　　　（　　　）

2. 货币计量尺度由货币为一般等价物性质所决定，是衡量一般商品价值的共同尺度。　　　　　　　　　　　　　　　　　　　　　　　　　　　　　　（　　　）

3. 会计核算与会计监督是相辅相成、辩证统一的。会计核算是会计监督的基础，会计监督是会计核算质量的保障。　　　　　　　　　　　　　　　　　　（　　　）

4. 会计法律制度是会计职业道德的重要补充，会计职业道德是会计法律制度的最低要求。　　　　　　　　　　　　　　　　　　　　　　　　　　　　　（　　　）

5. 谨慎性原则要求会计核算工作中做到考虑谨慎，不夸大企业的资产，尽量低估资产和费用。　　　　　　　　　　　　　　　　　　　　　　　　　　　（　　　）

6. 及时性要求企业对于已经发生的交易或事项，应当及时进行确认、计量、记录和报告，可以提前但不得延后。　　　　　　　　　　　　　　　　　　　（　　　）

7. 会计中期是指6个月的报告期间。　　　　　　　　　　　　　　　（　　　）

8. 持续经营反映会计确认、计量、记录和报告的空间范围。　　　　　（　　　）

9. 权责发生制是以现金收付作为确认标准来处理业务。　　　　　　　（　　　）

10. 会计职业道德由特定的社会生产关系和经济社会发展水平所决定，属于社会意识形态范畴。　　　　　　　　　　　　　　　　　　　　　　　　　　　（　　　）

11. 会计信息包括财务信息和非财务信息。　　　　　　　　　　　　（　　　）

12. "三坚三守"是对会计人员职业道德要求的集中表达。　　　　　　（　　　）

13. 会计法律不仅调整会计人员的外在行为，还调整会计人员内在的精神世界。　　　　　　　　　　　　　　　　　　　　　　　　　　　　　　　　　（　　　）

14. 按照政府会计主体不同，政府会计制度主要由政府财政总预算会计制度和政府单位会计制度组成。　　　　　　　　　　　　　　　　　　　　　　　（　　　）

# 巩固练习参考答案及解析

## 一、单项选择题

1.【答案】B

【解析】会计的核算职能,是指会计以货币为主要计量单位,对特定主体的经济活动进行确认、计量、记录和报告。选项B正确。

2.【答案】D

【解析】会计主体反映企业会计确认、计量、记录和报告的空间范围。选项D正确。

3.【答案】A

【解析】谨慎性要求企业对交易或事项进行会计确认、计量、记录和报告应当保持应有的谨慎,不应高估资产或者收益、低估负债或者费用。选项A正确。

4.【答案】C

【解析】鉴于会计分期的基本假设,产生了本期与非本期的区别,进而产生了权责发生制和收付实现制两种不同的会计核算基础。

5.【答案】C

【解析】该调整是为了满足同一企业不同时期可比的要求,因此体现的是可比性要求。选项C正确。

6.【答案】C

【解析】权责发生制应按200万元确认租金费用,而收付实现制按实际支付的180万元确认租金费用。选项C正确。

7.【答案】B

【解析】企业对可能发生的资产减值损失计提资产减值准备、要求企业对售出商品很可能发生的保修义务确认预计负债、对很可能承担的环保责任确认预计负债等,体现了会计信息质量的谨慎性要求。选项B正确。

8.【答案】B

【解析】选项A、C、D符合收付实现制基础。选项B符合权责发生制的基础。

9.【答案】A

【解析】持续经营,是指在可以预见的将来,企业将会按当前的规模和状态继续经营下去，不会停业，也不会大规模削减业务。在持续经营假设下，会计确认、计量、记录和报告应当以企业持续、正常的生产经营活动为前提，企业的资产将按照既定用途使用、债务将按照既定的债务合约条件进行清偿，企业会计在此基础上进行会计估计并选择相应的会计原则和会计方法。选项A正确。

10.【答案】B

【解析】会计职业是会计人员赖以谋生的劳动过程，具有获取合理报酬的特性反映了会计职业的经济性特征。选项B正确。

11.【答案】A

【解析】会计职业是社会的一种分工，履行会计职能，为社会提供会计服务，维护生产关系和经济社会秩序，正确处理企业利益相关者和社会公众的经济权益及其关系。以上反映了会计职业的社会属性特征。选项A正确。

12.【答案】C

【解析】会计职业道德出自会计人员的职业生活和职业实践，其表现形式既有成文的规范，也有不成文的规范。选项C错误。

13.【答案】D

【解析】会计法律制度依靠国家强制力保证其贯彻执行。会计职业道德主要依靠行业行政管理部门监管执行和职业道德教育、社会舆论、传统习惯和道德评价来实现。选项D错误。

14.【答案】C

【解析】及时性要求企业对于已经发生的交易或事项，应当及时进行确认、计量、记录和报告，不得提前或延后。选项C符合题意。

15.【答案】D

【解析】计提存货跌价准备、对应收款项按预期信用损失模型计提坏账准备均属于不高估资产的体现，是谨慎性要求的应用，选项A、B错误；资产负债表提供上年数据，可以提供同一企业对于不同时期发生的相同或相似的交易或者事项的相关信息，体现可比性要求，是纵向可比的体现，选项C错误；合同中存在重大融资成分的，仅按合同的形式不能反映经济实质，按现销价格才能予以反映，因此按现销价格确认收入，体现了实质重于形式要求，选项D正确。

16.【答案】A

【解析】可理解性要求企业提供的会计信息应当清晰明了，便于投资者等财务报告使用者理解和使用。会计信息应当使用明确、贴切的语言和简明扼要、通俗易懂的文字，数据记录和文字说明应能一目了然地反映出交易或事项的来龙去脉，对于性质和功能不同的项目应当分项列示，对于性质和功能相同的项目应当合并列示，不仅对合并列示的项目，即使对于分项列示的项目也应根据需要加以附注说明。选项 A 正确。

17.【答案】A

【解析】财政部研究制定了《会计人员职业道德规范》，提出"三坚三守"，强调会计人员"坚"和"守"的职业特性和价值追求，是对会计人员职业道德要求的集中表达，具体内容如下：

（1）坚持诚信，守法奉公。牢固树立诚信理念，以诚立身、以信立业，严于律己、心存敬畏。学法知法守法，公私分明、克己奉公，树立良好职业形象，维护会计行业声誉。（选项 A 正确）

（2）坚持准则，守责敬业。严格执行准则制度，保证会计信息真实完整。勤勉尽责、爱岗敬业，忠于职守、敢于斗争，自觉抵制会计造假行为，维护国家财经纪律和经济秩序。（选项 B 错误）

（3）坚持学习，守正创新。始终秉持专业精神，勤于学习、锐意进取，持续提升会计专业能力。不断适应新形势新要求，与时俱进、开拓创新，努力推动会计事业高质量发展。（选项 C、D 错误）

18.【答案】C

【解析】"坚持诚信，守法奉公"是对会计人员的自律要求，"坚持准则，守责敬业"是对会计人员的履职要求，"坚持学习，守正创新"是对会计人员的发展要求。选项 C 正确。

19.【答案】A

【解析】我国企业会计准则体系形成了由基本准则、具体准则、准则解释和会计处理规定构成的基本制度安排。其中，基本准则在企业会计准则体系中起统驭作用，是具体准则制定的依据，主要规范财务报告目标、会计基本假设、会计基础、会计信息质量要求、会计要求、财务报告等内容；具体准则规范企业各项具体业务事项的确认、计量和报告；准则解释对企业实务中出现的、具体准则未作出明确规定的新事项、新问题进行规范；会计处理规定是对企业会计准则体系的补充，满足国家宏观经济管理、国内实务发展、加强准则实施等需要。选项 A 正确。

20.【答案】B

【解析】政府会计准则制度体系适用于政府会计主体，主要包括各级政府、各部门、各单位。各级政府指各级政府财政部门负责的财政总会计。各部门、各单位是指与本级政府财政部门直接或者间接发生预算拨款关系的国家机关、军队、政党组织、社会团体、事业单位和其他单位。但是，军队、已纳入企业财务管理体系的单位和执行《民间非营利组织会计制度》的社会团体，其会计核算不适用政府会计准则制度体系。选项 B 符合题意。

## 二、多项选择题

1.【答案】ABC

【解析】会计核算与会计监督是相辅相成、辩证统一的。选项D错误。会计核算是会计监督的基础，没有核算提供的各种系统性会计资料，监督就失去了依据；会计监督又是会计核算质量的保障，只有核算没有监督，就难以保证核算提供信息的质量。

2.【答案】BC

【解析】会计核算的内容主要包括：（1）款项和有价证券的收付；（2）对财物的收发、增减和使用；（3）债权、债务的发生和结算；（4）资本、基金的增减；（5）收入、支出、费用、成本的计算；（6）财务成果的计算和处理；（7）需要办理会计手续、进行会计核算的其他事项。选项B、C正确。

3.【答案】BCD

【解析】会计具有会计核算和会计监督两项基本职能，还具有预测经济前景、参与经济决策、评价经营业绩等拓展职能。选项B、C、D正确。

4.【答案】ABCD

【解析】货币计量是指会计主体在会计确认、计量、记录和报告时主要以货币作为计量单位，来反映会计主体的生产经营活动过程及其结果。选项A、B、C、D均正确。

5.【答案】ACD

【解析】选项A、C、D符合企业会计准则的相关规定，会计处理的结果使得资产不多计、费用不少计，符合谨慎性质量要求。选项B不符合谨慎性质量要求。

6.【答案】ABCD

【解析】会计主体，是指会计工作服务的特定对象，它可以是一个特定的企业，也可以是一个企业某一特定部分（如分厂、分公司、某部门等），甚至可以是若干家企业组成的集团公司。故四个选项均正确。

7.【答案】ABC

【解析】会计法律制度是通过一定的程序由国家立法部门或行政管理部门制定、颁布的，其表现形式是具体的、明确的、正式形成文字的成文规定。选项D错误。

8.【答案】ACD

【解析】会计职业道德与会计法律制度在内容上相互渗透、相互吸收；在作用上相互补充、相互协调。会计职业道德是会计法律制度的重要补充，会计法律制度是会计职业道德的最低要求，是会计职业道德的基本制度保障。选项 B 错误。

9.【答案】ABCD

【解析】根据权责发生制，凡是当期已经实现的收入和已经发生或者应当负担的费用，无论款项是否收付，都应当作为当期的收入和费用，计入利润表；凡是不属于当期的收入和费用，即使款项已在当期收付，也不应当作为当期的收入和费用。故四个选项均正确。

10.【答案】ABC

【解析】会计职业道德由会计职业理想、会计职业责任、会计职业技能、会计工作态度、会计工作作风和会计职业纪律等构成。选项 A、B、C 正确。

11.【答案】CD

【解析】可靠性要求企业应当以实际发生的交易或者事项为依据进行确认、计量、记录和报告，如实反映符合确认和计量要求的各项会计要素及其他相关信息，保证会计信息真实可靠、内容完整。选项 A，属于谨慎性要求；选项 B，属于可比性要求。选项 C、D 正确。

12.【答案】ABCD

【解析】除企业会计准则体系和政府会计准则制度体系以外，我国还有适用于民间非营利组织的《民间非营利组织会计制度》，适用于各级工会的《工会会计制度》，适用于各类资金（基金）的会计制度（如《社会保险基金会计制度》），适用于村集体经济组织的《村集体经济组织会计制度》，适用于农民专业合作社的《农民专业合作社会计制度》等。故四个选项均正确。

13.【答案】ABC

【解析】联合惩戒对象，主要指在会计工作中违反《会计法》《公司法》《证券法》以及其他法律、法规、规章和规范性文件，违背诚实信用原则，经财政部门及相关部门依法认定的存在严重违法失信行为的会计人员。选项 A、B、C 正确。

14.【答案】ABCD

【解析】小企业会计准则主要适用于符合《中小企业划型标准规定》所规定的小型企业标准的企业，但以下三类小企业除外：（1）股票或债券在市场上公开交易的小企业；（2）金融机构或其他具有金融性质的小企业；（3）企业集体内的母公司和子公司。故四个选项均正确。

15.【答案】ABCD

【解析】我国企业会计准则体系自 2006 年正式发布以来，财政部在坚持国际趋同和服务国内实践基础上，形成了由基本准则、具体准则、准则解释和会计处理规定构成的基本制度安排。故四个选项均正确。

### 三、判断题

1. 【答案】×

【解析】会计的基本特征表现为以货币为主要计量单位和准确完整性、连续系统性两个方面。

2. 【答案】√

【解析】货币计量尺度由货币为一般等价物性质所决定，具有全面性、综合性等特征，是衡量一般商品价值的共同尺度。

3. 【答案】√

【解析】会计核算与会计监督是相辅相成、辩证统一的。会计核算是会计监督的基础，没有核算提供的各种系统性会计资料，监督就失去了依据；会计监督又是会计核算质量的保障，只有核算没有监督，就难以保证核算提供信息的质量。

4. 【答案】×

【解析】会计职业道德是会计法律制度的重要补充，会计法律制度是会计职业道德的最低要求。

5. 【答案】×

【解析】谨慎性要求企业对交易或事项进行会计确认、计量、记录和报告应当保持应有的谨慎，不应高估资产或者收益、低估负债或者费用。

6. 【答案】×

【解析】及时性要求企业对于已经发生的交易或事项，应当及时进行确认、计量、记录和报告，不得提前或延后。

7. 【答案】×

【解析】中期是指短于一个完整的会计年度的报告期间，如月度、季度、半年度等。

8. 【答案】×

【解析】持续经营，是指在可以预见的将来，企业将会按当前的规模和状态继续经营下去，不会停业，也不会大规模削减业务。会计主体反映会计确认、计量、记录和报告的空间范围。

9. 【答案】×

【解析】收付实现制，是指以现金的实际收付作为标志来确定本期收入和费用的会计核算基础。权责发生制，是指以取得收取款项的权利或支付款项的义务为标志来确定本期收入和费用的会计核算基础。

10. 【答案】√

【解析】会计职业道德由特定的社会生产关系和经济社会发展水平所决定，属于社会意识形态范畴。

11.【答案】√

【解析】会计信息，是指由会计凭证、会计账簿、财务会计报告和其他相关资料等构成的综合反映企业财务状况、经营成果、现金流量和所有者权益变动等内容的财务、会计信息的总称。会计信息除财务信息外，还包括必要的非财务信息。

12.【答案】√

【解析】根据《会计法》《会计基础工作规范》，财政部研究制定了《会计人员职业道德规范》，提出"三坚三守"，强调会计人员"坚"和"守"的职业特性和价值追求，是对会计人员职业道德要求的集中表达。

13.【答案】×

【解析】会计法律制度侧重于调整会计人员的外在行为和结果的合法化，具有较强的客观性；会计职业道德不仅调整会计人员的外在行为，还调整会计人员内在的精神世界，作用范围更加广泛。

14.【答案】√

【解析】按照政府会计主体不同，政府会计制度主要由政府财政总预算会计制度和政府单位会计制度组成。

# 第二章　会计基础

　　本章内容属于会计基础知识，难度不大，但涵盖的知识点较零碎，需要记忆的内容较多。主要包括会计要素与会计等式、会计科目和借贷记账法、会计凭证和会计账簿、财产清查、会计账务处理程序、会计信息化基础。2024年教材中将产品成本核算和政府会计基础的内容从本章调出，减轻了本章的学习压力。考生在学习时应侧重文字表述的理解以及理论知识的应用，建议复习以客观题为主，本章预计分值8分左右。

## 教材变化

　　2024年教材本章内容进行了大幅度调整，删减和调整了很多内容。具体变化情况如下：

　　（一）框架结构的调整

　　本章删除了两节，由2023年的八节调整为六节，将原教材的"第七节成本与管理会计基础""第八节政府会计基础"全部删除。将产品成本核算作为了2024年教材的第九章、政府会计基础作为了2024年教材的第十章。

　　（二）内容调整变化

　　1. 修改第一节节名，更改为"会计要素与会计等式"。

　　2. 删除了"借贷记账法下的试算平衡"中关于"不影响借贷双方平衡关系的错

误"阐述的相关内容。

3. 删除了"原始凭证填制的基本要求"和"自制原始凭证填制的基本要求"的相关内容。

4. 删除了"记账凭证填制的基本要求"和"收款凭证、付款凭证、转账凭证的填制要求"的相关内容。

5. 删除了"会计账簿的格式与登记方法"的相关内容。

6. 删除了"错账的更正"的相关内容。

7. 删除了"财务机器人和财务大数据的应用"的相关内容。

8. 删除了"财务共享中心的功能与作用"的相关内容。

# 教材框架

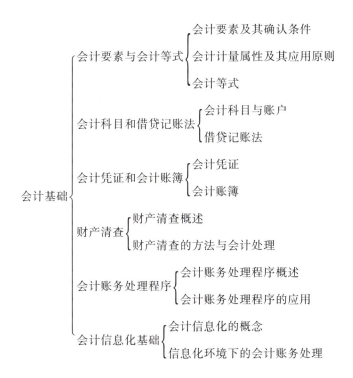

# 考点提炼

## 考点1　会计要素及其确认条件 ★★

| 要素 | 定义、特征与分类 | 确认条件 |
|---|---|---|
| 资产 | 1. 定义：是指企业过去的交易或者事项形成的，由企业拥有或者控制的，预期会给企业带来经济利益的资源。<br>2. 特征：<br>(1) 资产应为企业拥有或者控制的资源；<br>(2) 资产预期会给企业带来经济利益；<br>(3) 资产是由企业过去的交易或者事项形成的。<br>3. 分类：企业资产分为流动资产和非流动资产两大类。<br>(1) 流动资产。包括货币资金、交易性金融资产、衍生金融资产、应收票据、应收账款、应收款项融资、预付款项、其他应收款、存货、合同资产、持有待售资产、一年内到期的非流动资产、其他流动资产。<br>(2) 非流动资产。包括债权投资、其他债权投资、长期应收款、长期股权投资、其他权益工具投资、其他非流动金融资产、投资性房地产、固定资产、在建工程、生产性生物资产、油气资产、使用权资产、无形资产、开发支出、商誉、长期待摊费用、递延所得税资产、其他非流动资产 | 1. 与该资源有关的经济利益很可能流入企业；<br>2. 该资源的成本或者价值能够可靠地计量 |
| 负债 | 1. 定义：是指企业过去的交易或者事项形成的，预期会导致经济利益流出企业的现时义务。<br>2. 特征：<br>(1) 负债是企业承担的现时义务；<br>(2) 负债预期会导致经济利益流出企业；<br>(3) 负债是由企业过去的交易或者事项形成的。<br>3. 分类：企业负债分为流动负债和非流动负债两大类。<br>(1) 流动负债。包括短期借款、交易性金融负债、衍生金融负债、应付票据、应付账款、预收款项、合同负债、应付职工薪酬、应交税费、其他应付款、持有待售负债、一年内到期的非流动负债、其他流动负债。<br>(2) 非流动负债。包括长期借款、应付债券、租赁负债、长期应付款、预计负债、递延收益、递延所得税负债、其他非流动负债 | 1. 与该义务有关的经济利益很可能流出企业；<br>2. 未来流出的经济利益的金额能够可靠地计量 |

续表

| 要素 | 定义、特征与分类 | 确认条件 |
|---|---|---|
| 所有者权益 | 1. 定义：是指企业资产扣除负债后，由所有者享有的剩余权益。<br>2. 特点：是所有者对企业资产的剩余索取权。<br>3. 构成：股本（或实收资本）、资本公积（含股本溢价或资本溢价、其他资本公积）、其他综合收益、盈余公积和未分配利润等 | 确认和计量主要依赖于资产和负债的确认和计量 |
| 收入 | 1. 定义：是指企业在日常活动中形成的、会导致所有者权益增加的、与所有者投入资本无关的经济利益的总流入。<br>2. 特征：<br>（1）收入是企业在日常活动中形成的；<br>（2）收入是与所有者投入资本无关的经济利益的总流入；<br>（3）收入会导致所有者权益的增加 | 当企业与客户之间的合同同时满足下列条件时，企业应当在客户取得相关商品控制权时确认收入：<br>1. 合同各方已批准该合同并承诺将履行各自义务；<br>2. 该合同明确了合同各方与所转让商品或提供劳务相关的权利和义务；<br>3. 该合同有明确的与所转让商品或提供劳务相关的支付条款；<br>4. 该合同具有商业实质，即履行该合同将改变企业未来现金流量的风险、时间分布或金额；<br>5. 企业因向客户转让商品或提供劳务而有权取得的对价很可能收回 |
| 费用 | 1. 定义：是指企业在日常活动中发生的、会导致所有者权益减少的、与向所有者分配利润无关的经济利益的总流出。<br>2. 特征：<br>（1）费用是企业在日常活动中形成的；<br>（2）费用是与向所有者分配利润无关的经济利益的总流出；<br>（3）费用会导致所有者权益的减少 | 1. 与费用相关的经济利益应当很可能流出企业；<br>2. 经济利益流出企业的结果会导致资产的减少或者负债的增加；<br>3. 经济利益的流出额能够可靠计量 |
| 利润 | 1. 定义：是指企业在一定会计期间的经营成果。<br>2. 构成：利润包括收入减去费用后的净额、直接计入当期利润的利得和损失等。<br>3. 特征：<br>（1）收入减去费用后的净额反映的是企业日常活动的业绩；<br>（2）直接计入当期利润的利得和损失，是由企业非日常活动所形成和发生的、会导致所有者权益增减的、与所有者投入资本和向所有者分配利润无关的经济利益的流入和流出 | 确认主要依赖于收入和费用，以及利得和损失的确认，其金额的确定也主要取决于收入、费用、利得和损失金额的计量 |

**典型例题**

**【例2-1】**（单选题）下列项目中，属于流动资产的是（　　）。

A. 持有待售资产　　　　　　　　　B. 无形资产

C. 在建工程　　　　　　　　　　　D. 债权投资

【答案】A

【解析】企业资产分为流动资产和非流动资产两大类。其中流动资产包括货币资金、交易性金融资产、衍生金融资产、应收票据、应收账款、应收款项融资、预付款项、其他应收款、存货、合同资产、持有待售资产、一年内到期的非流动资产、其他流动资产。无形资产、在建工程和债权投资属于非流动资产，选项B、C、D错误。

**【例2-2】**（多选题）下列项目中，属于非流动负债的有（　　）。

A. 其他应付款　　　　　　　　　　B. 租赁负债

C. 应交税费　　　　　　　　　　　D. 预计负债

【答案】BD

【解析】企业负债分为流动负债和非流动负债两大类。其中非流动负债包括长期借款、应付债券、租赁负债、长期应付款、预计负债、递延收益、递延所得税负债、其他非流动负债。其他应付款和应交税费属于流动负债，选项A、C错误。

**【例2-3】**（多选题）留存收益包括（　　）。

A. 盈余公积　　　　　　　　　　　B. 资本公积

C. 未分配利润　　　　　　　　　　D. 股本

【答案】AC

【解析】留存收益是指企业从历年实现的利润中提取或形成的留存于企业的内部积累，包括盈余公积和未分配利润。

**【例2-4】**（判断题）负债是指企业过去的交易或者事项形成的，预期会导致经济利益流出企业的永久义务。（　　）

【答案】×

【解析】负债是现时义务。

**【例2-5】**（判断题）收入是指企业在经济活动中形成的经济利益的总流入，包括主营业务收入、其他业务收入和营业外收入。（　　）

【答案】×

【解析】营业外收入为非日常活动形成，属于利得，不属于收入。

### 考点2 会计要素计量属性及其应用原则 ★

| 计量属性 | 概念 | 计量 |
|---|---|---|
| 历史成本 | 又称为"实际成本",指取得或制造某项财产物资时实际支付的现金或现金等价物 | 1. 资产按照其购置时支付的现金或现金等价物的金额,或者按照购置时所付出对价的公允价值计量。<br>2. 负债按照其因承担现时义务而实际收到的款项或者资产的金额,或者承担现时义务的合同金额,或者按照日常活动中为偿还负债预期需要支付的现金或者现金等价物的金额计量 |
| 重置成本 | 又称为"现行成本",指按当前市场条件,重新取得同样一项资产所需支付的现金或现金等价物金额 | 1. 资产按照现在购买相同或者相似资产所需支付的现金或者现金等价物的金额计量。<br>2. 负债按照现在偿付该项债务所需支付的现金或者现金等价物的金额计量 |
| 可变现净值 | 指在正常生产经营过程中,以预计售价减去进一步加工成本和销售所必需的预计税金、费用后的净值 | 资产按照其正常对外销售所能收到现金或者现金等价物的金额,扣减该资产至完工时估计将要发生的成本、估计的销售费用以及相关税费后的金额计量 |
| 现值 | 指对未来现金流量以恰当的折现率进行折现后的价值,是考虑货币时间价值因素等的一种计量属性 | 1. 资产按照预计从其持续使用和最终处置中所产生的未来净现金流入量的折现金额计量。<br>2. 负债按照预计期限内需要偿还的未来净现金流出量的折现金额计量 |
| 公允价值 | 指市场参与者在计量日发生的有序交易中,出售一项资产所能收到或者转移一项负债所需支付的价格 | 交易性金融资产的计量 |

**典型例题**

【例2-6】(多选题)下列项目中,属于企业会计计量属性的有( )。

A. 公允价值　　　　　　　　　B. 会计分期

C. 重置成本　　　　　　　　　D. 现值

【答案】ACD

【解析】会计计量属性主要包括历史成本、重置成本、可变现净值、现值和公允价值等,会计分期属于会计基本假设。

【例2-7】(判断题)按公允价值进行会计计量,是指市场参与者在计量日发生的

有序交易中，出售一项资产所能收到的或者转移一项负债所需支付的价格。（　　）

【答案】√

## 考点3　会计等式★★★

| 项目 | 内容 | | | 说明 |
|---|---|---|---|---|
| 财务状况等式 | 资产＝负债＋所有者权益 | | | 该等式被称为财务状况等式、基本会计等式或静态会计等式，它是复式记账法的理论基础，也是编制资产负债表的依据 |
| 业务类型 | 一增一减 | | | 资产内部变动，两边金额保持不变 |
| | 增加 | 增加 | | 资产权益同增加，两边金额等额增加 |
| | 增加 | | 增加 | |
| | 减少 | 减少 | | 资产权益同减少，两边金额等额减少 |
| | 减少 | | 减少 | |
| | | 一增一减 | | 权益内部变动，两边金额保持不变 |
| | | 增加 | 减少 | |
| | | 减少 | 增加 | |
| | | | 一增一减 | |
| 经营成果等式 | 收入－费用＝利润 | | | 这一等式称为经营成果等式或动态会计等式。收入、费用和利润之间的关系，是编制利润表的依据 |

　典型例题

【例2-8】（单选题）甲企业将应收乙企业的80 000元货款，变更为对乙企业的股权投资，则该经济业务将引起甲企业（　　）。

A. 资产与债权此增彼减

B. 资产与所有者权益此增彼减

C. 资产内部此增彼减，总额不变

D. 负债、所有者权益内部此增彼减，总额不变

【答案】C

【解析】该业务应借记"长期股权投资"80 000元，贷记"应收账款"80 000元。应收账款和长期股权投资都属于甲企业的资产，将应收货款改为对股权投资，是资产内部的等额一增一减，不会引起总额发生变化。

【例2-9】（单选题）某企业接受追加投资100万元，款已收到并存入银行，该

项业务使得企业（　　）。

　　A. 资产增加 100 万元，同时负债增加 100 万元

　　B. 资产增加 100 万元，同时所有者权益增加 100 万元

　　C. 所有者权益增加 100 万元，同时负债增加 100 万元

　　D. 所有者权益增加 100 万元，同时负债减少 100 万元

【答案】B

【解析】企业接受投资，使所有者权益中的实收资本（或股本）和资产中的银行存款等额增加。

【例 2－10】（多选题）下列等式中，属于会计等式的有（　　）。

　　A. 资产＝负债＋所有者权益－费用　　B. 资产＝负债＋所有者权益＋收入

　　C. 资产＝负债＋所有者权益　　D. 收入－费用＝利润

【答案】CD

【解析】选项 C 为财务状况等式；选项 D 为经营成果等式。

【例 2－11】（判断题）经济业务的发生，可能引起资产与权益总额发生变化，但是不会破坏会计基本等式的平衡关系。（　　）

【答案】√

## 考点 4　会计科目与账户★

| 分类 | 类别 | 定义 | 科目（账户） |
| --- | --- | --- | --- |
| 按反映的经济内容分类 | 资产类 | 是对资产要素的具体内容进行分类核算的项目，按资产的流动性分为反映流动资产的科目（账户）和反映非流动资产的科目（账户） | 反映流动资产的科目（账户）主要有"库存现金""银行存款""应收账款""原材料""库存商品"等；反映非流动资产的科目（账户）主要有"长期股权投资""长期应收款""固定资产""在建工程""无形资产"等 |
| | 负债类 | 是对负债要素的具体内容进行分类核算的项目，按负债的偿还期限长短分为反映流动负债的科目（账户）和反映非流动负债的科目（账户） | 反映流动负债的科目（账户）主要有"短期借款""应付账款""应付职工薪酬""应交税费"等；反映非流动负债的科目（账户）主要有"长期借款""应付债券""长期应付款"等 |
| | 共同类 | 是既有资产性质又有负债性质的科目（账户） | 主要有"清算资金往来""货币兑换""套期工具""被套期项目"等科目（账户） |

续表

| 分类 | 类别 | 定义 | 科目（账户） |
|---|---|---|---|
| 按反映的经济内容分类 | 所有者权益类 | 是对所有者权益要素的具体内容进行分类核算的项目 | 主要有"实收资本"（或"股本"）"资本公积""其他综合收益""盈余公积""本年利润""利润分配""库存股"等科目（账户） |
| | 成本类 | 是对可归属于产品生产成本、劳务成本等的具体内容进行分类核算的项目 | 主要有"生产成本""制造费用""劳务成本""研发支出"等科目（账户） |
| | 损益类 | 是对收入、费用等要素的具体内容进行分类核算的项目 | 反映收入的科目（账户）主要有"主营业务收入""其他业务收入"等；反映费用的科目（账户）主要有"主营业务成本""其他业务成本""销售费用""管理费用""财务费用"等 |
| 按提供信息的详细程度及其统驭关系分类 | 总分类科目（账户） | 是对会计要素的具体内容进行总括分类，提供总括信息的会计科目（账户） | |
| | 明细分类科目（账户） | 是对总分类科目（账户）作进一步分类，提供更为详细和具体会计信息的科目（账户） | |

**典型例题**

【例 2 - 12】（单选题）下列关于会计科目与会计账户关系的表述中，正确的是（　　）。

A. 两者结构相同　　　　　　　　B. 两者格式相同

C. 两者内容相同　　　　　　　　D. 两者互不相关

【答案】C

【解析】会计科目是对会计要素具体内容进行分类核算的项目；账户是根据会计科目设置的，具有一定格式和结构，用于分类反映会计要素增减变动情况及其结果的载体。所以选项 A、B、D 错误。

【例 2 - 13】（多选题）下列关于账户的表述中，正确的有（　　）。

A. 账户具有一定格式和结构

B. 账户是根据会计科目设置的

C. 账户是用于分类反映会计要素增减变动情况及其结果的载体

D. 账户可根据其核算的经济内容、提供信息的详细程度及其统驭关系进行分类

【答案】ABCD

**【例 2 – 14】**（判断题）根据会计科目按照经济内容的分类，预付账款属于负债类科目。（　　）

**【答案】** ×

**【解析】** 预付账款属于资产类科目。

### 考点 5　借贷记账法★★

| 项目 | 内　　容 | | |
|---|---|---|---|
| 定义 | 是以"借"和"贷"作为记账符号的一种复式记账法 | | |
| 理论基础 | 资产 = 负债 + 所有者权益 | | |
| 记账规则 | 有借必有贷，借贷必相等 | | |
| 资产类、成本类 | "借"增，"贷"减 | 一般在借方 | 期末借方余额 = 期初借方余额 + 本期借方发生额 – 本期贷方发生额 |
| 负债类、所有者权益类 | "贷"增，"借"减 | 一般在贷方 | 期末贷方余额 = 期初贷方余额 + 本期贷方发生额 – 本期借方发生额 |
| 损益类 收入类 | "贷"增，"借"减 | 期末结转入"本年利润"账户计算当期损益，结转后无余额 | — |
| 损益类 费用类 | "借"增，"贷"减 | | |

☞**提示**：复式记账法有借贷记账法、增减记账法、收付记账法等。我国会计准则规定，企业、行政单位和事业单位会计核算采用借贷记账法记账。

**典型例题**

**【例 2 – 15】**（单选题）采用借贷记账法时，资产账户的结构特点是（　　）。

A. 借方登记增加、贷方登记减少，期末余额在借方

B. 借方登记减少、贷方登记增加，期末余额在贷方

C. 借方登记增加、贷方登记减少，期末一般无余额

D. 借方登记减少、贷方登记增加，期末一般无余额

**【答案】** A

**【解析】** 在借贷记账法下，资产类账户的借方登记增加额；贷方登记减少额；期末余额一般在借方。

**【例 2 – 16】**（单选题）企业"库存现金"账户期初余额为 5 000 元，本期增加发生额为 3 000 元，期末余额为 2 000 元，则本期减少发生额为（　　）元。

A. 3 000　　　　B. 4 000　　　　C. 5 000　　　　D. 6 000

【答案】D

【解析】资产类账户期末余额＝期初余额＋本期增加额－本期减少额。所以资产类账户本期减少额＝期初余额＋本期增加额－期末余额＝5 000＋3 000－2 000＝6 000（元）。

【例2－17】（多选题）下列会计分录中，属于复合会计分录的有（　　　）。

A. 借：原材料　　　　　　　　　B. 借：银行存款
　　　贷：银行存款　　　　　　　　　　贷：库存现金

C. 借：生产成本　　　　　　　　D. 借：应收账款
　　　　制造费用　　　　　　　　　　　贷：主营业务收入
　　　贷：原材料　　　　　　　　　　　　　应交税费

【答案】CD

【解析】复合会计分录是指涉及由两个以上（不含两个）对应会计科目所组成的会计分录，即一借多贷、一贷多借或多借多贷的会计分录。

【例2－18】（多选题）会计分录简称分录，由（　　　）要素组成。

A. 应借应贷方向　　　　　　　　B. 相互对应的科目
C. 金额　　　　　　　　　　　　D. 经济业务内容摘要

【答案】ABC

【解析】会计分录由应借应贷方向、相互对应的科目及其金额三个要素构成。

## 考点6　借贷记账法下的试算平衡★

| 项目 | 类别 | 公式 | 直接依据 |
|---|---|---|---|
| 分类 | 发生额试算平衡 | 全部账户本期借方发生额合计＝全部账户本期贷方发生额合计 | 借贷记账法的记账规则，即"有借必有贷，借贷必相等" |
| | 余额试算平衡 | 全部账户借方期末（初）余额合计＝全部账户贷方期末（初）余额合计 | 财务状况等式，即：资产＝负债＋所有者权益 |
| 编制 | | 试算平衡是通过编制试算平衡表进行的。该表通常是在期末结出各账户的本期发生额合计和期末余额后编制的。为简化表格，试算平衡表也可只根据各个账户的本期发生额编制，不填列各账户的期初余额和期末余额 | |

典型例题

【例2－19】（多选题）下列关于试算平衡的说法中，正确的有（　　　）。

A. 试算平衡是通过编制试算平衡表进行的

B. 试算平衡包括发生额试算平衡和余额试算平衡

C. 发生额试算平衡的直接依据是借贷记账法的记账规则

D. 余额试算平衡的直接依据是经营成果等式

【答案】ABC

【解析】试算平衡是通过编制试算平衡表进行的，选项 A 正确；试算平衡包括发生额试算平衡和余额试算平衡两类，选项 B 正确；发生额试算平衡是指全部账户本期借方发生额合计与全部账户本期贷方发生额合计保持平衡，其直接依据是借贷记账法的记账规则，选项 C 正确；余额试算平衡是指全部账户借方期末（初）余额合计与全部账户贷方期末（初）余额合计保持平衡，其直接依据是财务状况等式，选项 D 错误。

【例 2－20】（判断题）会计人员误将财务费用确认为制造费用，通过试算平衡表可以查出该差错。（　　）

【答案】×

【解析】试算平衡，是通过对所有账户的发生额和余额的汇总计算与比较，来检查账户记录是否正确的一种方法。该经济业务虽记错有关账户，但借贷双方仍然平衡，通过试算平衡表是无法查出该差错的。

## 考点 7　原始凭证的种类与内容★★

| 项目 | | 内　容 |
|---|---|---|
| 定义 | | 又称单据，是指在经济业务发生或完成时取得或填制的，用以记录或证明经济业务的发生或完成情况的原始凭据 |
| 种类 | 按取得来源　自制原始凭证 | 是指由本单位有关部门和人员，在经办或完成某项经济业务时填制的原始凭证，如领料单、产品入库单、借款单等 |
| | 外来原始凭证 | 是指在经济业务发生或完成时，从其他单位或个人直接取得的原始凭证，如购买原材料取得的增值税专用发票、职工出差报销的飞机票、火车票和餐饮费发票等 |
| | 按格式　通用凭证 | 是指由有关部门统一印制、在一定范围内使用的具有统一格式和使用方法的原始凭证，如某省（市）印制的在该省（市）通用的发票、收据等；由中国人民银行制作的在全国通用的银行转账结算凭证、由国家税务总局统一印制的全国通用的增值税专用发票等。<br>【要点】通用凭证的使用范围因制作部门的不同而有所差异，可以是分地区、分行业使用，也可以全国通用 |

续表

| 项目 | 内　　容 | | |
|------|------|------|------|
| 种类 | 按格式 | 专用凭证 | 是指由单位自行印制的原始凭证，如领料单、差旅费报销单、折旧计算表、工资费用分配表等 |
| | 填制的手续和内容 | 一次凭证 | 是指一次填制完成，只记录一笔经济业务且仅一次有效的原始凭证，如收据、收料单、发货票、银行结算凭证等 |
| | | 累计凭证 | 是指在一定时期内多次记录发生的同类经济业务且多次有效的原始凭证，如限额领料单 |
| | | 汇总凭证 | 是指对一定时期内反映经济业务内容相同的若干张原始凭证，按照一定标准综合填制的原始凭证，如发料凭证汇总表 |
| 基本内容 | （1）凭证的名称；（2）填制凭证的日期；（3）填制凭证单位名称和填制人姓名；（4）经办人员的签名或者盖章；（5）接受凭证单位名称；（6）经济业务内容；（7）数量、单价和金额 | | |

**典型例题**

**【例2-21】**（单选题）原始凭证分为一次凭证、累计凭证和汇总凭证的分类依据是（　　）。

A. 取得来源　　　　　　　　　　B. 填制的手续和内容

C. 适用范围　　　　　　　　　　D. 格式

**【答案】**B

**【解析】**原始凭证按照填制的手续和内容可分为一次凭证、累计凭证和汇总凭证。

**【例2-22】**（单选题）下列各项中，属于通用凭证的是（　　）。

A. 折旧计算表　　　　　　　　　B. 工资费用分配表

C. 差旅费报销单　　　　　　　　D. 增值税专用发票

**【答案】**D

**【解析】**通用凭证是指由有关部门统一印制、在一定范围内使用的具有统一格式和使用方法的原始凭证。通用凭证的使用范围因制作部门的不同而有所差异，可以是分地区、分行业使用，也可以全国通用，如某省（市）印制的在该省（市）通用的发票、收据等；由中国人民银行制作的在全国通用的银行转账结算凭证、由国家税务总局统一印制的全国通用的增值税专用发票等。选项A、B、C都属于专用凭证。

【例2-23】（判断题）外购产品的入库单属于外来原始凭证。（　　）

【答案】×

【解析】外来原始凭证是指在经济业务发生或完成时，从其他单位或个人直接取得的原始凭证。产品虽是从外单位采购，但入库单是企业在产品入库时自行填制，属于自制原始凭证。

## 考点8　原始凭证的审核★★

| 审核事项 | 具体内容 |
|---|---|
| 审核真实性 | 包括凭证日期是否真实、业务内容是否真实、数据是否真实等 |
| 审核合法性、合理性 | 是否符合国家法律法规，是否履行了规定的凭证传递和审核程序；是否符合企业经济活动的需要、是否符合有关的计划和预算等 |
| 审核完整性 | 各项基本要素是否齐全 |
| 审核正确性 | 记载的各项内容是否正确，包括：（1）接受原始凭证单位的名称是否正确；（2）金额的填写和计算是否正确；（3）更正是否正确 |

典型例题

【例2-24】（多选题）下列各项中，属于原始凭证审核内容的有（　　）。

A. 凭证日期是否真实

B. 金额的填写和计算是否正确

C. 应借、应贷科目以及对应关系是否正确

D. 各项基本要素是否齐全

【答案】ABD

【解析】原始凭证的审核包括审核原始凭证的真实性，原始凭证的合法性、合理性，原始凭证的完整性和原始凭证的正确性。审核凭证日期是否真实，属于审核原始凭证的真实性，选项A正确；审核金额的填写和计算是否正确，属于审核原始凭证的正确性，选项B正确；审核应借、应贷科目以及对应关系是否正确，属于记账凭证审核内容，选项C错误；审核各项基本要素是否齐全，属于审核原始凭证的完整性，选项D正确。

【例2-25】（判断题）对原始凭证正确性的审核，包括接受原始凭证单位名称、金额的填写和计算、更正是否正确的审核。（　　）

【答案】√

## 考点9　记账凭证的种类和内容★★★

| 项目 | 内　　容 | |
|---|---|---|
| 定义 | 又称记账凭单，是指会计人员根据审核无误的原始凭证，按照经济业务的内容加以归类，并据以确定会计分录后填制的会计凭证，作为登记账簿的直接依据 | |
| 种类 | 收款凭证 | 是指用于记录库存现金和银行存款收款业务的记账凭证 |
| | | 根据有关库存现金和银行存款收款业务的原始凭证填制 |
| | | 是登记库存现金日记账、银行存款日记账以及有关明细分类账和总分类账等账簿的依据，也是出纳人员收讫款项的依据 |
| | 付款凭证 | 是指用于记录库存现金和银行存款付款业务的记账凭证 |
| | | 根据有关库存现金和银行存款支付业务的原始凭证填制。<br>【要点】对于涉及"库存现金"和"银行存款"之间的相互划转业务，如将现金存入银行或从银行提取现金，为了避免重复记账，一般只填制付款凭证，不再填制收款凭证 |
| | | 是登记库存现金日记账、银行存款日记账以及有关明细分类账和总分类账等账簿的依据，也是出纳人员支付款项的依据 |
| | 转账凭证 | 指用于记录不涉及库存现金和银行存款业务的记账凭证 |
| | | 根据有关转账业务的原始凭证填制 |
| | | 是登记有关明细分类账和总分类账等账簿的依据 |
| 基本内容 | 1. 填制凭证的日期；2. 凭证编号；3. 经济业务摘要；4. 应借应贷会计科目；5. 金额；6. 所附原始凭证张数；7. 填制凭证人员、稽核人员、记账人员、会计机构负责人、会计主管人员签名或者盖章。<br>【要点】收款和付款记账凭证还应当由出纳人员签名或者盖章 | |

典型例题

【例2-26】（单选题）下列各项中，属于记录库存现金和银行存款收入业务的记账凭证是（　　）。

A. 付款凭证　　　　　　　　　　B. 转账凭证

C. 收款凭证　　　　　　　　　　D. 单式记账凭证

【答案】C

【解析】收款凭证是根据有关库存现金和银行存款收款业务的原始凭证填制的。

【例2-27】（单选题）将库存现金存入银行，按规定应填制（　　）。

A. 现金收款凭证　　　　　　　　B. 银行存款收款凭证

C. 现金付款凭证                    D. 银行存款付款凭证

【答案】C

【解析】涉及"库存现金"和"银行存款"之间的经济业务，如从银行提取现金，或者将现金存入银行，为了避免重复记账，一般只编制付款凭证，不编制收款凭证。

## 考点10　记账凭证的审核★★

| 审核要点 | 具体内容 |
| --- | --- |
| 依据 | 记账凭证是否有原始凭证为依据，所附原始凭证或原始凭证汇总表的内容与记账凭证的内容是否一致 |
| 填写 | 记账凭证各项目的填写是否齐全，如日期、凭证编号、摘要、会计科目、金额、所附原始凭证张数及有关人员签章等 |
| 科目 | 记账凭证的应借、应贷科目以及对应关系是否正确 |
| 金额 | 记账凭证所记录的金额与原始凭证的有关金额是否一致，计算是否正确 |
| 记录 | 记账凭证中的记录是否文字工整、数字清晰，是否按规定进行更正等 |
| 戳记 | 出纳人员在办理收款或付款业务后，是否已在原始凭证上加盖"收讫"或"付讫"的戳记 |

典型例题

【例2-28】（多选题）下列各项中，属于记账凭证审核内容的有（　　）。

A. 是否有原始凭证为依据

B. 审核业务内容的真实性

C. 凭证的金额与所附原始凭证的金额是否一致

D. 凭证项目是否填写齐全

【答案】ACD

【解析】记账凭证审核的内容主要包括：记账凭证是否有原始凭证为依据，所附原始凭证或原始凭证汇总表的内容与记账凭证的内容是否一致，选项A、C正确；记账凭证各项目的填写是否齐全，如日期、凭证编号、摘要、会计科目、金额、所附原始凭证张数及有关人员签章等，选项D正确；记账凭证的应借、应贷科目以及对应关系是否正确；记账凭证所记录的金额与原始凭证的有关金额是否一致，计算是否正确；记账凭证中的记录是否文字工整、数字清晰，是否按规定进行更正等；出纳人员在办理收款或付款业务后，是否已在原始凭证上加盖"收讫"或"付讫"的戳记。凭证日期是否真实、业务内容是否真实、数据是否真实等属于原始凭证的真实性的审核内容，选项 B 错误。

【例 2-29】（判断题）对于记账凭证的审核，需要审核记账凭证是否有原始凭证为依据，特殊情况下所附原始凭证的内容可以与记账凭证不一致。（　　）

【答案】×

【解析】记账凭证审核内容之一，是审核记账凭证是否有原始凭证为依据，所附原始凭证或原始凭证汇总表的内容与记账凭证的内容是否一致，记账凭证与所附的原始凭证的内容与记账凭证要一致。

## 考点 11　会计凭证的保管★★

| 项目 | 内　　容 |
| --- | --- |
| 依据会计凭证记账后 | 应定期（每天、每旬或每月）对各种会计凭证进行分类整理，将各种记账凭证按照编号顺序，连同所附的原始凭证一起加具封面和封底，装订成册，并在装订线上加贴封签，防止抽换凭证 |
| 原始凭证较多时 | 可单独装订，但应在凭证封面注明所属记账凭证的日期、编号和种类，同时在所属的记账凭证上应当注明"附件另订"及原始凭证的名称和编号，以便查阅 |
| 可仅以电子形式保存 | 1. 形成的电子会计资料来源真实有效，由计算机等电子设备形成和传输；<br>2. 使用的会计核算系统能够准确、完整、有效接收和读取电子会计资料，能够输出符合国家标准归档格式的会计凭证、会计账簿、财务会计报表等会计资料，设定了经办、审核、审批等必要的审签程序；<br>3. 使用的电子档案管理系统能够有效接收、管理、利用电子会计档案，符合电子档案的长期保管要求，并建立了电子会计档案与相关联的其他纸质会计档案的检索关系；<br>4. 采取有效措施，防止电子会计档案被篡改；<br>5. 建立电子会计档案备份制度，能够有效防范自然灾害、意外事故和人为破坏的影响；<br>6. 形成的电子会计资料不属于具有永久保存价值或者其他重要保存价值的会计档案 |
| 当年形成的会计档案 | 在会计年度终了后，可由单位会计机构临时保管一年，期满后再移交本单位档案管理机构统一保管；确需推迟移交的，应当经单位档案管理机构同意，且最长不超过三年。<br>【要点】（1）单位未设立档案管理机构的，应在会计机构等机构内部指定专人保管。<br>（2）出纳人员不得兼管会计档案 |

续表

| 项 目 | 内 容 |
|---|---|
| 单位保存的会计档案 | 一般不得对外借出，确因工作需要且根据国家有关规定必须借出的，应当严格按照规定办理相关手续；其他单位如有特殊原因，确实需要使用单位会计档案时，经本单位会计机构负责人、会计主管人员批准，可以复制。向外单位提供的会计档案复制件，应在专设的登记簿上登记，并由提供人员和收取人员共同签名或者盖章 |
| 会计档案达到保管期限 | 单位应当组织对到期会计档案进行鉴定。需继续保存的会计档案，应当重新划定保管期限；确无保存价值的会计档案，可以销毁；保管期满但涉及未结清的债权债务的会计档案和涉及其他未了事项的会计档案不得销毁，并保管到未了事项完结时为止。<br>【要点】会计档案保管期满前不得任意销毁 |

典型例题

【例2-30】（多选题）从外单位取得的原始凭证遗失时，可以代作原始凭证应履行的手续有（　　）。

A. 取得原签发单位盖有公章的证明

B. 注明原始凭证的号码、金额、内容

C. 由经办单位会计机构负责人、会计主管人员和单位负责人批准

D. 当事人写明详细情况

【答案】ABC

【解析】从外单位取得的原始凭证遗失时，应取得原签发单位盖有公章的证明，并注明原始凭证的号码、金额、内容等，由经办单位会计机构负责人、会计主管人员和单位负责人批准后，才能代作原始凭证。

【例2-31】（判断题）保管期满但未结清的债权债务会计凭证和涉及其他未了事项的会计凭证不得销毁。（　　）

【答案】√

【解析】保管期满但未结清的债权债务会计凭证和涉及其他未了事项的会计凭证不得销毁，纸质会计档案应当单独抽出立卷，电子会计档案单独转存，保管到未了事项完结时为止。

## 考点 12　会计账簿的分类、格式与登记★★

| 分类依据 | 种类 | 内　　　容 | |
|---|---|---|---|
| 按用途分类 | 序时账簿（日记账） | 按照经济业务发生时间的先后顺序逐日、逐笔登记的账簿 | 应用：库存现金日记账和银行存款日记账；一般采用三栏式，必须是订本账 |
| | 分类账簿 | 总分类账簿，编制财务报表的直接依据，通常为订本账簿，采用三栏式；根据记账凭证或记账凭证汇总表、汇总记账凭证定期登记 | |
| | | 明细分类账簿，通常为活页账、卡片账，采用三栏式、多栏式、数量金额式 | |
| | 备查账簿 | 对其他账簿记录的补充，没有固定格式要求 | 应用：租入固定资产登记簿，代管商品物资登记簿 |
| 按账页格式分类 | 三栏式账簿 | 设有借方、贷方和余额三个金额栏目 | 应用：各种日记账、总账以及资本、债权、债务明细账 |
| | 多栏式账簿 | 在账簿的两个金额栏（借方和贷方）按需要分设若干专栏 | 应用：收入、成本、费用明细账 |
| | 数量金额式账簿 | 在借方、贷方和余额每个栏目内再分设数量、单价和金额三小栏 | 应用：原材料、库存商品等明细账 |
| 按外形特征分类 | 订本式账簿 | 优点是能避免账页散失和防止抽换账页；缺点是不能准确为各账户预留账页 | 应用：总分类账、库存现金日记账和银行存款日记账 |
| | 活页式账簿 | 优点是随时抽走不需要的账页或增加空白账页，便于分工记账；缺点是可能会造成账页散失或故意抽换账页 | 应用：明细分类账 |
| | 卡片式账簿 | 根据需要随时增减账页 | 一般只对固定资产的核算采用，少数企业在材料核算中也使用 |
| 启用与登记要求 | 1. 登记内容完整。账簿记录中的日期，应填写记账凭证上的日期；以自制原始凭证（如收料单、领料单等）作为记账依据的，账簿记录中的日期应按自制凭证上的日期填列。 | | |

续表

| 分类依据 | 种类 | 内 容 |
|---|---|---|
| 启用与登记要求 | | 2. 登记账簿必须使用蓝黑墨水或碳素墨水书写，不得使用圆珠笔（银行的复写账簿除外）或者铅笔书写。以下情况可以使用红墨水记账：（1）按照红字冲账的记账凭证，冲销错误记录；（2）在不设借贷等栏的多栏式账页中，登记减少数；（3）在三栏式账户的余额栏前，如未印明余额方向的，在余额栏内登记负数余额。<br>3. 会计账簿应当按照连续编号的页码顺序登记。记账时发生错误或者隔页、缺号、跳行的，应在空页、空行处用红色墨水划对角线注销，或者注明"此页空白"或"此行空白"字样，并由记账人员和会计机构负责人（会计主管人员）在更正处签章。<br>4. 结出余额。凡需要结出余额的账户，结出余额后，应当在"借或贷"栏目内注明"借"或"贷"字样，以示余额的方向；对于没有余额的账户，应在"借或贷"栏内写"平"字，并在"余额"栏"元"位处用"θ"表示。<br>【要点】库存现金日记账和银行存款日记账必须逐日结出余额。<br>5. 过次承前。每一账页登记完毕时，应当结出本页发生额合计及余额，在该账页最末一行"摘要"栏注明"转次页"或"过次页"，并将这一金额记入下一页第一行有关金额栏内，在该行"摘要"栏注明"承前页"。<br>6. 不得刮擦、挖补或用褪色药水更改字迹，而应采用规定的方法更正错误 |

**典型例题**

【例 2-32】（单选题）下列项目中，出纳人员根据会计凭证登记库存现金日记账正确的做法是（    ）。

A. 根据库存现金收、付款业务逐笔、序时登记

B. 根据库存现金收、付款凭证金额相抵的差额登记

C. 将库存现金收款凭证汇总后登记

D. 将库存现金付款凭证汇总后登记

【答案】A

【解析】三栏式库存现金日记账由出纳人员根据库存现金收款凭证、库存现金付款凭证和银行存款付款凭证，按照库存现金收、付款业务和银行存款付款业务发生时间的先后顺序逐日逐笔登记。

【例 2-33】（多选题）下列各项中，必须逐日结出余额的账簿有（    ）。

A. 库存现金总账            B. 库存现金日记账

C. 银行存款总账            D. 银行存款日记账

【答案】BD

【解析】库存现金日记账和银行存款日记账必须逐日结出余额。

【例 2-34】（判断题）年度终了结账时，有余额的账户，应将其余额结转下年，并在摘要栏注明"结转下年"字样。（    ）

【答案】√

【例2-35】（判断题）登记账簿时，发生的空行、空页一定要补充书写，不得注销。（    ）

【答案】×

【解析】出现空行、空页，应在空行、空页处用红色墨水划对角线注销，或者注明"此行空白"或"此页空白"字样，并由记账人员和会计机构负责人（会计主管人员）在更正处签章。

## 考点13  对账 ★★

| 项目 | 内　　　容 |
| --- | --- |
| 账证核对 | 账簿←→原始凭证和记账凭证<br>核对内容：时间、凭证字号、内容、金额等是否一致；记账方向是否相符 |
| 账账核对 | 总分类账←→总分类账：期末借方余额合计＝期末贷方余额合计<br>总分类账←→明细分类账：总账期末余额＝所辖明细分类账期末余额之和<br>总分类账←→序时账簿：总账期末余额＝日记账期末余额<br>明细分类账←→明细分类账：会计机构实物资产明细账＝实物保管或使用部门明细账 |
| 账实核对 | 库存现金日记账←→现金实际库存数<br>银行存款日记账←→银行对账单<br>财产物资明细账←→财产物资实有数<br>债权债务明细账←→对方单位账面记录 |

典型例题

【例2-36】（单选题）下列关于账证核对的表述，错误的是（    ）。

A. 账证核对是指在登记账簿后，将账簿记录与会计凭证进行核对

B. 核对的内容包括时间、凭证字号、内容、金额

C. 账证核对只是核对账簿记录和记账凭证，与原始凭证无关

D. 账证核对也需核对记账方向是否相符

【答案】C

【解析】账证核对是指记完账后，要将账簿记录与会计凭证进行核对，核对账簿记录与原始凭证、记账凭证的时间、凭证字号、内容、金额等是否一致，记账方向是否相符。

【例2-37】（多选题）下列各项中，不属于对账内容的有（    ）。

A. 原始凭证与记账凭证核对

B. 银行存款日记账账面余额与银行对账单余额核对

C. 银行存款总账的期末余额与银行存款日记账的期末余额核对

D. 业务合同与往来账的核对

【答案】AD

【解析】选项 B 属于账实核对内容；选项 C 属于账账核对内容；选项 A、D 不属于对账内容。

## 考点 14　结账★★

| 项目 | 具体要求 |
|------|----------|
| 结账种类 | 包括月结、季结和年结 |
| 结账内容 | 1. 结清各种损益类账户，据以计算确定本期利润；<br>2. 结出各资产、负债和所有者权益账户的本期发生额合计和期末余额 |
| 结账要点 | 1. 对不需按月结计本期发生额的账户，如各项应收、应付款明细账和各项财产物资明细账等，每次记账以后，都要随时结出余额，每月最后一笔余额是月末余额。月末结账时，只需要在最后一笔经济业务记录下面通栏划单红线，不需要再次结计余额。<br>2. 库存现金、银行存款日记账和需要按月结计发生额的收入、费用等明细账，每月结账时，要在最后一笔经济业务记录下面通栏划单红线，结出本月发生额和余额，在摘要栏内注明"本月合计"字样，并在下面通栏划单红线。<br>3. 对于需要结计本年累计发生额的明细账户，每月结账时，应在"本月合计"行下结出自年初起至本月末止的累计发生额，登记在月份发生额下面，在摘要栏内注明"本年累计"字样，并在下面通栏划单红线。<br>【注意】12月末的"本年累计"就是全年累计发生额，全年累计发生额下面通栏划双红线。<br>4. 总账账户平时只需结出月末余额。年终结账时，要将所有总账账户结出全年发生额和年末余额，在摘要栏内注明"本年合计"字样，并在合计数下面通栏划双红线。<br>5. 年度终了结账时，有余额的账户，应将其余额结转下年，并在摘要栏注明"结转下年"字样；在下一会计年度新建有关账户的第一行余额栏内填写上年结转的余额，并在摘要栏注明"上年结转"字样，使年末有余额账户的余额如实地在账户中加以反映，以免混淆有余额的账户和无余额的账户 |

**典型例题**

【例 2-38】（多选题）下列情况中，通栏划单红线的有（　　　）。

A. 不需按月结计本期发生额的账户月末结账时，最后一笔经济业务记录下面

B. 需要结计本年累计发生额的明细账户，12月末全年累计发生额下面

C. 银行存款日记账每月结账时，在最后一笔经济业务记录下面

D. 总账账户年终结账时，在合计数下面

【答案】AC

【解析】需要结计本年累计发生额的明细账户，每月结账时，本年累计下面通栏划单红线，但12月末全年累计发生额下面通栏划双红线，选项B错误；总账账户年终结账时，在合计数下面通栏划双红线，选项D错误。

【例2-39】（判断题）结账时，总账账户各月末需要分别结算出"本月合计"的发生额和期末余额以及"本年累计"的发生额和年末余额。（　　）

【答案】×

【解析】总账账户平时只需结出月末余额。年终结账时，要将所有总账账户结出全年发生额和年末余额，在摘要栏内注明"本年合计"字样，并在合计数下面通栏划双红线。

## 考点15　会计账簿的保管★★

| 项目 | 内容 |
|---|---|
| 指定专人管理 | 账簿经管人员既要负责记账、对账、结账等工作，又要负责保证账簿安全 |
| 未经批准不能随意翻阅查看和携带外出 | 未经领导和会计负责人或者有关人员批准，非经管人员不能随意翻阅查看会计账簿。<br>会计账簿除需要与外单位核对外，一般不能携带外出；对携带外出的账簿，一般应由经管人员或会计主管人员指定专人负责 |
| 不能随意交与其他人员管理 | 保证账簿安全和防止任意涂改账簿等问题发生 |
| 更换并启用新账时 | 对更换下来的旧账要整理装订，造册归档 |
| 实行会计电算化的单位可仅以电子形式保存会计账簿 | 通常无须定期打印会计账簿，确需打印的，必须连续编号，经审核无误后装订成册，并由记账人员和会计机构负责人、会计主管人员签字或者盖章 |
| 保管期满后销毁 | 应当按照规定进行鉴定，经鉴定可以销毁的，方可按照审批程序报经批准后销毁 |

典型例题

【例2-40】（单选题）下列有关会计账簿保管的说法中，正确的是（　　）。

A. 未经批准，非经管人员不能随意翻阅查看会计账簿

B. 实行会计电算化的单位，必须以电子形式和打印方式来保存会计账簿

C. 活页账一般按账户分类装订成册，不得撤出未使用的空白账页

D. 会计账簿保管期满后可直接销毁

【答案】A

【解析】会计账簿未经领导和会计负责人或者有关人员批准，非经管人员不能随意翻阅查看会计账簿，选项 A 正确；实行会计电算化的单位，满足《会计档案管理办法》第八条有关规定的，可仅以电子形式保存会计账簿，无须定期打印会计账簿，选项 B 错误；活页账应撤出未使用的空白账页，再装订成册，并注明各账页号数，选项 C 错误；会计账簿保管期满后，应当按照规定进行鉴定，经鉴定可以销毁的，方可按照审批程序报经批准后销毁，选项 D 错误。

【例 2－41】（判断题）旧账装订后由经办人员在封口处签名或盖章，按期移交档案部门保管。（　　）

【答案】×

【解析】旧账装订后应由经办人员及装订人员、会计主管人员在封口处签名或盖章。

## 考点 16　财产清查分类 ★★

| 分类依据 | 种类 | 内　容 |
|---|---|---|
| 按清查范围 | 全面清查 | 1. 年终决算前；<br>2. 在合并、撤销或改变隶属关系前；<br>3. 中外合资、国内合资前；<br>4. 股份制改造前；<br>5. 开展全面的资产评估、清产核资前；<br>6. 单位主要领导调离工作前等 |
| | 局部清查 | 1. 库存现金，日清月结；<br>2. 银行存款，每月至少核对一次；<br>3. 债权、债务，每年至少同债权人、债务人核对一至两次；<br>4. 流动性较大的财产物资，如原材料、在产品、产成品，根据需要随时轮流盘点或重点抽查；<br>5. 对于贵重财产物资，每月都要进行清查盘点 |
| 按清查时间 | 定期清查 | 一般在年末、季末、月末进行 |
| | 不定期清查 | 1. 财产物资、库存现金保管人员更换时；<br>2. 发生自然灾害和意外损失时；<br>3. 上级主管、财政、审计和银行等部门，对本单位进行会计检查时；<br>4. 开展临时性清产核资时 |
| 按清查执行系统 | 内部清查 | 由本单位内部自行组织清查工作小组所进行的财产清查工作。大多数财产清查都是内部清查 |
| | 外部清查 | 指由上级主管部门、审计机关、司法部门、注册会计师等根据国家有关规定或情况需要对本单位进行的财产清查 |

典型例题

【例 2－42】（单选题）企业发生自然灾害时，对受损失的财产物资进行清查属于（　　）。

　　A. 全面清查　　　　B. 定期清查　　　　C. 外部清查　　　　D. 不定期清查

【答案】D

【解析】发生自然灾害和意外损失时，要对受损失的财产物资进行清查，以查明损失情况，属于不定期清查情况。

【例2-43】（多选题）下列关于局部清查的表述中，正确的有（　　）。

A. 局部清查是指根据需要只对部分财产进行盘点和核对

B. 一般而言，对于贵重财产物资，每月都要进行清查盘点

C. 局部清查范围小、内容少、时间短、参与人员少，但专业性很强

D. 一般而言，对于流动性较大的财产物资应根据需要随时轮流盘点或重点抽查

【答案】ABCD

【例2-44】（判断题）财产清查是指通过对货币资金、实物资产和往来款项的盘点或核对，确定其实存数，查明账存数与实存数是否相符的一种专门方法。（　　）

【答案】√

【例2-45】（判断题）财产清查按照清查的时间，可分为定期清查和不定期清查。（　　）

【答案】√

【例2-46】（判断题）定期清查一般仅在年末进行。（　　）

【答案】×

【解析】定期清查一般在年末、季末、月末进行。

### 考点17　财产清查方法★

| 项目 | 具体方法 |
| --- | --- |
| 货币资金清查 | 1. 库存现金的清查。<br>（1）采用实地盘点法进行；<br>（2）盘点时，出纳人员必须在场，并经手盘点；<br>（3）注意账实是否相符，以及现金管理制度的遵守情况；<br>（4）盘点结束后填制"库存现金盘点报告表"。<br>2. 银行存款的清查。<br>（1）采用与开户银行核对账目的方法进行；<br>（2）一般在月末进行；<br>（3）清查步骤：<br>①逐日逐笔核对银行存款日记账和银行对账单；<br>②找出未达账项；<br>③将未达账项填入"银行存款余额调节表"，并计算出调整后的余额；<br>④将调整平衡的"银行存款余额调节表"，经主管会计签章后送达开户银行 |

续表

| 项目 | 具体方法 |
|------|----------|
| 实物资产清查 | 1. 范围：实物资产主要包括固定资产、存货等。<br>2. 清查内容：数量和质量。<br>3. 清查方法：<br>（1）实地盘点法，即通过点数、过磅、量尺等方法来确定实物资产的实有数量，多数财产物资清查中都可采用；<br>（2）技术推算法，即利用一定的技术方法对财产物资的实存数进行推算，只适用于成堆量大而价值不高，逐一清点工作量和难度较大的财产物资的清查 |
| 往来款项清查 | 1. 范围：往来款项主要包括应收、应付款项和预收、预付款项等。<br>2. 清查方法：采用发函询证的方法进行核对。清查后将结果编制"往来款项清查报告单" |

典型例题

【例2-47】（单选题）对库存现金的清查采用的方法是（    ）。

A. 实地盘点法　　　B. 技术推算法　　　C. 核对账目法　　　D. 全面清查法

【答案】A

【解析】技术推算法只适用于成堆量大而价值不高，难以逐一清点的财产物资的清查，选项B错误；核对账目法适用对银行存款的清查，选项C错误；全面清查属于财产清查的种类，不属于清查方法，选项D错误。

## 考点18　会计账务处理程序 ★

| 项目 | 记账凭证账务处理程序 | 汇总记账凭证账务处理程序 | 科目汇总表账务处理程序 |
|------|----------------------|--------------------------|------------------------|
| 特点 | 直接根据记账凭证逐笔登记总账 | 先根据记账凭证编制汇总记账凭证，再根据汇总记账凭证登记总账 | 先将所有记账凭证汇总编制成科目汇总表，再根据科目汇总表登记总分类账 |
| 适用范围 | 规模较小、经济业务量较少的单位 | 规模较大、经济业务较多的单位 | 经济业务较多的单位 |
| 优点 | 简单明了，易于理解，总账可以反映经济业务的详细情况 | 减轻了登记总分类账的工作量 | 减轻了登记总分类账的工作量，并且科目汇总表可以起到试算平衡的作用 |
| 缺点 | 登记总分类账的工作量较大 | 当转账凭证较多时，编制汇总转账凭证的工作量较大，并且按一贷方账户编制汇总转账凭证，不利于会计核算的日常分工 | 科目汇总表不能反映各个账户之间的对应关系，不利于对账目进行检查 |

典型例题

**【例2-48】**（多选题）下列表述中，符合科目汇总表账务处理程序的有（　　）。

A. 适用于经济业务较多的单位

B. 减轻了登记总分类账的工作量

C. 可以起到试算平衡的作用

D. 适用于规模较小、经济业务量较少的单位

【答案】ABC

【解析】规模较小、经济业务量较少的单位适用记账凭证账务处理程序。

**【例2-49】**（判断题）各种账务处理程序的共同点之一是编制财务报表的方法相同。（　　）

【答案】√

【解析】记账凭证账务处理程序、汇总记账凭证账务处理程序和科目汇总表账务处理程序都是根据总分类账和明细分类账的记录，编制财务报表。

**【例2-50】**（判断题）记账凭证账务处理程序适用于规模较小、经济业务量较少的单位。（　　）

【答案】√

【解析】记账凭证账务处理程序的主要特点是直接根据记账凭证逐笔登记总分类账，适用于规模较小、经济业务量较少的单位。

## 考点19　信息化环境下的会计账务处理★★

| 项目 | 内　　容 |
|---|---|
| 会计信息化 | 是指企业利用计算机、网络通信等现代信息技术手段开展会计核算，以及利用上述技术手段将会计核算与其他经营管理活动有机结合的过程 |
| 会计软件 | 1. 定义：是指企业使用的、专门用于会计核算和财务管理的计算机软件、软件系统或者其功能模块。<br>2. 功能：（1）为会计核算和财务管理直接采集数据；（2）生成会计凭证、账簿、报表等会计资料；（3）对会计资料进行转换、输出、分析、利用 |
| 基本要求 | 1. 企业使用的会计软件应当保障企业按照国家统一会计制度开展会计核算，设定了经办、审核、审批等必要的审签程序，能够有效防止电子会计凭证重复入账，并不得有违背国家统一会计制度的功能设计。<br>2. 企业使用的会计软件的界面应当使用中文并且提供对中文处理的支持，可以同时提供外国或者少数民族文字界面对照和处理支持。<br>3. 企业使用的会计软件应当提供符合国家统一会计制度的会计科目分类和编码功能。<br>4. 企业使用的会计软件应当提供符合国家统一会计制度的会计凭证、账簿和报表的显示和打印功能。 |

续表

| 项目 | 内　　　　容 |
|------|------|
| 基本要求 | 5. 企业使用的会计软件应当提供不可逆的记账功能，确保对同类已记账凭证的连续编号，不得提供对已记账凭证的删除和插入功能，不得提供对已记账凭证日期、金额、科目和操作人的修改功能。<br>6. 企业使用的会计软件应当具有符合国家统一标准的数据接口，满足外部会计监督需要。<br>7. 企业使用的会计软件应当具有会计资料归档功能，提供导出会计档案的接口，在会计档案存储格式、元数据采集、真实性与完整性保障方面，符合国家有关电子文件归档与电子档案管理的要求。<br>8. 企业使用的会计软件应当记录生成用户操作日志，确保日志的安全、完整，提供按操作人员、操作时间和操作内容查询日志的功能，并能以简单易懂的形式输出。<br>9. 企业会计信息系统数据服务器的部署应当符合国家有关规定。数据服务器部署在境外的，应当在境内保存会计资料备份，备份频率不得低于每月一次。<br>10. 企业会计资料中对经济业务事项的描述应当使用中文，可以同时使用外国或者少数民族文字对照。<br>11. 企业应当建立电子会计资料备份管理制度。<br>12. 企业电子会计档案的归档管理，应当符合《会计档案管理办法》等规定。<br>13. 实行会计集中核算的企业以及企业分支机构，应当为外部会计监督机构及时查询和调阅异地储存的会计资料提供必要条件。<br>14. 企业不得在非涉密信息系统中存储、处理和传输涉及国家秘密、关系国家经济信息安全的电子会计资料；未经有关主管部门批准，不得将其携带、寄运或者传输至境外 |

**典型例题**

【例 2-51】（多选题）下列关于信息化下使用会计软件基本要求的说法，正确的有（　　）。

A. 应当提供符合国家统一会计制度的会计科目分类和编码功能

B. 应当提供可修改记账功能

C. 界面可以只使用外国文字

D. 应当提供符合国家统一会计制度的会计凭证、账簿和报表的显示和打印功能

【答案】AD

【解析】企业使用的会计软件应当提供符合国家统一会计制度的会计科目分类和编码功能，选项 A 正确；企业使用的会计软件应当提供不可逆的记账功能，确保对同类已记账凭证的连续编号，不得提供对已记账凭证的删除和插入功能，不得提供对已记账凭证日期、金额、科目和操作人的修改功能，选项 B 错误；企业使用的会计软件的界面应当使用中文并且提供对中文处理的支持，可以同时提供外国或者少数民族文字界面对照和处理支持，选项 C 错误；企业使用的会计软件应当提供符合

国家统一会计制度的会计凭证、账簿和报表的显示和打印功能，选项 D 正确。

**【例 2 - 52】**（判断题）企业可以在信息系统中存储、处理和传输涉及国家秘密、关系国家经济信息安全的电子会计资料。（　　）

**【答案】** ×

**【解析】** 企业不得在非涉密信息系统中存储、处理和传输涉及国家秘密、关系国家经济信息安全的电子会计资料。

# 巩固练习

## 一、单项选择题

1. 下列各项中，应确认为企业资产的是（　　）。

　　A. 经批准处置已核销的生产设备

　　B. 通过经营租赁方式租入的生产设备

　　C. 赊购的生产设备

　　D. 已签订采购合同但尚未购入的生产设备

2. 下列各项中，不属于企业所有者权益组成部分的是（　　）。

　　A. 股本　　　　　　B. 资本公积　　　　　C. 盈余公积　　　　　D. 应付股利

3. 下列属于反映企业财务状况的会计要素是（　　）。

　　A. 收入　　　　　　B. 所有者权益　　　　C. 费用　　　　　　　D. 利润

4. 反映企业在任一时点所拥有的资产以及债权人和所有者对企业资产要求权基本状况的会计等式是（　　）。

　　A. 资产 = 负债 + 所有者权益

　　B. 资产 = 负债 + 所有者权益 + 收入

　　C. 资产 = 负债 + 所有者权益 + 收入 - 费用

　　D. 收入 - 费用 = 利润

5. 企业日常经营中会发生各种经济业务，这些经济业务的发生会导致资产、负债和所有者权益的变动，下列说法中错误的是（　　）。

　　A. 资产、负债同时增加相等的金额

　　B. 资产、所有者权益同时增加相等的金额

　　C. 负债、所有者权益同时减少相等的金额

D. 负债增加、所有者权益减少，两者增减的数量相等

6. 编制财务报表时，以"收入－费用＝利润"这一会计等式作为编制依据的财务报表是（　　）。

  A. 利润表        B. 所有者权益变动表

  C. 资产负债表       D. 现金流量表

7. 总分类科目与明细分类科目的主要区别在于（　　）。

  A. 记账内容不同      B. 记录经济业务详细程序不同

  C. 记账的方向不同     D. 记账的依据不同

8. 下列关于会计科目的表述中，不正确的是（　　）。

  A. 会计科目是对会计要素的具体内容进行分类核算的项目

  B. 会计核算有了总分类科目就不需要再设明细科目

  C. 会计科目按其所提供信息的详细程度及其统驭关系不同，可分为总账科目和明细科目

  D. 会计科目不具有一定的格式和结构

9. 下列各项中，关于借贷记账法下收入类账户表述不正确的是（　　）。

  A. 借方登记减少额     B. 贷方登记增加额

  C. 期末结转后无余额    D. 期末余额在借方

10. 所有者权益类账户的期末余额（　　）。

  A. 一定在借方  B. 一定在贷方  C. 一般在贷方  D. 一般在借方

11. 下列关于在账户中用借方和贷方登记资产、负债、所有者权益的增加、减少数额的说法，正确的是（　　）。

  A. 借方登记资产、负债及所有者权益的增加

  B. 借方登记资产、负债及所有者权益的减少

  C. 借方登记资产的增加、负债及所有者权益的减少

  D. 借方登记负债的减少、资产及所有者权益的增加

12. 所有者权益类账户的期末余额根据（　　）计算。

  A. 借方期末余额＝借方期初余额＋借方本期发生额－贷方本期发生额

  B. 借方期末余额＝借方期初余额＋贷方本期发生额－借方本期发生额

  C. 贷方期末余额＝贷方期初余额＋贷方本期发生额－借方本期发生额

  D. 贷方期末余额＝贷方期初余额＋借方本期发生额－贷方本期发生额

13. 某企业"原材料"账户月初余额为380 000元，本月验收入库的原材料共计240 000元，发出材料共计320 000元。月末，该企业"原材料"账户（　　）。

  A. 余额在借方，金额为460 000元

  B. 余额在贷方，金额为460 000元

C. 余额在借方，金额为 300 000 元

D. 余额在贷方，金额为 300 000 元

14. 2×23 年 6 月 30 日企业银行存款日记账的余额为 100 万元，经逐笔核对，未达账项如下：银行已收，企业未收的 2 万元；银行已付，企业未付的 1 万元。调整后的企业银行存款余额应为（  ）万元。

  A. 100      B. 101      C. 102      D. 103

15. 某企业 2×23 年 1 月 1 日负债为 100 万元，所有者权益为 500 万元，2×22 年 3 月 2 日接受所有者投入资本 300 万元，则此时资产为（  ）万元。

  A. 600      B. 400      C. 300      D. 900

16. 甲企业某科目本期期初余额为 5 600 元，本期期末余额为 5 700 元，本期减少发生额为 800 元，则该科目本期增加发生额为（  ）元。

  A. 900      B. 10 500     C. 700      D. 12 100

17. 某企业月末在编制的试算平衡表中，全部科目的本月借方发生额合计为 60 000 元，除累计折旧外的科目本月贷方发生额合计为 40 000 元，则累计折旧科目（  ）。

  A. 本月借方发生额为 20 000 元     B. 本月贷方发生额为 20 000 元

  C. 本月贷方余额为 20 000 元      D. 本月借方余额为 20 000 元

18. 在编制试算平衡表时，下列表述不正确的是（  ）。

  A. 可只根据各个账户的本期发生额编制

  B. 只要试算平衡，说明账户记录正确无误

  C. "期初余额""本期发生额""期末余额"三大栏目的借方合计与贷方合计应该平衡相等

  D. 试算不平衡表示记账一定有错误

19. 甲公司月末编制的试算平衡表中，全部科目的本月贷方发生额合计为 120 万元，除银行存款外的本月借方发生额合计为 104 万元，则银行存款科目（  ）。

  A. 本月借方余额为 16 万元      B. 本月贷方余额为 16 万元

  C. 本月贷方发生额为 16 万元     D. 本月借方发生额为 16 万元

20. 下列关于原始凭证的说法，不正确的是（  ）。

  A. 按照来源的不同，分为外来原始凭证和自制原始凭证

  B. 按照格式的不同，分为通用凭证和专用凭证

  C. 按照填制手续及内容不同，分为一次凭证、累计凭证和汇总凭证

  D. 按照填制方法不同，分为外来原始凭证和自制原始凭证

21. 下列属于外来原始凭证的是（  ）。

  A. 银行信汇凭证        B. 现金收据

C. 收料单            D. 工资计算单

22. 2×23 年 12 月 1 日，企业对当月损益类账户的发生额进行结转，填制转账凭证的日期应为（    ）。

    A. 2×23 年 11 月 30 日           B. 2×23 年 12 月 1 日

    C. 2×23 年 12 月 1~31 日         D. 以上都对

23. 下列业务中，应编制收款凭证的是（    ）。

    A. 购买原材料用银行存款支付

    B. 收到销售商品的款项

    C. 购买固定资产，款项尚未支付

    D. 销售商品，收到现金存入银行

24. 下列账簿中，可以跨年度连续使用的是（    ）。

    A. 总账        B. 备查账        C. 日记账        D. 多数明细账

25. 关于会计账簿的登记要求，下列表述不正确的是（    ）。

    A. 记账时必须使用蓝黑墨水或碳素墨水书写，不得使用圆珠笔（银行的复写账簿除外）或铅笔

    B. 账页登记满时，应办理转页手续

    C. 使用活页式账簿时，应先将其装订成册，以防止散失

    D. 在不设借贷等栏的多栏式账页中，登记减少数时，可以使用红色墨水记账

26. 企业临时租入固定资产时应在（    ）中登记。

    A. 总账                  B. 明细账

    C. 备查账             D. 无须在账簿中作任何登记

27. 当年形成的会计档案，在会计年度终了后，可由单位会计机构临时保管（    ），期满后再移交本单位档案机构统一保管。

    A. 1 个月      B. 3 个月      C. 6 个月      D. 1 年

28. 下列各项中，不属于账账核对内容的是（    ）。

    A. 总分类账簿与所属明细账簿的核对

    B. 明细分类账簿之间的核对

    C. 银行存款日记账与银行对账单之间的核对

    D. 总分类账簿与序时账簿之间的核对

29. 单位主要负责人变动时，应对财产物资进行清查，采用的财产清查的类别，正确的是（    ）。

    A. 全面清查            B. 定期清查

    C. 局部清查            D. 全面清查和局部清查

30. 企业在对各项财产物资进行财产清查后，依据财产物资的盘点结果编制的、可据以调整账簿记录的原始凭证是（　　）。

    A. 银行存款余额调节表　　　　　　B. 实存账存对比表

    C. 领料单　　　　　　　　　　　　D. 入库单

31. 区分不同账务处理程序的根本标志是（　　）。

    A. 编制汇总原始凭证的依据和方法不同

    B. 编制记账凭证的依据和方法不同

    C. 登记总分类账的依据和方法不同

    D. 编制会计报表的依据和方法不同

32. 记账凭证账务处理程序的优点是（　　）。

    A. 简单明了，易于理解　　　　　　B. 有利于了解账户之间的关系

    C. 便于查对账目　　　　　　　　　D. 适用于经济业务较多的单位

33. 科目汇总表账务处理程序的优点是（　　）。

    A. 详细反映经济业务的发生情况　　B. 可以起到试算平衡的作用

    C. 便于了解账户之间的对应关系　　D. 便于查对账目

## 二、多项选择题

1. 下列关于资产特征的表述，正确的有（　　）。

    A. 过去的交易或事项形成

    B. 企业日常活动形成的经济利益的总流入

    C. 企业拥有或者控制的资源

    D. 预期能够给企业带来未来的经济利益

2. 表现资金运动相对静止状态的会计要素有（　　）。

    A. 资产　　　　　　　　　　　　　B. 费用

    C. 所有者权益　　　　　　　　　　D. 利润

3. 关于负债，下列各项表述中正确的有（　　）。

    A. 负债是企业承担的现时义务

    B. 负债预期会导致经济利益流出企业

    C. 正在筹划的未来交易事项，也会产生负债

    D. 负债会导致所有者权益减少

4. 利润包括的内容有（　　）。

    A. 营业利润　　　　　　　　　　　B. 投资净收益

    C. 营业外收支净额　　　　　　　　D. 代收款项

5. 下列关于会计计量属性的表述中，正确的有（    ）。

    A. 企业在对会计要素进行计量时，一般应采用历史成本

    B. 准则允许交易性金融资产采用公允价值计量，但应当保证其公允价值金额能够取得并可靠计量

    C. 存货减值时，应采用可变现净值计量

    D. 重置成本计量是资产和负债按照在公平交易中，熟悉情况的交易双方自愿进行资产交换或者债务清偿的金额计量

6. 一项所有者权益减少的同时，可能会引起（    ）。

    A. 一项负债增加                B. 一项负债减少

    C. 一项资产减少                D. 另一项所有者权益增加

7. 一项经济业务发生后引起银行存款减少 10 000 元，相应地可能引起（    ）。

    A. 无形资产增加 10 000 元        B. 短期借款增加 10 000 元

    C. 长期应付款减少 10 000 元      D. 应收账款减少 10 000 元

8. 下列关于总分类科目与明细分类科目表述中正确的有（    ）。

    A. 明细分类科目概括地反映会计对象的具体内容

    B. 总分类科目详细地反映会计对象的具体内容

    C. 总分类科目是提供总括信息的会计科目

    D. 明细分类科目是对总分类科目作进一步分类

9. 下列有关账户的表述中，正确的有（    ）。

    A. 账户是会计科目的别称

    B. 账户是根据会计科目设置的

    C. 账户具有一定格式和结构

    D. 各项核算指标的具体数据资料需通过账户记录取得

10. 下列经济业务中，引起资产和负债同时减少的有（    ）。

    A. 用银行存款偿还应付账款

    B. 用银行存款支付管理费用

    C. 以现金发放工资

    D. 用银行存款支付应付给投资者的利润

11. 下列各项中，会导致资产与负债同时增加的经济业务有（    ）。

    A. 以存款 6 000 元偿还前欠货款

    B. 向银行借入长期借款 10 万元存入银行

    C. 购买材料 8 000 元，货款暂欠（假定不考虑增值税因素）

    D. 接受某单位一台机器作为投资，价值 10 万元

12. 试算平衡的分类有（    ）。

A. 发生额试算平衡　　　　　　　　　B. 余额试算平衡

C. 期初余额试算平衡　　　　　　　　D. 期末余额试算平衡

13. 下列各项中，属于按照取得来源对原始凭证进行分类的有（　　　）。

A. 一次凭证　　　　　　　　　　　　B. 专用凭证

C. 自制原始凭证　　　　　　　　　　D. 外来原始凭证

14. 下列各项中，属于原始凭证审核内容的有（　　　）。

A. 真实性　　　　　B. 合法性　　　　　C. 合理性　　　　　D. 正确性

15. "限额领料单"属于（　　　）。

A. 累计凭证　　　　　　　　　　　　B. 记账凭证

C. 汇总凭证　　　　　　　　　　　　D. 自制原始凭证

16. 下列各项中，属于记账凭证基本内容的有（　　　）。

A. 必须用黑色笔填写　　　　　　　　B. 凭证编号

C. 经济业务摘要　　　　　　　　　　D. 会计科目

17. 下列各项中，关于库存现金日记账的格式与登记方法表述正确的有（　　　）。

A. 库存现金日记账必须使用订本账

B. 库存现金日记账逐日逐笔登记

C. 库存现金日记账采用数量金额式账簿

D. 库存现金日记账属于序时账簿

18. 下列关于活页式账簿的说法中，正确的有（　　　）。

A. 不能准确为各账户预留账页　　　　B. 一般适用于明细分类账

C. 便于分工记账　　　　　　　　　　D. 一般适用于总分类账或日记账

19. 三栏式库存现金日记账是根据（　　　）逐日逐笔登记。

A. 库存现金收款凭证　　　　　　　　B. 银行存款收款凭证

C. 库存现金付款凭证　　　　　　　　D. 转账凭证

20. 多栏式明细账一般适用于（　　　）。

A. 收入类账户　　　　　　　　　　　B. 费用类账户

C. 资产类账户　　　　　　　　　　　D. 负债类账户

21. 下列项目中，属于对账范围的有（　　　）。

A. 账簿记录与有关会计凭证的核对

B. 库存商品明细账余额与库存商品的核对

C. 日记账余额与有关总分类账余额的核对

D. 账簿记录与有关报表的核对

22. 下列结账方法中，正确的有（　　　）。

A. 不需要按月结计本期发生额的账户，月末结账时，只需要在最后一笔经

济业务事项记录之下通栏划单红线

  B. 库存现金和银行存款日记账每月结账时，应在"本月合计"数下通栏划单红线

  C. 需要结计本年累计发生额的账户，在12月末的"本年累计"发生额下面通栏划单红线

  D. 总账账户年终结账时，应在"本年合计"数下通栏划双红线

23. 下列各项中，属于财产清查可以采用的方法有（  ）。

  A. 核对账目法      B. 技术推算法

  C. 实地盘点法      D. 发函询证法

24. 企业对实物资产的清查可以采用的方法有（  ）。

  A. 实地盘点法      B. 函证法

  C. 技术推算法      D. 倒挤法

25. 关于"银行存款余额调节表"，下列说法正确的有（  ）。

  A. 可以作为记账的原始依据

  B. 可以反映未达账项

  C. 可以确定企业银行存款实有数

  D. 不能据此确认企业银行存款实有数

26. 下列表述中，不属于汇总记账凭证会计核算程序优点的有（  ）。

  A. 简单明了、易于理解    B. 便于会计核算的日常分工

  C. 能减少登记总账的工作量  D. 可以起到试算平衡作用

27. 下列各项中，关于记账凭证账务处理程序表述正确的有（  ）。

  A. 直接根据各种记账凭证逐笔登记总账

  B. 总分类账可以反映经济业务的详细情况

  C. 登记总分类账的工作量较大

  D. 适用规模较大的单位

## 三、判断题

1. 根据核算的经济内容不同，账户分为资产类账户、负债类账户、共同类账户、所有者权益类账户、成本类账户和损益类账户六类。    （  ）

2. 共同类科目是对收入、费用等要素的具体内容进行分类核算的项目。（  ）

3. 各项借款、应付款项和预付款项都属于企业的债务。     （  ）

4. 所有者权益是指企业投资人对企业资产的所有权。     （  ）

5. 生产成本及主营业务成本都属于成本类科目。      （  ）

6. 经过银行存款余额调节表调节相等后的存款余额，通常是企业可动用的银行存款实有数。　　　　　　　　　　　　　　　　　　　　（　　）

7. 所有会计账户都是根据会计科目开设的。　　　　　　　　（　　）

8. 在借贷记账法下，所有者权益类账户与费用类账户的结构截然相反。（　　）

9. 借贷记账法的特点是以"借""贷"作为记账符号，借方表示资产和费用的增加，贷方表示负债、所有者权益的减少。　　　　　　　　　　　（　　）

10. 在填制原始凭证时，以元为单位的阿拉伯数字，一律写到角。　（　　）

11. 记账凭证填制完成后，如有空行，应当在金额栏最后一笔金额数字下标注"本页完"。　　　　　　　　　　　　　　　　　　　　　　（　　）

12. 收款凭证左上角的"贷方科目"应填写"库存现金"或"银行存款"。　　　　　　　　　　　　　　　　　　　　　　　　　　　　（　　）

13. 会计账簿按照用途可以分为三栏式账簿、多栏式账簿、数量金额式账簿。　　　　　　　　　　　　　　　　　　　　　　　　　　（　　）

14. 多栏式账簿主要适用于既需要记录金额，又需要记录实物数量的财产物资明细账户。　　　　　　　　　　　　　　　　　　　　　（　　）

15. 在账簿记录中有可能出现红字。　　　　　　　　　　　　（　　）

16. 财产清查按照清查的执行系统，可分为内部清查和外部清查。（　　）

17. 在进行库存现金清查时，财务负责人应在场，出纳人员不得在场；在进行存货清查时，实物保管人员应回避，不得在场。　　　　　　　（　　）

18. 在实物资产的清查中，实存账存对比表是用以调整账簿记录的重要记账凭证，是调账的依据。　　　　　　　　　　　　　　　　　　（　　）

19. 科目汇总表账务处理程序只适用于经济业务不太复杂的中小型单位。　　　　　　　　　　　　　　　　　　　　　　　　　　　（　　）

# 巩固练习参考答案及解析

## 一、单项选择题

1. 【答案】C

【解析】资产是指企业过去的交易或者事项形成的，由企业拥有或者控制的，预期会给企业带来经济利益的资源。经批准处置已核销的生产设备不符合预期未来经济利益流入的资产特征，选项 A 错误；通过经营租赁方式租入的生产设备属于出租人资产，不符合企业拥有的资产特征，选项 B 错误；已签订采购合同尚未购入的生产设备，不符合企业控制的资产特征，选项 D 错误。

2.【答案】D

【解析】所有者权益通常由股本、资本公积、其他综合收益、盈余公积和未分配利润等构成，选项 D 属于负债。

3.【答案】B

【解析】反映财务状况的会计要素包括资产、负债和所有者权益；收入、费用和利润是反映经营成果的会计要素。

4.【答案】A

【解析】"资产 = 负债 + 所有者权益"这一等式反映了企业在某一特定时点资产、负债和所有者权益三者之间的平衡关系，它是复式记账法的理论基础，也是编制资产负债表的依据。

5.【答案】C

【解析】负债和所有者权益都在会计基本等式的右边，在会计基本等式左边不变的情况下，不可能出现负债和所有者权益同时减少相等的金额。

6.【答案】A

【解析】"收入 – 费用 = 利润"这一等式反映了企业利润的实现过程，收入、费用和利润之间的关系，是编制利润表的依据。

7.【答案】B

【解析】总分类科目对所属的明细分类科目起着统驭和控制作用，明细分类科目是对总分类科目的详细和具体说明。

8.【答案】B

【解析】在一个总分类科目之下，是否设置或者如何设置明细分类科目，应该根据本单位的实际情况决定。

9.【答案】D

【解析】在借贷记账法下，收入类账户的借方登记减少额，贷方登记增加额。本期收入净额在期末转入"本年利润"账户，结转后无余额。

10.【答案】C

【解析】在借贷记账法下，所有者权益类账户的借方登记减少额，贷方登记增加额，期末余额一般在贷方。

11.【答案】C

【解析】资产账户的借方登记增加数，贷方登记减少数；负债和所有者权益账户借方登记减少数，贷方登记增加数。

12. 【答案】C

【解析】所有者权益类账户的借方登记减少额，贷方登记增加额，期末余额一般在贷方。

13. 【答案】C

【解析】"原材料"为资产类账户，期末借方余额＝期初借方余额＋本期借方发生额－本期贷方发生额＝380 000＋240 000－320 000＝300 000（元）。

14. 【答案】B

【解析】企业银行存款余额调节计算公式为：企业银行存款日记账余额＋银行已收企业未收款－银行已付企业未付款。本题计算：100＋2－1＝101（万元）。

15. 【答案】D

【解析】2×23年1月1日该企业的资产总额为600万元（100＋500），2×22年3月2日接受投资使该企业的所有者权益增加300万元，同时资产增加300万元，此时资产为900万元（600＋300）。

16. 【答案】A

【解析】根据"期末余额＝期初余额＋本期增加发生额－本期减少发生额"，该科目本期增加发生额＝5 700－5 600＋800＝900（元）。

17. 【答案】B

【解析】全部科目的本期借方发生额与本期贷方发生额相等，因此，累计折旧科目应是本月贷方发生额20 000元。

18. 【答案】B

【解析】有些错误并不影响借贷双方的平衡，因此，试算不平衡，表示记账一定有错误，但试算平衡时，不能表明记账一定正确。试算平衡表中一般应设置"期初余额""本期发生额""期末余额"三大栏目，各大栏中的借方合计与贷方合计应该平衡相等，否则，便存在记账错误。为了简化表格，试算平衡表也可只根据各个账户的本期发生额编制，不填列各账户的期初余额和期末余额。

19. 【答案】D

【解析】所有科目借方发生额合计等于所有科目贷方发生额合计，因此银行存款科目必须有借方发生额16万元（120－104）。

20. 【答案】D

【解析】按照取得来源，原始凭证可分为自制原始凭证和外来原始凭证。

21. 【答案】A

【解析】外来原始凭证是从其他单位或个人直接取得的原始凭证，选项A正确；选项B、C、D属于自制原始凭证。

22. 【答案】B

【解析】记账凭证的填写日期一般是财会人员填制记账凭证的当天日期。

23. 【答案】B

【解析】选项 A 应填制银行存款付款凭证；选项 C 应填制转账凭证；选项 D 涉及"库存现金"和"银行存款"之间的相互划转业务，为了避免重复记账，一般只填制付款凭证，不再填制收款凭证。

24. 【答案】B

【解析】总账、日记账和多数明细账都应当每年更换一次。

25. 【答案】C

【解析】活页式账簿是将一定数量的账页置于活页夹内，可根据记账内容的变化随时增加或减少部分账页的账簿，而装订成册以防止散失的账簿属于订本式账簿，选项 C 错误。

26. 【答案】C

【解析】备查账簿是对某些在序时账簿和分类账簿中未能记载或记载不全的经济业务进行补充登记的账簿，企业临时租入固定资产在备查账簿——"租入固定资产登记簿"进行登记。

27. 【答案】D

【解析】当年形成的会计档案，在会计年度终了后，可由单位会计机构临时保管 1 年，期满后再移交本单位档案机构统一保管。

28. 【答案】C

【解析】选项 A 属于账账核对；选项 B 属于账账核对；选项 C 属于账实核对；选项 D 属于账账核对。

29. 【答案】A

【解析】财产清查按照清查范围，分为全面清查和局部清查；按照清查的时间，分为定期清查和不定期清查；按照清查的执行系统，分为内部清查和外部清查。需要进行全面清查的情况通常有：（1）年终决算前；（2）在合并、撤销或改变隶属关系前；（3）中外合资、国内合资前；（4）股份制改造前；（5）开展全面的资产评估、清产核资前；（6）单位主要领导调离工作前等。

30. 【答案】B

【解析】为了查明实存数与账存数是否一致，确定盘盈或盘亏情况，应根据盘存单和有关账簿的记录，编制"实存账存对比表"。该表是用以调整账簿记录的重要原始凭证，也是分析差异产生、明确经济责任的重要依据。

31. 【答案】C

【解析】在不同的账务处理程序下，各种账务处理程序的根本区别在于登记总分类账的依据和方法不同。

32. 【答案】A

【解析】记账凭证账务处理程序的优点是简单明了，易于理解，总分类账可以反映经济业务的详细情况。

33. 【答案】B

【解析】科目汇总表账务处理程序的优点是：减轻了登记总分类账的工作量；可以起到试算平衡的作用。

## 二、多项选择题

1. 【答案】ACD

【解析】资产具有三个方面特征：（1）资产应为企业拥有或者控制的资源；（2）资产预期会给企业带来经济利益；（3）资产是由企业过去的交易或者事项形成的。

2. 【答案】AC

【解析】资产、负债和所有者权益三项会计要素表现资金运动的相对静止状态。

3. 【答案】AB

【解析】负债是指企业由过去的交易或者事项形成的、预期会导致经济利益流出企业的现时义务，选项A、B正确；只有过去的交易或事项才能形成负债，选项C错误；费用会导致所有者权益减少而不是负债，选项D错误。

4. 【答案】ABC

【解析】利润包括营业利润、投资净收益和营业外收支净额等。

5. 【答案】ABC

【解析】重置成本是指按照当前市场条件，重新取得同样一项资产所需支付的现金或现金等价物金额，而选项D所述内容属于公允价值计量属性。

6. 【答案】ACD

【解析】根据"资产＝负债＋所有者权益"会计等式，所有者权益减少不会引起负债减少。

7. 【答案】AC

【解析】根据"资产＝负债＋所有者权益"的基本会计等式，银行存款减少，只可能引起另一项资产增加，或者负债减少，或者所有者权益减少。

8. 【答案】CD

【解析】总分类科目是对会计要素的具体内容进行总括分类，提供总括信息的会计科目；明细分类科目是对总分类科目作进一步分类，提供更为详细和具体会计信息的科目。

9. 【答案】BCD

【解析】账户是根据会计科目设置的，具有一定格式和结构，用于分类反映会计要素增减变动情况及其结果的载体。

10.【答案】ACD

【解析】用银行存款偿还应付账款，使银行存款和应付账款同时减少；用银行存款支付管理费用，使银行存款减少，管理费用增加；以现金发放工资，使现金和应付工资同时减少；用银行存款支付应付给投资者的利润，使银行存款和应付利润同时减少。

11.【答案】BC

【解析】选项 A，引起资产和负债同时减少；选项 B，引起资产和负债同时增加，符合题意；选项 C，引起资产和负债同时增加，符合题意；选项 D，引起资产和所有者权益同时增加。

12.【答案】AB

【解析】试算平衡的方法包括发生额试算平衡和余额试算平衡，选项 A、B 正确。

13.【答案】CD

【解析】原始凭证按照取得来源，可分为自制原始凭证和外来原始凭证。

14.【答案】ABCD

【解析】原始凭证的审核内容包括真实性、合法性、合理性、完整性、正确性。

15.【答案】AD

【解析】自制原始凭证是指由本单位有关部门和人员，在执行或完成某项经济业务时填制的，仅供本单位内部使用的原始凭证；累计凭证是指在一定时期内多次记录发生的同类型经济业务且多次有效的原始凭证。限额领料单既属于自制原始凭证也属于累计凭证。

16.【答案】BCD

【解析】选项 A 不属于记账凭证填制要求。

17.【答案】ABD

【解析】库存现金日记账一般采用三栏式格式，选项 C 错误。

18.【答案】BC

【解析】总分类账或日记账属于订本式账簿的适用范围，选项 D 错误；活页式账簿记账时可以根据实际需要随时将空白账页装入账簿，或抽去不需要的账页，便于分工记账，选项 A 错误。

19.【答案】AC

【解析】现金和银行存款之间的收付业务，为避免重复记账，只填制付款凭证。转账凭证不涉及现金和银行存款业务，所以三栏式现金日记账是由现金出纳员根据库存现金收款凭证、库存现金付款凭证以及银行存款付款凭证，按照库存现金收、付款业务和银行存款付款时间的先后顺序逐日逐笔登记。

20.【答案】AB

【解析】多栏式明细账通常适用于收入、费用、成本类科目的明细核算。

21.【答案】ABC

【解析】对账是对账簿记录所进行的核对，也就是核对账目。对账一般分为账证核对、账账核对、账实核对。选项 A 属于账证核对；选项 B 属于账实核对；选项 C 属于账账核对。

22.【答案】ABD

【解析】对于需要结计本年累计发生额的明细账户，每月结账时，在摘要栏内注明"本年累计"字样，在下面通栏划单红线。12 月末的"本年累计"就是全年累计发生额，在下面通栏划双红线。

23.【答案】ABCD

【解析】库存现金清查采用实地盘点法；银行存款清查采用与开户银行核对账目的方法；实物资产清查可采用实地盘点法和技术推算法；往来款项清查一般采用发函询证方法。

24.【答案】AC

【解析】实物资产清查可采用实地盘点法和技术推算法。

25.【答案】BC

【解析】银行存款余额调节表不能作为记账的原始依据；编制"银行存款余额调节表"，据以确定企业银行存款实有数。

26.【答案】ABD

【解析】汇总记账凭证账务处理程序的优点是减少了登记总分类账的工作量，缺点是不利于会计核算的日常分工；简单明了、易于理解是记账凭证账务处理程序的优点；可以起到试算平衡作用的是科目汇总表账务处理程序的优点。

27.【答案】ABC

【解析】记账凭证账务处理程序的主要特点是直接根据记账凭证逐笔登记总分类账。其优点是简单明了、易于理解，总分类账可以反映经济业务的详细情况，缺点是登记总分类账的工作量较大。记账凭证账务处理程序，适用于规模较小、经济业务量较少的单位。

## 三、判断题

1.【答案】√

【解析】根据核算的经济内容，账户分为资产类账户、负债类账户、共同类账户、所有者权益类账户、成本类账户和损益类账户。

2.【答案】×

【解析】共同类科目是既有资产性质又有负债性质的科目。对收入、费用等要素的具体内容进行分类核算的项目是损益类科目。

3.【答案】×

【解析】预付款项属于企业的资产。

4.【答案】×

【解析】所有者权益是指企业资产扣除负债后，由所有者享有的剩余权益，代表企业投资人对企业净资产的所有权。

5.【答案】×

【解析】生产成本属于成本类科目，主营业务成本属于损益类科目。

6.【答案】√

【解析】如存在未达账项，应编制"银行存款余额调节表"，据以调节双方的账面余额，确定企业银行存款实有数。

7.【答案】√

【解析】账户是根据会计科目设置的，具有一定格式和结构，用于分类反映会计要素增减变动情况及其结果的载体。

8.【答案】√

【解析】在借贷记账法下，所有者权益类账户的借方登记减少额，贷方登记增加额；费用类账户的借方登记增加额，贷方登记减少额。

9.【答案】×

【解析】借贷记账法下，借方表示资产和费用的增加，贷方表示负债、所有者权益的增加。

10.【答案】×

【解析】在填制原始凭证时，以元为单位的阿拉伯数字，一律写到分。

11.【答案】×

【解析】记账凭证填制完成后，如有空行，应当自金额栏最后一笔金额数字下的空行处至合计数上的空行处划线注销。

12.【答案】×

【解析】付款凭证左上角的"贷方科目"应填写"库存现金"或"银行存款"。

13.【答案】×

【解析】会计账簿按照用途可以分为序时账簿、分类账簿和备查账簿。

14.【答案】×

【解析】数量金额式账簿主要适用于既需要记录金额，又需要记录实物数量的财产物资明细账户。

15.【答案】√

【解析】下列情况下，可以使用红色墨水记账：（1）按照红字冲账的记账凭证，冲销错误记录；（2）在不设借贷等栏的多栏式账页中，登记减少数；（3）在三栏式账户的余额栏前，如未印明余额方向的，在余额栏内登记负数余额；（4）根据国家统一的会计制度的规定可以用红字登记的其他会计记录。

16.【答案】√

【解析】财产清查按照清查的执行系统分类，可分为内部清查和外部清查。

17.【答案】×

【解析】对库存现金进行盘点时，出纳人员必须在场；在实物清查过程中，实物保管人员和盘点人员必须同时在场。

18.【答案】×

【解析】实存账存对比表是用以调整账簿记录的重要原始凭证，也是分析产生差异的原因、明确经济责任的依据。

19.【答案】×

【解析】科目汇总表账务处理程序适用于经济业务较多的单位。

# 第三章　流 动 资 产

## 考情分析

　　本章主要内容包括货币资金、交易性金融资产、应收及预付款项和存货。货币资金和交易性金融资产等知识点考核单一，而应收账款、存货等内容常与其他章节结合出不定项选择题。本章内容考试中各种题型均会出现，属于重要的章节。本章预计分值 18 分左右。

## 教材变化

　　2024 年教材本章内容变化不大，主要变化是：删除了第二节中"金融资产概述"部分的"金融资产的概念"和"金融资产的管理"，保留了"金融资产的分类"内容；删除了第二节中"小企业短期投资的核算"内容；删除了第三节中"消耗性生物资产"内容；在第二节中"其他应收款"部分增加了资产负债表填写说明。

## 教材框架

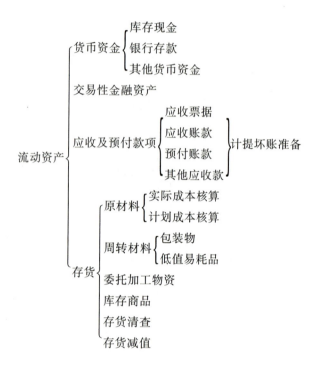

## 考点提炼

### 考点1　现金管理内容★

| 项目 | 内　　容 |
|---|---|
| 现金使用范围 | 企业可用现金支付的款项有：<br>1. 职工工资、津贴；<br>2. 个人劳务报酬；<br>3. 根据国家规定颁发给个人的科学技术、文化艺术、体育比赛等各种奖金；<br>4. 各种劳保、福利费用以及国家规定的对个人的其他支出；<br>5. 向个人收购农副产品和其他物资的价款； |

续表

| 项目 | 内 容 |
|---|---|
| 现金使用范围 | 6. 出差人员必须随身携带的差旅费；<br>7. 结算起点（1 000元）以下的零星支出；<br>8. 其他支出。<br>除企业可以现金支付的款项中的第5项、第6项外，开户单位支付给个人的款项，超过使用现金限额的部分，应当以支票或者银行本票等方式支付；确需全额支付现金的，经开户银行审核后，予以支付现金 |
| 现金限额 | 一般按照单位3~5天日常零星开支所需确定，边远地区最多不得超过15天 |
| 现金收支规定 | 1. 现金收入当日送存银行；<br>2. 支付现金时，不得坐支；<br>3. 提取现金时，应当写明用途，由财会部门负责人签字盖章，经开户银行审核后，予以支付；<br>4. 特殊情况必须使用现金的，向开户银行申请，由财会部门负责人签字盖章，经开户银行审核后，予以支付现金 |

典型例题

【例3-1】（单选题）甲企业支付的下列款项中，可以使用库存现金进行支付的是（　　）。

A. 财务部门购买账簿支付2 200元

B. 销售部门宣传费1 200元

C. 出差人员必须随身携带的30 000元差旅费

D. 生产车间办公费1 500元

【答案】C

【解析】对企事业单位在结算起点（1 000元）以下的零星支出可以使用现金，在结算起点以上的要以转账方式支付，所以选项A、B、D应当以转账方式支付。出差人员必须随身携带的差旅费是可以使用现金的，因此选项C正确。

## 考点2　库存现金的清查★★

| 情形 | 报经批准前 | 报经批准后 |
|---|---|---|
| 盘亏 | 借：待处理财产损溢<br>　贷：库存现金 | 借：其他应收款（责任人或保险公司赔偿）<br>　　管理费用（无法查明原因）<br>　贷：待处理财产损溢<br>【快速记忆】现金盘亏无法查明原因计入管理费用 |

续表

| 情形 | 报经批准前 | 报经批准后 |
|------|-----------|-----------|
| 盘盈 | 借：库存现金<br>　　贷：待处理财产损溢 | 借：待处理财产损溢<br>　　贷：其他应付款（应支付给他人或单位）<br>　　　　营业外收入（无法查明原因）<br>【快速记忆】现金盘盈无法查明原因计入营业外收入 |

典型例题

【例3－2】（单选题）企业在现金清查中发现有待查明原因的现金短缺或溢余，已按管理权限批准，下列相关会计处理中不正确的是（　　　）。

A. 属于无法查明原因的现金溢余，应借记"待处理财产损溢"科目，贷记"营业外收入"科目

B. 属于应由保险公司赔偿的现金短缺，应借记"其他应收款"科目，贷记"待处理财产损溢"科目

C. 属于应支付给有关单位的现金溢余，应借记"待处理财产损溢"科目，贷记"其他应付款"科目

D. 属于无法查明原因的现金短缺，应借记"营业外支出"科目，贷记"待处理财产损溢"科目

【答案】D

【解析】现金溢余报经批准后的相关会计处理为：

借：待处理财产损溢

　　贷：其他应付款（应支付给他人或单位）

　　　　营业外收入（无法查明原因）

现金短缺报经批准后的相关会计处理为：

借：其他应收款（责任人或保险公司赔偿）

　　管理费用（无法查明原因）

　　贷：待处理财产损溢

所以选项D不正确，应计入管理费用。

## 考点3　其他货币资金★★

| 项目 | 内　　容 |
|------|---------|
| 核算对象 | 1. 企业除库存现金、银行存款以外的其他各种货币资金。<br>2. 包括：银行汇票存款、银行本票存款、信用卡存款、信用证保证金存款、存出投资款和外埠存款等 |

续表

| 项　目 | 内　　容 |
|---|---|
| 初始计量（取得时） | 申请签发银行本票或银行汇票存款，申领信用卡等时：<br>借：其他货币资金——银行本票/银行汇票/信用卡/信用证保证金/外埠存款/存出投资款<br>　　贷：银行存款 |
| 后续计量 | 1. 购买原材料等时：<br>借：原材料等<br>　　应交税费——应交增值税（进项税额）<br>　　贷：其他货币资金<br>2. 购买办公用品等时：<br>借：管理费用<br>　　应交税费——应交增值税（进项税额）<br>　　贷：其他货币资金<br>3. 购买股票、债券、基金等时：<br>借：交易性金融资产<br>　　贷：其他货币资金 |
| 多余款项退回 | 借：银行存款<br>　　贷：其他货币资金 |

### 典型例题

【例3－3】（单选题）下列各项中，不通过"其他货币资金"科目核算的是（　　）。

A. 银行汇票存款　　　　　　B. 交易性金融资产

C. 外埠存款　　　　　　　　D. 银行本票存款

【答案】B

【解析】其他货币资金包括银行汇票存款、银行本票存款、存出投资款、外埠存款、信用卡、信用证保证金等。

【例3－4】（多选题）下列各项中，企业应确认为其他货币资金的有（　　）。

A. 向银行申请银行本票划转的资金

B. 为开信用证而存入银行的专户资金

C. 汇向外地开立临时采购专户的资金

D. 为购买股票向证券公司划出的资金

【答案】ABCD

【解析】其他货币资金主要有银行汇票存款、银行本票存款、信用卡存款、信用证保证金存款、存出投资款和外埠存款等。

### 考点 4　金融资产的分类 ★★

| 序号 | 分类 | 分类条件 | 举例 |
|---|---|---|---|
| 1 | 以摊余成本计量的金融资产 | 同时符合下列条件的金融资产：（1）管理该金融资产的业务模式是以收取合同现金流量为目标。（2）该金融资产的合同条款规定，在特定日期产生的现金流量，仅为对本金和以未偿付本金金额为基础的利息的支付 | 贷款、应收账款 |
| 2 | 以公允价值计量且其变动计入其他综合收益的金融资产 | 同时符合下列条件的金融资产：（1）管理该金融资产的业务模式，既以收取合同现金流量为目标又以出售该金融资产为目标。（2）该金融资产的合同条款规定，在特定日期产生的现金流量，仅为对本金和以未偿付本金金额为基础的利息的支付 | 其他债权投资 |
| 3 | 以公允价值计量且其变动计入当期损益的金融资产 | 企业应当将除分类为以摊余成本计量的金融资产和以公允价值计量且其变动计入其他综合收益的金融资产之外的金融资产，分类为以公允价值计量且其变动计入当期损益的金融资产 | 交易性金融资产、衍生金融资产、其他非流动金融资产 |

**典型例题**

【例 3 – 5】（判断题）以摊余成本计量的金融资产，其业务模式是以收取合同现金流量为目标。（　　）

【答案】√

【解析】以摊余成本计量的金融资产应同时符合下列条件：（1）管理该金融资产的业务模式是以收取合同现金流量为目标。（2）该金融资产的合同条款规定，在特定日期产生的现金流量，仅为对本金和以未偿付本金金额为基础的利息的支付。

### 考点 5　取得交易性金融资产 ★★★

| 项目 | 内　容 |
|---|---|
| 相关科目 | 1. 交易性金融资产：企业取得交易性金融资产时，应当按照取得时的公允价值作为其初始入账金额。借记"交易性金融资产——成本"科目。<br>2. 投资收益：取得交易性金融资产所发生的相关交易费用应当在发生时计入当期损益，冲减投资收益，即借记"投资收益"科目。<br>3. 应收股利/应收利息：支付价款中含已宣告但尚未发放的现金股利或已到付息期但尚未领取的债券利息，应当单独确认为应收项目，借记"应收股利"或"应收利息"科目。其不构成交易性金融资产的初始入账金额 |

续表

| 项目 | 内　容 |
|---|---|
| 账务处理 | 借：交易性金融资产——成本（公允价值）<br>　　应收股利/应收利息（支付价款中包含的已宣告或已到付息期但尚未发放的现金股利和债券利息）<br>　　投资收益（交易费用）<br>　　应交税费——应交增值税（进项税额）<br>　　贷：其他货币资金 |

典型例题

**【例 3 – 6】**（单选题）甲公司为增值税一般纳税人，自证券交易所购入某公司股票 100 万股，每股支付购买价款 8.8 元（其中包括已宣告但尚未发放的现金股利 0.3 元），另支付交易费用 2 万元，取得增值税专业发票上注明的增值税税额为 0.12 万元。甲公司将其划分为交易性金融资产核算，则该交易性金融资产的入账金额为（　　）万元。

A. 882　　　　　　B. 880　　　　　　C. 852　　　　　　D. 850

**【答案】** D

**【解析】** 交易性金融资产的入账金额 = $100 \times (8.8 - 0.3) = 850$（万元）。交易性金融资产的入账金额中不包括已宣告但尚未发放的现金股利，支付的交易费用计入投资收益，不计入入账金额。

**【例 3 – 7】**（判断题）企业取得交易性金融资产时，支付给证券交易所的手续费和佣金应计入其初始确认金额。（　　）

**【答案】** ×

**【解析】** 企业取得交易性金融资产发生的交易费用确认为投资收益，不计入初始确认金额。

## 考点 6　持有交易性金融资产 ★★★

| 项目 | 内　容 |
|---|---|
| 相关科目 | 1. 公允价值变动损益：持有期间交易性金融资产的公允价值变动而形成的应计入当期损益的利得和损失。<br>2. 投资收益：持有交易性金融资产期间内取得的投资收益，对应科目是"应收股利""应收利息" |
| 收到包含在购买价款中的股利或利息 | 借：其他货币资金<br>　　贷：应收股利/应收利息 |

续表

| 项目 | 内　　容 |
|---|---|
| 被投资方宣告发放现金股利或计息日 | 借：应收股利/应收利息<br>　　贷：投资收益 |
| 收到股利或利息 | 借：其他货币资金<br>　　贷：应收股利/应收利息 |
| 资产负债表日公允价值变动 | 公允价值高于账面余额时：<br>借：交易性金融资产——公允价值变动<br>　　贷：公允价值变动损益<br>公允价值低于账面余额时：<br>借：公允价值变动损益<br>　　贷：交易性金融资产——公允价值变动 |

**典型例题**

【例3-8】（单选题）2×22年12月10日，甲公司购入乙公司股票10万股，将其划分为交易性金融资产，购买日支付价款249万元，另支付交易费用0.6万元，2×22年12月31日，该股票的公允价值为258万元。不考虑其他因素，甲公司2×22年度利润表"公允价值变动收益"项目本期金额为（　　）万元。

A. 9　　　　　　　　B. 9.6　　　　　　　C. 0.6　　　　　　　D. 8.4

【答案】A

【解析】交易性金融资产入账价值为249万元，2×22年度利润表"公允价值变动收益"项目本期金额=258-249=9（万元）。

## 考点7　出售交易性金融资产★★★

| 项目 | 内　　容 |
|---|---|
| 相关科目 | 投资收益：出售交易性金融资产时公允价值与其账面余额之间的差额，即实现的投资收益或投资损失 |
| 出售 | 借：其他货币资金（实际收到的金额）<br>　　贷：交易性金融资产——成本（取得成本）<br>　　　　　　　　　　——公允价值变动（可借可贷）<br>　　　　投资收益（差额倒挤，可借可贷） |

典型例题

**【例3-9】**（判断题）出售交易性金融资产时，其公允价值与账面余额之间的差额计入公允价值变动损益。（    ）

**【答案】** ×

**【解析】** 出售时公允价值与账面余额之间的差额计入投资收益。

## 考点8　转让金融商品应交增值税★★

| 业务 | 内　　容 |
| --- | --- |
| 月末产生转让收益，交纳增值税 | 借：投资收益 ［（卖价 - 买价）÷（1 + 6%）×6%］<br>　　贷：应交税费——转让金融商品应交增值税<br>**【要点】** 这里的买价不需要扣除已宣告未发放现金股利和已到付息期未领取的利息 |
| 月末产生转让损失 | 借：应交税费——转让金融商品应交增值税<br>　　贷：投资收益 |
| 年末 | 月末出现负差可结转当年下一纳税期，年末仍有负差，不得结转到下一年度，应将"应交税费"科目借方余额转出，编制分录：<br>借：投资收益<br>　　贷：应交税费——转让金融商品应交增值税 |

典型例题

**【例3-10】**（单选题）2×22年1月10日，某公司出售其所持有的交易性金融资产，实际收到价款450 000元存入银行。出售时该交易性金融资产的账面价值为440 000元，其中"交易性金融资产——成本"科目借方余额为420 000元，"交易性金融资产——公允价值变动"科目借方余额为20 000元。购入该交易性金融资产时，支付价款430 000元，其中包含已宣告但尚未支付的现金股利10 000元。假定不考虑其他因素，公司出售该交易性金融资产应交增值税（    ）元。

A. 1 698　　　　　　 B. 1 132　　　　　　 C. 566　　　　　　 D. - 1 132

**【答案】** B

**【解析】** 金融商品转让按照卖出价扣除买入价（不需要扣除已宣告未发放现金股利和已到付息期未领取的利息）后的余额作为销售额计算增值税。应交增值税 = （450 000 - 430 000）÷（1 + 6%）×6% = 1 132（元）。

### 考点9　应收票据★★

| 项目 | 内　容 |
|---|---|
| 要点 | 1. 产生原因：销售商品、提供服务等而收到。<br>2. 分类：根据承兑人不同，分为商业承兑汇票和银行承兑汇票。<br>3. 付款期限：非见票即付，最长不得超过6个月 |
| 销售商品、提供劳务取得 | 借：应收票据<br>　　贷：主营业务收入<br>　　　　应交税费——应交增值税（销项税额） |
| 债务人抵偿前欠货款取得 | 借：应收票据<br>　　贷：应收账款 |
| 贴现 | 借：银行存款（实际收到的金额）<br>　　财务费用（差额，可借可贷）<br>　　贷：应收票据<br>　　　　银行存款（差额，可借可贷） |
| 票据背书转让以取得所需物资 | 借：原材料/在途物资/材料采购/库存商品<br>　　应交税费——应交增值税（进项税额）<br>　　贷：应收票据 |
| 到期 | 1. 到期收回：<br>借：银行存款<br>　　贷：应收票据<br>2. 到期未收回：<br>借：应收账款<br>　　贷：应收票据 |

☞提示：银行承兑汇票属于商业汇票，在"应收票据"和"应付票据"科目核算；银行汇票存款属于其他货币资金，在"其他货币资金"科目核算。

**典型例题**

【例3-11】（单选题）对于票据贴现，企业通常应按实际收到的金额，借记"银行存款"科目，按应收票据的票面金额，贷记"应收票据"科目，按其差额，借记或贷记（　　）科目。

A. 财务费用

B. 应收账款

C. 短期借款

D. 其他应付款

【答案】A

【解析】对于票据贴现，企业通常应按实际收到的金额，借记"银行存款"科目，按应收票据的票面金额，贷记"应收票据"科目，按其差额，借记或贷记"财务费用"科目。

## 考点10　应收账款的核算★★

| 项目 | 内　　容 | |
|---|---|---|
| 要点 | 1. 产生原因：销售商品、提供服务等经营活动，应向购货单位或接受服务单位收取的款项；<br>2. 核算内容：销售商品或提供服务等应向有关债务人收取的价款、增值税，以及代购货单位垫付的包装费、运杂费等；<br>3. 不单独设置"预收账款"科目的企业，预收的账款在"应收账款"科目核算；<br>4. "应收账款"期末余额一般在借方，反映企业尚未收回的应收账款；如果期末余额在贷方，一般则反映为预收的账款 | |
| 核算 | 初始计量 | 销售商品，确认收入：<br>借：应收账款<br>　　贷：主营业务收入<br>　　　　应交税费——应交增值税（销项税额）<br>结转成本：<br>借：主营业务成本<br>　　贷：库存商品 |
| | 收回 | 借：银行存款<br>　　贷：应收账款 |

典型例题

【例3-12】（单选题）某企业采用托收承付结算方式销售一批商品，增值税专用发票上注明的价款为1 000万元，增值税税额为130万元，销售商品为客户代垫运输费5万元，增值税进项税额0.45万元，全部款项已办妥托收手续。该企业应确认的应收账款为（　　）万元。

A. 1 000　　　　　B. 1 005　　　　　C. 1 130　　　　　D. 1 135.45

【答案】D

【解析】企业应确认的应收账款的金额 = 1 000 + 130 + 5 + 0.45 = 1 135.45（万元）。

## 考点 11　预付账款 ★

| 项目 | 内　容 | |
|---|---|---|
| 要点 | 1. 企业按照合同规定预付的款项。<br>2. 预付账款期末余额在借方，反映企业实际预付的款项；期末余额在贷方，则反映企业应付或应补付的款项。<br>3. 预付款项不多的企业，可以不设置"预付账款"科目，将预付的款项通过"应付账款"科目核算 | |
| 核算 | 初始计量（预付款项） | 企业根据合同的规定向供货单位预付款项：<br>借：预付账款<br>　　贷：银行存款 |
| | 后续计量 | 企业收到所购物资：<br>借：原材料等<br>　　应交税费——应交增值税（进项税额）<br>　　贷：预付账款 |
| | 补付余款或收回多余款项 | 补付余款：<br>借：预付账款（不足部分）<br>　　贷：银行存款（不足部分）<br>收回多余款项：<br>借：银行存款（收回的多付款项）<br>　　贷：预付账款（收回的多付款项） |

典型例题

【例 3 - 13】（判断题）预付账款核算企业预付的款项，属于企业的一项负债。（　　）

【答案】×

【解析】预付账款是企业预付给其他企业的款项，以获取将来收取货物或接受劳务的权利，因此属于企业的一项资产。

## 考点 12　其他应收款 ★★

| 项目 | 内　容 |
|---|---|
| 定义 | 企业除应收票据、应收账款、预付账款、应收股利和应收利息以外的其他各种应收及暂付款项 |

续表

| 项目 | | 内　容 |
|---|---|---|
| 核算 | 应收的各种赔款、罚款 | 如应收罚款：<br>借：其他应收款<br>　　贷：营业外收入<br>如存货盘亏应收责任人赔款：<br>借：其他应收款<br>　　贷：待处理财产损溢 |
| | 应收的出租包装物租金 | 借：其他应收款<br>　　贷：其他业务收入 |
| | 应向职工收取的各种垫付款项 | 如为职工垫付水电费：<br>借：其他应收款<br>　　贷：银行存款 |
| 核算 | 存出保证金，如租入包装物支付的押金 | 借：其他应收款<br>　　贷：银行存款 |
| | 其他各种应收、暂付款项 | 企业内部周转使用的备用金，在"其他应收款——备用金"科目核算 |

☞提示：期末，企业应将"应收利息""应收股利"和"其他应收款"科目的期末余额合计数，减去"坏账准备"科目中相关坏账准备期末余额后的金额，填入资产负债表中"其他应收款"项目。

**典型例题**

【例3-14】（多选题）下列选项中，应在"其他应收款"科目核算的有（　　）。

A. 应收的罚款收入

B. 应收的出租包装物租金

C. 企业代购货单位垫付的包装费、运杂费

D. 企业为职工垫付的房租费

【答案】ABD

【解析】"其他应收款"的主要内容包括：（1）应收的各种赔款、罚款，如因企业财产等遭受意外损失而应向有关保险公司收取的赔款等（选项A）；（2）应收的出租包装物租金（选项B）；（3）应向职工收取的各种垫付款项，如为职工垫付的水电费、应由职工负担的医药费、房租费等（选项D）；（4）存出保证金，如租入包装物支付的押金；（5）其他各种应收、暂付款项。选项C，企业代购货单位垫付的包装费、运杂费应记入"应收账款"科目。

## 考点 13　应收款项减值——直接转销法 ★

| 项目 | 内　　容 |
|------|----------|
| 适用企业 | 小企业会计准则规定，应收款项减值采用直接转销法 |
| 坏账损失确认条件 | 小企业应收及预付款项符合下列条件之一的：<br>1. 债务人依法宣告破产、关闭、解散、被撤销，或者被依法注销、吊销营业执照，其清算财产不足清偿的。<br>2. 债务人死亡，或者依法被宣告失踪、死亡，其财产或者遗产不足清偿的。<br>3. 债务人逾期 3 年以上未清偿，且有确凿证据证明已无力清偿债务的。<br>4. 与债务人达成债务重组协议或法院批准破产重整计划后，无法追偿的。<br>5. 因自然灾害、战争等不可抗力导致无法收回的。<br>6. 国务院财政、税务主管部门规定的其他条件 |
| 账务处理 | 日常核算中应收款项可能发生的坏账损失不进行会计处理，只有在实际发生坏账时，才作为坏账损失计入当期损益<br><br>借：银行存款〔可收回的金额〕<br>　　营业外支出——坏账损失〔差额〕<br>　　贷：应收账款〔账面余额〕 |
| 优缺点 | 优点是账务处理简单，将坏账损失在实际发生时确认为损失符合其偶发性特征和小企业经营管理的特点 |
| | 缺点是不符合权责发生制会计基础，也与资产定义存在一定的冲突。在资产负债表上，应收账款是按账面余额而不是按账面价值反映，这在一定程度上高估了期末应收款项 |

典型例题

【例 3－15】（多选题）以下选项中，对小企业应收款项减值的表述正确的有（　　）。

A. 小企业应收款项减值采用直接转销法

B. 发生的坏账损失计入营业外支出

C. 发生的坏账损失计入管理费用

D. 采用直接转销法，在一定程度上会高估企业期末应收款项

【答案】ABD

【解析】小企业会计准则规定，应收款项减值采用直接转销法；日常核算中应收款项可能发生的坏账损失不进行会计处理，只有在实际发生坏账时，才作为坏账损失计入营业外支出；在资产负债表上，应收账款是按账面余额而不是按账面价值反映，这在一定程度上高估了期末应收款项。

### 考点 14　应收款项减值——备抵法 ★ ★ ★

| 项　目 | 内　容 |
| --- | --- |
| 适用企业 | 我国企业会计准则规定，应收款项减值的核算应采用备抵法 |
| 预期信用损失的概念 | 预期信用损失，是指以发生违约的风险为权重的金融工具信用损失的加权平均值。信用损失，是指企业按照实际利率折现的、根据合同应收的所有合同现金流量与预期收取的所有现金流量之间的差额 |
| 预期信用损失的确定要点 | 1. 始终按照相当于整个存续期内预期信用损失的金额计量其损失准备。<br>2. 通常情况下，如果逾期超过 30 日，则表明应收款项的信用风险已经显著增加。<br>3. 企业在单项应收款项层面无法以合理成本获得关于信用风险显著增加的充分证据的，可考虑在组合的基础上评估信用风险是否显著增加<br><br>在确定信用风险自初始确认后是否显著增加时，企业应考虑的具体信息包括：<br>1. 债务人未能按合同到期日支付款项的情况；<br>2. 已发生的或预期的债务人的外部或内部信用评级的严重恶化；<br>3. 已发生的或预期的债务人经营成果的严重恶化；<br>4. 现存的或预期的技术、市场、经济或法律环境变化，并将对债务人对本企业的还款能力产生重大不利影响 |
| 确定预期信用损失的金额 | 通常按照应收款项的账面余额和预计可收回金额的差额确定预计信用减值损失 |
| 账务处理 | 1. 计提坏账准备：<br>借：信用减值损失<br>　　贷：坏账准备<br>冲减多计提的坏账准备：<br>借：坏账准备<br>　　贷：信用减值损失<br>【要点】当期应计提的坏账准备 ＝ 当期按应收款项计算应计提坏账准备余额 －（或 ＋）"坏账准备"科目的贷方（或借方）余额<br>2. 发生坏账（确实无法收回的应收款项经批准后作为坏账转销）：<br>借：坏账准备<br>　　贷：应收账款<br>3. 发生坏账又收回（已确认并转销的应收款项以后又收回）：<br>借：应收账款<br>　　贷：坏账准备<br>借：银行存款<br>　　贷：应收账款 |

续表

| 项目 | 内　　容 |
|---|---|
| 优点 | 符合权责发生制和会计谨慎性要求，在资产负债表中列示应收款项的净额，使财务报表使用者能了解企业应收款项预期可收回的金额和谨慎的财务状况；在利润表中作为营业利润项目列示，有利于落实企业管理者的经管责任，有利于企业外部利益相关者如实评价企业的经营业绩，作出谨慎的决策 |
| 缺点 | 1. 对预期信用损失的估计带有一定的主观性，对会计职业判断的要求较高，可能导致预期信用损失的确定不够准确、客观。<br>2. 预期信用减值损失影响各期营业利润金额的计算与确定，客观存在企业管理者平滑利润进行盈余管理甚至利润操纵与舞弊的可能性 |

**典型例题**

【例3-16】（单选题）甲公司2×22年12月31日应收乙公司账款2 000万元，该账款预计的未来现金流量现值为1 920万元，此前已对该账款计提了12万元的坏账准备，则12月31日甲公司为该笔应收账款应计提的坏账准备为（　　）万元。

A. 2 000　　　　　B. 1 920　　　　　C. 68　　　　　D. 12

【答案】C

【解析】本题考查坏账准备的计算。甲公司应计提的坏账准备=（2 000-1 920）-12=68（万元）。

## 考点15　存货的初始计量★★★

| 项目 | 内　　容 |
|---|---|
| 定义 | 存货是指：<br>1. 企业在日常活动中持有以备出售的产品或商品；<br>2. 处在生产过程中的在产品；<br>3. 在生产过程或提供劳务过程中储备的材料或物料等。<br>企业持有存货的最终目的是销售 |
| 采购成本（对外采购的原材料和商品等） | 1. 购买价款：企业购入的材料或商品的发票账单上列明的价款，但不包括按照规定可以抵扣的增值税进项税额。<br>2. 相关税费：企业购买存货发生的进口关税、消费税、资源税和不能抵扣的增值税进项税额以及相应的教育费附加等应计入存货采购成本的税费。<br>3. 其他可归属于存货采购成本的费用：采购过程中发生的仓储费、包装费、运输途中的合理损耗、入库前的挑选整理费用（包括挑选整理中发生的工、费支出和挑选整理过程中所发生的数量损耗，并扣除回收的下脚废料价值）等。<br>4. 商品流通企业在采购商品过程中发生的运输费、装卸费、保险费以及其他可归属于存货采购成本的费用等进货费用，应当计入所购商品成本（主营业务成本和期末存货成本）。进货费用金额较小的，可以在发生时直接计入当期销售费用。 |

续表

| 项目 | 内　　容 |
|------|---------|
| 采购成本（对外采购的原材料和商品等） | 5. 按照小企业会计准则规定，小企业（批发业、零售业）在购买商品过程中发生的费用（包括运输费、装卸费、包装费、保险费、运输途中的合理损耗和入库前的挑选整理费等），记入"销售费用"科目核算 |
| 加工取得存货的成本 | 1. 加工取得存货的成本 = 采购成本 + 加工成本<br>2. 加工成本包括直接人工和制造费用。<br>3. 委托外单位加工存货成本，包括实际耗用的原材料或者半成品、加工费、装卸费、保险费、委托加工的往返运输费等费用以及按规定应计入存货成本的税费 |
| 其他成本 | 1. 使存货达到目前场所和状态所发生的其他支出。<br>2. 专属设计费 |
| 自制存货的成本 | 直接材料、直接人工和制造费用等的各项实际支出 |
| 不计入的成本（计入当期损益） | 1. 非正常消耗的直接材料、直接人工和制造费用，如由于自然灾害而发生的费用。<br>2. 存货采购入库后发生的仓储费用。但是酒类产品生产企业为使生产的酒达到规定的产品质量标准而必须发生的仓储费用，应计入酒的成本。<br>3. 不能归属于使存货达到目前场所和状态的其他支出 |

典型例题

【例3－17】（多选题）下列各项中，属于材料采购成本的有（　　）。

A. 材料采购运输途中发生的合理损耗　　B. 材料入库前的挑选整理费用

C. 购买材料的价款　　　　　　　　　　D. 购入材料的运输费

【答案】ABCD

【解析】四个选项均属于采购成本。

【例3－18】（多选题）下列各项中，构成存货加工成本的有（　　）。

A. 直接从事产品生产的工人工资

B. 设计产品发生的设计费用

C. 按一定方法分配给产品的制造费用

D. 外购材料的采购价格

【答案】AC

【解析】加工成本是指存货在加工过程中发生的追加费用，包括直接人工以及按照一定方法分配的制造费用。设计产品发生的设计费用属于其他成本。外购材料的采购价格属于采购成本。

【例3-19】（判断题）企业设计产品发生的设计费用应计入当期损益。（　　）

【答案】×

【解析】企业设计产品发生的设计费用通常应计入当期损益，但是为特定客户设计产品所发生的、可直接确定的设计费用应计入存货的成本。

## 考点16　原材料按实际成本核算★★★

| 项目 | 内　　容 |
|------|---------|
| 账户设置 | 1. "在途物资"，反映企业尚未入库原材料的采购成本；<br>2. "原材料"，反映企业验收入库原材料的采购成本 |
| 购入原料 | 票（商业汇票）款已到，料已入库：<br>借：原材料<br>　　应交税费——应交增值税（进项税额）<br>　　　贷：银行存款/应付票据等<br><br>发票账单已到，料未到：<br>借：在途物资<br>　　应交税费——应交增值税（进项税额）<br>　　　贷：银行存款/应付账款等<br>材料入库时：<br>借：原材料<br>　　　贷：在途物资<br><br>发票账单未到，料已到：<br>月末暂估入库：<br>借：原材料<br>　　　贷：应付账款——暂估应付账款<br>下月初，用红字冲销原暂估入账金额：<br>借：原材料<br>　　　贷：应付账款——暂估应付账款<br><br>预付货款，材料尚未入库：<br>借：预付账款<br>　　　贷：银行存款<br>材料入库时：<br>借：原材料<br>　　应交税费——应交增值税（进项税额）<br>　　　贷：预付账款 |

| 项　目 | 内　　　容 |
|---|---|
| 发出存货 | 企业发出存货的计价方法有：个别计价法、先进先出法、月末一次加权平均法和移动加权平均法等。<br>小企业应当采用先进先出法、加权平均法或者个别计价法确定发出存货的实际成本 |
| | 【理论知识1】个别计价法<br>个别计价法，假设存货具体项目的实物流转与成本流转相一致，按照各种存货逐一辨认各批发出存货和期末存货所属的购进批别或生产批别，分别按其购入或生产时所确定的单位成本计算各批发出存货和期末存货成本的方法。<br>适用范围：如珠宝、名画等贵重物品 |
| | 【理论知识2】先进先出法<br>先进先出法，先购入的存货成本在后购入存货成本之前转出。<br>特点：在物价持续上升时，期末存货成本接近于市价，而发出成本偏低，会高估企业当期利润和库存存货价值；反之，会低估企业存货价值和当期利润 |
| | 【理论知识3】月末一次加权平均法<br>计算公式如下：<br>存货单位成本 =〔月初结存存货成本 + $\sum$（本月各批进货的实际单位成本 × 本月各批进货的数量）〕÷（月初结存存货的数量 + 本月各批进货数量之和）<br>本月发出存货成本 = 本月发出存货的数量 × 存货单位成本<br>本月末结存存货成本 = 月末结存存货的数量 × 存货单位成本<br>或：<br>本月末结存存货成本 = 月初结存存货成本 + 本月收入存货成本 – 本月发出存货成本<br>特点：只在月末一次计算加权平均单价，可以简化成本计算工作。但由于月末一次计算加权平均单价和发出存货成本，不便于存货成本的日常管理与控制 |
| | 【理论知识4】移动加权平均法<br>计算公式如下：<br>存货单位成本 =（原有结存存货成本 + 本次进货的成本）÷（原有结存存货数量 + 本次进货数量）<br>本次发出存货成本 = 本次发出存货数量 × 本次发货前存货的单位成本<br>本月末结存存货成本 = 月末结存存货的数量 × 月末存货单位成本<br>或：<br>本月末结存存货成本 = 月初结存存货成本 + 本月收入存货成本 – 本月发出存货成本<br>特点：能够使企业管理层及时了解存货的结存情况。但每次收货都要计算一次平均单位成本，计算工作量大，对收发货较频繁的企业不适用 |

续表

| 项目 | 内　　容 |
|------|---------|
| 发出存货 | 比较：<br>不同存货计价方法的经济后果可能存在差异。在企业进货单价不断上升的情况下，不考虑其他影响利润的因素，采用先进先出法计算的利润额最高，采用月末一次加权平均法计算的利润额最低，这对准确评价企业盈利能力产生一定影响；发出存货成本高则期末存货成本低，对存货周转率、资产负债率等财务指标形成一定影响，进而对评价企业营运能力和偿债能力产生一定的影响 |
| | 计价方法一经确定，不得随意变更 |
| | 实际成本法下发出材料会计分录：<br>借：生产成本<br>　　制造费用<br>　　销售费用（销售部门领用）<br>　　管理费用<br>　　其他业务成本（出售原材料）<br>　　委托加工物资<br>　　贷：原材料 |

典型例题

【例3-20】（单选题）A企业采用先进先出法计算发出甲材料的成本，2×22年2月1日，结存甲材料200千克，每千克实际成本100元；2月10日购入甲材料300千克，每千克实际成本110元；2月15日发出甲材料400千克。2月末，库存甲材料的实际成本为（　　）元。

A. 10 000　　　　B. 10 500　　　　C. 10 600　　　　D. 11 000

【答案】D

【解析】先进先出法下，剩余的甲材料的数量＝200＋300－400＝100（千克），剩余的甲材料都是2月10日购入的，所以月末甲材料的实际成本＝100×110＝11 000（元）。

【例3-21】（单选题）企业采用月末一次加权平均法计算发出原材料的成本。10月1日，甲材料结存250千克，每千克实际成本为100元；10月10日购入甲材料150千克，每千克实际成本为120元；10月20日发出甲材料200千克。10月末，甲材料的结存成本为（　　）元。

A. 20 000　　　　B. 21 500　　　　C. 21 600　　　　D. 21 000

【答案】B

【解析】计算月末一次加权平均单价＝（250×100＋150×120）÷（250＋150）＝

107.5（元/千克）；计算月末甲材料的数量＝250＋150－200＝200（千克）；甲材料的结存成本＝200×107.5＝21 500（元）。

【例3－22】（单选题）企业采用移动加权平均法计算发出原材料的成本。3月1日，甲存货结存数量为300件，单价为4元；3月10日购进存货200件，单价4.5元；3月15日发出存货100件。3月17日购进存货100件，单价5元；3月25日发出存货200件。假设3月份甲材料无其他收发业务。3月末甲存货结存成本为（    ）元。

  A. 870         B. 1 302         C. 1 308         D. 872

【答案】C

【解析】计算3月15日发出存货单价＝（300×4＋200×4.5）÷（300＋200）＝4.2（元/件）；3月15日结存存货数量＝300＋200－100＝400（件）；3月15日结存存货成本＝400×4.2＝1 680（元）；计算3月25日发出存货单价＝（400×4.2＋100×5）÷（400＋100）＝4.36（元/件）；计算月末甲存货的数量＝400＋100－200＝300（件）；甲存货的结存成本＝300×4.36＝1 308（元）。

## 考点17　原材料按计划成本核算 ★★★

| 项目 | 内　　　容 |
|---|---|
| 账户设置 | 1. "材料采购"，反映企业购入原材料的实际成本；<br>2. "原材料"，反映企业购入原材料的计划成本；<br>3. "材料成本差异"，反映企业购入原材料实际成本与计划成本之间的差异。<br>【快速记忆】入库时"材料成本差异"在借方代表超支差，"材料成本差异"在贷方代表节约差，简记为"借超贷节"。<br>小企业也可以在"原材料""周转材料"等科目设置"成本差异"明细科目进行材料成本差异的核算 |
| 购入材料 | 材料已经验收入库：<br>购入时：<br>借：材料采购（实际成本）<br>    应交税费——应交增值税（进项税额）<br>      贷：银行存款/应付账款等<br>办理入库时：<br>借：原材料（计划成本）<br>    材料成本差异（借或贷，借超支贷节约）<br>      贷：材料采购（实际成本）<br><br>材料尚未验收入库：<br>借：材料采购（实际成本）<br>    应交税费——应交增值税（进项税额）<br>      贷：银行存款/应付账款等<br>不借记"原材料"科目，也不计算成本差异 |

续表

| 项目 | 内　　容 |
|---|---|
| 购入材料 | 材料已验收入库，发票账单未到：<br>借：原材料（计划成本）<br>　　贷：应付账款——暂估应付账款<br>下月初，红字冲回：<br>借：原材料<br>　　贷：应付账款——暂估应付账款<br><br>也可集中在月末一次性作入库材料汇总核算，记入"原材料"科目，同时结转材料成本差异 |
| 发出材料 | 本月材料成本差异率 =（月初结存材料的成本差异 + 本月验收入库材料的成本差异）÷（月初结存材料的计划成本 + 本月验收入库材料的计划成本）×100%<br>本月发出材料应负担的成本差异 = 本月发出材料的计划成本 × 本月材料成本差异率<br>如果企业的材料成本差异率各期之间是比较均衡的，也可以采用期初材料成本差异率分摊本期的材料成本差异。<br>期初材料成本差异率 = 期初结存材料的成本差异 ÷ 期初结存材料的计划成本 ×100%<br>发出材料应负担的成本差异 = 发出材料的计划成本 × 期初材料成本差异率 |
| 发出材料 | 1. 发出材料：<br>借：生产成本<br>　　制造费用<br>　　管理费用<br>　　销售费用<br>　　其他业务成本（出售材料）<br>　　委托加工物资<br>　　贷：原材料<br>2. 结转发出材料所负担的材料成本差异：<br>超支时：<br>借：生产成本（发出材料计划成本 × 材料成本差异率）<br>　　制造费用<br>　　管理费用<br>　　销售费用<br>　　其他业务成本（出售材料）<br>　　委托加工物资<br>　　贷：材料成本差异（超支）<br>节约时：<br>借：材料成本差异（节约）<br>　　贷：生产成本（发出材料计划成本 × 材料成本差异率）<br>　　　　制造费用<br>　　　　管理费用<br>　　　　销售费用<br>　　　　其他业务成本（出售材料）<br>　　　　委托加工物资<br>【快速记忆】结转时，材料成本差异借方代表节约，贷方代表超支，与入库环节相反 |

典型例题

**【例3-23】**（单选题）甲企业为增值税小规模纳税人，原材料采用计划成本核算，A材料计划成本为每千克20元，本期购进A材料6 000千克，收到增值税专用发票上注明的材料价款为102 000元，增值税税额为13 260元，另发生运杂费2 400元，保险费600元。原材料验收入库为5 995千克，运输途中合理损耗5千克。购进A材料发生的成本差异为（　　）。

A. 节约1 740元  B. 节约1 640元

C. 节约15 000元  D. 节约14 900元

**【答案】**B

**【解析】**购入材料的实际成本=102 000+13 260+2 400+600=118 260（元），甲企业为小规模纳税人，增值税进项税额要计入材料成本。购入材料计划成本=20×5 995=119 900（元）。购进A材料发生的成本差异=118 260-119 900=-1 640（元）。

**【例3-24】**（多选题）下列各项中，关于原材料按计划成本核算会计处理表述正确的有（　　）。

A. 入库材料的超支差异应借记"材料成本差异"科目

B. 发出材料应负担的节约差异应借记"材料成本差异"科目

C. 发出材料应负担的超支差异应贷记"材料成本差异"科目

D. 入库材料的节约差异应借记"材料成本差异"科目

**【答案】**ABC

**【解析】**选项D，材料的节约差异应记入"材料成本差异"科目的贷方，记忆规则"借超贷节"（入库环节，发出材料相反）。

## 考点18　周转材料——包装物 ★★★

| 项目 | 内　容 |
| --- | --- |
| 科目设置 | 1. 企业应当设置"周转材料——包装物"科目对包装物进行核算。<br>2. 小企业的各种包装材料，如纸、绳、铁丝、铁皮等，应在"原材料"科目内核算；用于储存和保管产品、材料而不对外出售的包装物，应按照价值大小和使用年限长短，分别在"固定资产"科目或"原材料"科目核算 |
| 生产领用包装物 | 借：生产成本<br>　　贷：周转材料——包装物 |

续表

| 项　目 | 内　　容 |
|---|---|
| 随同商品出售包装物 | 1. 随同商品出售不单独计价的包装物：<br>借：销售费用<br>　　贷：周转材料——包装物<br>2. 随同商品出售而单独计价的包装物：<br>借：银行存款<br>　　贷：其他业务收入<br>　　　　应交税费——应交增值税（销项税额）<br>借：其他业务成本<br>　　贷：周转材料——包装物 |
| 出租或出借包装物 | 1. 出租或出借包装物的发出：<br>借：周转材料——包装物——出租包装物（或出借包装物）<br>　　贷：周转材料——包装物——库存包装物<br>2. 出租或出借包装物的押金和租金（存入保证金）：<br>（1）收取押金时：<br>借：库存现金/银行存款<br>　　贷：其他应付款——存入保证金<br>退还押金时，编制相反的会计分录。<br>（2）收取租金时：<br>借：库存现金/银行存款/其他应收款<br>　　贷：其他业务收入<br>3. 出租或出借包装物发生的相关费用：<br>（1）包装物的摊销费用：<br>借：其他业务成本（出租包装物）<br>　　销售费用（出借包装物）<br>　　贷：周转材料——包装物——包装物摊销<br>（2）包装物的维修费用：<br>借：其他业务成本（出租包装物）<br>　　销售费用（出借包装物）<br>　　贷：库存现金/银行存款/原材料/应付职工薪酬<br>【快速记忆】发出收费的（单独计价，出租）计入其他业务成本；发出免费的（不单独计价，出借）计入销售费用 |

**典型例题**

【例3－25】（单选题）甲公司2×22年3月10日，销售商品领用不单独计价包装物，其成本为5万元；销售商品领用单独计价包装物一批，其成本为4万元；出租包装物一批，租金3万元，本期摊销额为2万元，则包装物中应计入其他业务成本的金额是（　　）万元。

　　A. 11　　　　　　B. 6　　　　　　C. 4　　　　　　D. 7

【答案】B

【解析】销售商品领用不单独计价包装物的成本计入销售费用 5 万元；领用的单独计价包装物成本计入其他业务成本 4 万元；出租包装物租金计入其他业务收入 3 万元，包装物推销计入其他业务成本 2 万元。则计入其他业务成本金额 = 4 + 2 = 6（万元）。

## 考点 19　周转材料——低值易耗品 ★

| 项　目 | 内　　容 |
|---|---|
| 要点 | 1. 低值易耗品的摊销按照使用次数分次计入成本费用；<br>2. 摊销方法有一次摊销法和分次摊销法；<br>3. 金额较小的，可在领用时一次计入成本费用；<br>4. 可以采用分次摊销法，摊销时计入制造费用 |
| 领用低值易耗品 | 借：周转材料——低值易耗品——在用<br>　　贷：周转材料——低值易耗品——在库 |
| 分次摊销低值易耗品 | 借：制造费用<br>　　贷：周转材料——低值易耗品——摊销 |
| 最后一次摊销并核销<br>在用低值易耗品 | 借：制造费用<br>　　贷：周转材料——低值易耗品——摊销<br>同时：<br>借：周转材料——低值易耗品——摊销<br>　　贷：周转材料——低值易耗品——在用 |

典型例题

【例 3 - 26】（多选题）下列各项中，关于周转材料会计处理正确表述的有（　　）。

A. 多次使用的包装物应根据使用次数分次进行摊销

B. 低值易耗品金额较小的可在领用时一次计入成本费用

C. 随同商品销售出借的包装物的摊销额应计入管理费用

D. 随同商品出售单独计价的包装物取得的收入应计入其他业务收入

【答案】ABD

【解析】选项 C，随同商品销售出借的包装物的摊销额计入销售费用。

## 考点20　委托加工物资★★

| 业务 | 账务处理 |
| --- | --- |
| 发出委托加工材料 | 借：委托加工物资<br>　贷：原材料<br>　　　材料成本差异（可借可贷） |
| 支付加工费、<br>往返运杂费 | 借：委托加工物资<br>　　应交税费——应交增值税（进项税额）<br>　贷：银行存款 |
| 加工完成验收入库 | 借：周转材料/库存商品<br>　贷：委托加工物资<br>　　　材料成本差异/产品成本差异（可借可贷） |
| 支付税金 | 支付增值税 | 1. 小规模纳税人：<br>借：委托加工物资<br>　贷：银行存款<br>2. 一般纳税人：<br>借：应交税费——应交增值税（进项税额）<br>　贷：银行存款 |
| | 支付消费税 | 1. 收回后用于连续生产：<br>借：应交税费——应交消费税<br>　贷：银行存款<br>2. 收回后直接销售：<br>借：委托加工物资<br>　贷：银行存款 |

**典型例题**

【例3-27】（单选题）2×22年6月5日，甲公司委托某量具厂加工一批量具，发出材料的计划成本为80 000元，材料成本差异率为5%，以银行存款支付运输费2 000元，6月25日以银行存款支付上述量具的加工费用20 000元，6月30日收回委托加工的量具，并以银行存款支付运杂费3 000元，假定不考虑其他因素，甲公司收回该批量具的实际成本为（　　）元。

A. 102 000　　　　B. 105 000　　　　C. 103 000　　　　D. 109 000

【答案】D

【解析】实际成本=80 000×（1+5%）+2 000+20 000+3 000=109 000（元）。

【例3-28】（单选题）某企业是增值税一般纳税人，收回委托加工应税消费品的材料一批，原材料的成本210元，加工费10元，增值税税额1.3元，消费税税额

17 元，收回的材料要连续生产应税消费品，这批材料的入账价值为（　　）元。

　　A. 220　　　　　　　　B. 237　　　　　　　　C. 238.3　　　　　　　　D. 221.3

【答案】A

【解析】材料的入账价值 = 210 + 10 = 220（元），收回的材料要连续生产应税消费品，故消费税不计入成本。

## 考点 21　库存商品的账务处理 ★★

| 项目 | 内　容 |
| --- | --- |
| 制造业企业 | 1. 验收入库商品：<br>借：库存商品<br>　　贷：生产成本<br>2. 发出商品：<br>借：主营业务成本<br>　　贷：库存商品 |
| 商品流通企业——售价金额核算法（零售企业常用） | 1. 商品到达，验收入库：<br>借：库存商品【售价】<br>　　应交税费——应交增值税（进项税额）<br>　　贷：银行存款/在途物资/委托加工物资【进价】<br>　　　　商品进销差价【差额】<br>2. 对外销售商品按售价结转销售成本：<br>借：主营业务成本【售价】<br>　　贷：库存商品【售价】<br>3. 期（月）末分摊已销商品的进销差价：<br>借：商品进销差价<br>　　贷：主营业务成本 |

典型例题

【例 3 - 29】（多选题）以下选项中属于企业库存商品的有（　　）。

A. 接受来料加工制造的代制品

B. 已完成销售手续但购买单位在月末未提取的产品

C. 外购商品

D. 寄存在外的商品

【答案】ACD

【解析】库存商品具体包括库存产成品、外购商品、存放在门市部准备出售的商品、发出展览的商品、寄存在外的商品、接受来料加工制造的代制品和为外单位加工修理的代修品等。已完成销售手续但购买单位在月末未提取的产品，不应作为企业的库存商品，而应作为代管商品处理，单独设置"代管商品"备查簿进行登记。

## 考点 22　商品流通企业库存商品采用毛利率法和售价金额核算法核算★★★

| 项目 | 内　　容 |
|---|---|
| 毛利率法 | 1. 毛利率 = 销售毛利 ÷ 销售净额 × 100%<br>2. 销售净额 = 商品销售收入 − 销售退回与折让<br>3. 销售毛利 = 销售净额 × 毛利率<br>4. 销售成本 = 销售净额 − 销售毛利<br>5. 期末存货成本 = 期初存货成本 + 本期购货成本 − 本期销售成本 |
| 售价金额核算法 | 1. 商品进销差价率<br>　= （期初库存商品进销差价 + 本期购入商品进销差价）÷（期初库存商品售价 + 本期购入商品售价）× 100%<br>2. 本期销售商品应分摊的商品进销差价 = 本期商品销售收入 × 商品进销差价率<br>3. 本期销售商品的成本 = 本期商品销售收入 − 本期销售商品应分摊的商品进销差价<br>4. 期末结存商品的成本 = 期初库存商品的进价成本 + 本期购进商品的进价成本 − 本期销售商品的成本 |

典型例题

【例 3 – 30】（单选题）某企业为增值税一般纳税人，2 × 22 年 6 月采购商品一批，取得的增值税专用发票上注明的售价为 300 000 元，增值税税额为 39 000 元，另支付保险费 10 000 元，款项用银行存款支付，商品已验收入库。不考虑其他因素，该企业采购商品的成本为（　　）元。

A. 310 000　　　　B. 358 000　　　　C. 348 000　　　　D. 300 000

【答案】A

【解析】采购商品的成本 = 300 000 + 10 000 = 310 000（元）。

【例 3 – 31】（单选题）甲公司库存商品采用毛利率法进行核算，月初结存库存商品成本 200 万元，本月购入库存商品成本 300 万元，本月销售库存商品取得不含税收入 220 万元，上季度该类库存商品的毛利率为 20%，不考虑其他因素，则月末结存库存商品的成本为（　　）万元。

A. 280　　　　B. 324　　　　C. 224　　　　D. 242

【答案】B

【解析】月末结存库存商品的成本 = 200 + 300 − 220 × (1 − 20%) = 324（万元）。

## 考点 23　存货的清查★★

| 项目 | 报经批准前 | 报经批准后 |
|---|---|---|
| 盘亏及毁损 | 借：待处理财产损溢<br>　　贷：原材料等<br>　　　　应交税费——应交增值税（进项税额转出）<br>　　　　（自然灾害无须转出） | 借：原材料（残料）<br>　　其他应收款（责任人或保险公司赔偿）<br>　　管理费用（管理不善、一般经营损失、自然损耗）<br>　　营业外支出（非常损失）<br>　　贷：待处理财产损溢 |
| 盘盈 | 借：原材料/库存商品等<br>　　贷：待处理财产损溢 | 借：待处理财产损溢<br>　　贷：管理费用（冲减）<br>【快速记忆】存货盘盈冲减管理费用 |
| 小企业清查 | 小企业存货的毁损、盘盈和盘亏计入营业外收入或营业外支出 | |

**典型例题**

【例3－32】（单选题）公司2×22年12月12日按管理权限报经批准后，对盘盈材料8 600元处理正确的是（　　）。

A. 借：待处理财产损溢——待处理流动资产损溢　　8 600
　　贷：管理费用　　　　　　　　　　　　　　　　　　8 600

B. 借：管理费用　　　　　　　　　　　　　　　8 600
　　贷：待处理财产损溢——待处理流动资产损溢　　　　8 600

C. 借：待处理财产损溢——待处理流动资产损溢　　8 600
　　贷：营业外收入　　　　　　　　　　　　　　　　　8 600

D. 借：待处理财产损溢——待处理流动资产损溢　　8 600
　　贷：主营业务收入　　　　　　　　　　　　　　　　8 600

【答案】A

【解析】存货盘盈按管理权限报经批准后，借记"待处理财产损溢"科目，贷记"管理费用"科目。

借：待处理财产损溢——待处理流动资产损溢　　8 600
　　贷：管理费用　　　　　　　　　　　　　　　　　　8 600

【例3－33】（单选题）甲公司为增值税一般纳税人，因管理不善（关键点）毁损一批材料，其成本为2 000元，增值税进项税额为260元，收到保险公司赔款500元，残料收入200元，批准后计入管理费用的金额为（　　）元。

A. 2 000　　　　B. 1 560　　　　C. 1 300　　　　D. 1 500

【答案】B

【解析】借：待处理财产损溢                              2 260

　　　　　　贷：原材料                                      2 000

　　　　　　　应交税费——应交增值税（进项税额转出）        260

　　借：其他应收款                                          500

　　　　原材料                                              200

　　　　管理费用                                          1 560

　　　　　　贷：待处理财产损溢                            2 260

## 考点 24　存货减值★★

| 项目 | 内　　容 |
|------|---------|
| 减值测试时间 | 会计期末（资产负债表日） |
| 减值测试方法 | 成本与可变现净值孰低法：<br>1. 成本：期末存货的实际成本。<br>2. 可变现净值。<br>原材料可变现净值＝存货的估计售价－至完工时估计将要发生的成本－估计的销售费用－估计的相关税费<br>【注意】可变现净值不是存货的售价或合同价。<br>库存商品可变现净值＝存货的估计售价－估计的销售费用－估计的相关税费 |
| 核算 | 1. 成本高于可变现净值，存货以可变现净值计价。<br>存货跌价准备期末余额＝成本－可变现净值<br>2. 成本低于可变现净值，存货以成本计价。<br>存货跌价准备期末余额＝0 |
| 账务处理 | 1. 计提存货跌价准备：<br>借：资产减值损失<br>　　贷：存货跌价准备<br>2. 转回已计提存货跌价准备：<br>借：存货跌价准备<br>　　贷：资产减值损失<br>3. 存货对外销售，结存存货跌价准备：<br>借：存货跌价准备<br>　　贷：主营业务成本等 |

典型例题

【例3-34】（多选题）下列选项中，影响企业资产负债表日存货可变现净值的有（　　）。

A. 存货的账面价值

B. 销售存货过程中估计的销售费用及相关税费

C. 存货的估计售价

D. 存货至完工估计将要发生的成本

【答案】BCD

【解析】可变现净值是指在日常活动中，存货的估计售价减去至完工时估计将要发生的成本、估计的销售费用以及估计的相关税费后的金额。

# 巩固练习

## 一、单项选择题

1. 下列各项中，企业无法查明原因的现金溢余按管理权限报经批准后，正确的账务处理是（　　）。

  A. 计入营业外收入　　　　　　　　B. 冲减营业外支出

  C. 冲减管理费用　　　　　　　　　D. 计入其他业务收入

2. 下列各项中不会引起其他货币资金发生变动的是（　　）。

  A. 企业销售商品收到商业汇票

  B. 企业用银行本票购买办公用品

  C. 企业将款项汇往外地开立采购专业账户

  D. 企业为购买基金将资金存入在证券公司指定银行开立的账户

3. 企业购入 A 股票 10 万股，划分为交易性金融资产，支付的价款为 103 万元，其中包含已宣告但未发放的现金股利 3 万元，另支付交易费用 2 万元。该项交易性金融资产的入账价值为（　　）万元。

  A. 103　　　　　B. 100　　　　　C. 102　　　　　D. 105

4. 交易性金融资产持有期间获得的现金股利或利息应（　　）。

  A. 冲减交易性金融资产　　　　　　B. 冲减财务费用

  C. 冲减应收股利　　　　　　　　　D. 计入投资收益

5. 甲公司赊销一批商品符合收入确认条件。该批商品的价款为 150 万元，增值税税额为 19.5 万元，代垫运输费为 1.8 万元，取得的增值税专用发票上注明增值税税额为 0.162 万元，全部款项尚未收到，该企业应计入应收账款的金额为（　　）万元。

  A. 171.3　　　　　B. 151.8　　　　　C. 169.5　　　　　D. 171.462

6. 我国企业会计准则规定，企业应采用（　　）核算坏账损失。

A. 备抵法　　　　　　　　　　　　B. 直接转销法

C. 成本与可变现净值孰低法　　　　D. 成本法

7. 2×23 年初甲公司"坏账准备——应收账款"科目贷方余额为 3 万元，3 月 20 日收回已核销的坏账 12 万元并入账，12 月 31 日"应收账款"科目余额为 220 万元（所属明细科目为借方余额），预计可收回金额为 200 万元，不考虑其他因素，2×23 年末甲公司计提的坏账准备金额为（　　）万元。

A. 17　　　　　　B. 29　　　　　　C. 20　　　　　　D. 5

8. 某企业采用移动加权平均法计算发出材料的成本。2×23 年 3 月 1 日结存 A 材料 200 吨，每吨实际成本为 200 元；3 月 4 日和 3 月 17 日分别购进 A 材料 300 吨和 400 吨，每吨实际成本分别为 180 元和 220 元；3 月 10 日和 3 月 27 日分别发出 A 材料 400 吨和 350 吨。A 材料月末账面余额为（　　）元。

A. 30 000　　　　B. 30 333　　　　C. 32 040　　　　D. 33 000

9. 企业采用先进先出法计算发出原材料的成本。11 月 1 日，甲材料结存 400 千克，每千克实际成本为 150 元；11 月 11 日购入甲材料 350 千克，每千克实际成本为 180 元；11 月 15 日发出甲材料 500 千克。11 月份甲材料发出成本为（　　）元。

A. 78 000　　　　B. 68 000　　　　C. 58 000　　　　D. 88 000

10. 材料成本差异率是材料成本差异额与（　　）的比率。

A. 材料实际总成本　　　　　　　　B. 材料计划单位价格

C. 材料计划总成本　　　　　　　　D. 材料单价

11. 企业对随同商品出售而单独计价的包装物进行会计处理时，该包装物的实际成本应结转到（　　）。

A. 主营业务成本　　　　　　　　　B. 销售费用

C. 管理费用　　　　　　　　　　　D. 其他业务成本

12. 企业月初"原材料"账户借方余额为 24 000 元，本月购入原材料的计划成本为 176 000 元，本月发出原材料的计划成本为 150 000 元，"材料成本差异"月初贷方余额为 300 元，本月收入材料的超支差为 4 300 元，则本月发出材料应负担的材料成本差异为（　　）元。

A. -3 000　　　　B. 3 000　　　　C. -3 450　　　　D. 3 450

13. 甲商场采用毛利率法计算期末存货成本。某商品 2×22 年 7 月 1 日结存成本为 500 万元，7 月购货成本为 600 万元，8 月购货成本为 500 万元，9 月购货成本为 800 万元。第三季度销售净额共计 3 000 万元，该产品第二季度实际毛利率为 30%。2×22 年 9 月 30 日，该商品结存成本为（　　）万元。

A. 300　　　　　　B. 1 000　　　　C. 800　　　　　　D. 500

14. 某企业材料采用计划成本核算。月初结存材料计划成本为 200 万元，材料成本差异为节约 20 万元，当月购入材料一批，实际成本为 135 万元，计划成本为 150 万元，领用材料的计划成本为 180 万元。当月结存材料的实际成本为（　　）万元。

    A. 153        B. 162        C. 170        D. 187

15. 某商场库存商品采用售价金额核算法进行核算。2×22 年 5 月初，库存商品的进价成本为 34 万元，售价总额为 45 万元。当月购进商品的进价成本为 126 万元，售价总额为 155 万元。当月销售收入为 130 万元。月末结存商品的实际成本为（　　）万元。

    A. 30        B. 56        C. 104        D. 130

16. 某企业为增值税一般纳税人，适用的增值税税率为 13%。该企业因管理不善使一批库存材料被盗。该批原材料的实际成本为 40 000 元，购买时支付的增值税税额为 5 200 元，应收保险公司赔偿 21 000 元。不考虑其他因素，该批被盗原材料形成的净损失为（　　）元。

    A. 19 000        B. 40 000        C. 45 200        D. 24 200

17. 资产负债表日，存货应当按照（　　）计量。

    A. 账面价值                    B. 公允价值

    C. 成本与可变现净值孰低        D. 账面余额

## 二、多项选择题

1. 2×22 年 6 月 1 日购入股票，每股 14 元，共 10 万股，作为交易性金融资产核算。2×22 年 6 月 30 日，该股票每股公允价值 15 元，则 2×22 年 6 月 30 日下列科目变化正确的有（　　）。

    A. "资产减值损失"增加 10 万元

    B. "投资收益"增加 10 万元

    C. "交易性金融资产"增加 10 万元

    D. "公允价值变动损益"增加 10 万元

2. 下列各项不应反映在交易性金融资产的初始计量金额中的有（　　）。

    A. 债券的买入价（不包含已到期未领取利息）

    B. 支付的手续费

    C. 支付的印花税

    D. 已到付息期但尚未领取的利息

3. 下列各项中，投资企业应该确认为投资收益的有（　　）。

    A. 资产负债表日，持有的交易性金融资产公允价值发生变动

    B. 企业出售交易性金融资产净损益

C. 交易性金融资产持有期间被投资单位宣告发放的现金股利

D. 转让交易性金融资产应交增值税

4. 下列各项中，构成应收账款入账价值的有（    ）。

A. 确认收入时尚未收到的价款
B. 代购货方垫付的包装费

C. 代购货方垫付的运杂费
D. 销售货物发生的商业折扣

5. 下列各项业务中，应记入"坏账准备"科目贷方的有（    ）。

A. 当期确认的坏账损失
B. 冲回多提的坏账准备

C. 当期应补提的坏账准备
D. 已转销的坏账当期又收回

6. 下列各项中，会引起应收账款账面价值发生变化的有（    ）。

A. 计提应收账款坏账准备
B. 收回应收账款

C. 结转到期不能收回的应收票据
D. 收回已转销的坏账

7. 实际成本法下，企业可以采用（    ）核算发出存货的实际成本。

A. 先进先出法
B. 加权平均法

C. 后进先出法
D. 个别计价法

8. "材料成本差异"账户贷方反映的内容有（    ）。

A. 入库材料的超支差异
B. 入库材料的节约差异

C. 发出材料应负担的超支差异
D. 发出材料应负担的节约差异

9. 下列应计入存货成本的有（    ）。

A. 由受托方代扣代缴的委托加工直接用于对外销售的商品负担的消费税

B. 由受托方代扣代缴的委托加工继续用于生产应纳消费税的商品负担的消费税

C. 进口原材料缴纳的进口关税

D. 小规模纳税人购入原材料缴纳的增值税

10. 下列通过"周转材料"核算的有（    ）。

A. 原材料
B. 包装物

C. 低值易耗品
D. 委托加工物资

11. 下列各项中，有关包装物的会计处理表述正确的有（    ）。

A. 随商品出售不单独计价的包装物成本，计入销售费用

B. 生产领用的包装物成本，计入生产成本

C. 随商品出售单独计价的包装物成本，计入其他业务成本

D. 多次反复使用的包装物成本，根据使用次数分次摊销计入相应成本费用

12. 下列各项中，构成企业委托加工物资成本的有（    ）。

A. 加工中实际耗用物资的成本

B. 支付的加工费用和保险费

C. 收回后直接销售物资的代收代缴消费税

D. 收回后继续加工物资的代收代缴消费税

13. 下列各项中，应计入销售费用的有（　　）。

　　A. 出借包装物成本的摊销

　　B. 出租包装物成本的摊销

　　C. 随同产品出售单独计价的包装物成本

　　D. 随同产品出售不单独计价的包装物成本

14. 对于企业采用分次摊销法对低值易耗品进行摊销时可能记入的科目有（　　）。

　　A. 制造费用　　　　B. 销售费用　　　　C. 管理费用　　　　D. 财务费用

15. 下列关于存货盘盈盘亏说法正确的有（　　）。

　　A. 存货盘盈时，经批准后，冲减管理费用

　　B. 存货盘亏时，经批准后，可能计入管理费用

　　C. 企业发生存货盘盈盘亏，报批前通过"待处理财产损溢"科目核算

　　D. 企业发生存货盘亏，经批准后，可能记入"其他应收款"科目

16. 下列关于企业存货会计处理的表述中，正确的有（　　）。

　　A. 存货成本包括采购成本、加工成本和其他成本

　　B. 存货期末计价应按照成本与可变现净值孰低计量

　　C. 存货采用计划成本核算的，期末应将计划成本调整为实际成本

　　D. 结转商品销售成本的同时不需要转销其已计提的存货跌价准备

17. 期末通过比较发现存货的成本高于可变现净值，则可能（　　）。

　　A. 按差额首次计提存货跌价准备　　　　B. 按差额补提存货跌价准备

　　C. 冲减存货跌价准备　　　　　　　　　D. 不进行账务处理

## 三、判断题

1. 企业发生经济业务需要支付现金时，可以从本单位库存现金限额中支付或从开户银行提取，也可以从本单位的现金收入中直接支付。　　　　　　　　（　　）

2. 企业收到退回的银行汇票多余款项时，记入"其他货币资金"科目的借方。
　　　　　　　　　　　　　　　　　　　　　　　　　　　　　　　　（　　）

3. 企业取得交易性金融资产时，应当按照取得时的公允价值加上相关交易费用作为初始入账金额。　　　　　　　　　　　　　　　　　　　　　　　（　　）

4. 不单独设置"预付账款"科目的企业，预付的款项可以通过"应收账款"科目核算。　　　　　　　　　　　　　　　　　　　　　　　　　　　　　（　　）

5. 商业汇票按照承兑人不同，分为商业承兑汇票和带息商业汇票。　　（　　）

6. 企业租入包装物支付的押金应计入其他业务成本。　　　　　　　（　　）

7. 收回以前转销的坏账损失，会导致坏账准备余额增加。 （　　）

8. 采用先进先出法时，当市场上的物价持续上涨时，期末的成本最接近于市价，而发出成本偏低，会高估企业当期利润和库存商品的价值，反之，会低估企业的当期利润和库存商品的价值。 （　　）

9. 可变现净值为存货的售价或合同价。 （　　）

10. 企业委托加工应税消费品（非金银首饰），该消费品收回后继续用于加工应税消费品，由受托方代收代缴的消费税计入委托加工物资成本。 （　　）

11. 材料盘亏净损失属于一般经营损失的部分，应记入"营业外支出"科目。
（　　）

## 四、不定项选择题

1. 甲企业为增值税一般纳税人，适用的增值税税率为13%。原材料按实际成本核算。2×22年12月初，A材料账面余额90 000元，该企业12月份发生的有关经济业务如下：

（1）5日，购入A材料1 000千克，增值税专用发票上注明的价款为300 000元，增值税税额为39 000元，购入该种材料发生保险费1 000元，发生运输费3 720元（不考虑增值税），运输过程中发生合理损耗10千克，材料已验收入库，款项均已通过银行付清。

（2）15日，委托外单位加工B材料（属于应税消费品），发出B材料成本70 000元，支付加工费20 000元，取得的增值税专用发票上注明的增值税税额为2 600元，由受托方代收代缴的消费税为10 000元，材料加工完毕验收入库，款项均已支付，材料收回后用于继续生产应税消费品。

（3）31日，生产领用A材料一批，该批材料成本75 000元。

要求：根据上述资料，分析回答下列小题。

（1）根据资料（1），下列各项中，应计入外购原材料实际成本的是（　　）。

  A. 运输过程中的合理损耗

  B. 采购过程中发生的保险费

  C. 增值税专用发票上注明的价款

  D. 增值税发票上注明的增值税税额

（2）根据资料（1），下列各项中，关于甲企业采购A材料的会计处理，结果正确的是（　　）。

  A. 记入"原材料"科目的金额为305 000元

  B. 记入"原材料"科目的金额为304 720元

C. 入库原材料数量为 1 000 千克

D. 记入"应交税费——应交增值税（进项税额）"科目的金额为 39 000 元

（3）根据资料（2），关于甲企业委托加工业务会计处理，正确的是（　　）。

A. 收回委托加工物资的成本为 90 000 元

B. 收回委托加工物资的成本为 100 000 元

C. 受托方代收代缴的消费税 10 000 元应计入委托加工物资成本

D. 受托方代收代缴的消费税 10 000 元应记入"应交税费——应交消费税"科目的借方

（4）根据资料（1）~（3），甲企业 31 日 A 材料结存成本为（　　）元。

A. 304 800　　　B. 31 500　　　C. 319 720　　　D. 320 000

2. 甲公司为一家上市公司，2×22 年发生对外投资业务如下：

（1）1 月 1 日，委托证券公司购入乙公司股票 100 万股，实际支付价款 658 万元（买价中含已宣告但尚未发放现金股利 8 万元）；另支付交易费用 4 万元，取得增值税专用发票注明增值税税额为 0.24 万元，甲公司将其划分为交易性金融资产。

（2）1 月 20 日，收到乙公司之前宣告发放的现金股利 8 万元，存入银行。

（3）6 月 30 日，甲公司持有的乙公司股票公允价值为 680 万元。

（4）7 月 4 日，乙公司宣告以每股 0.2 元发放上年度的现金股利。7 月 16 日，甲公司收到乙企业向其发放的现金股利，不考虑相关税费。

（5）7 月 26 日，将持有的乙公司股票全部出售，售价为 689.8 万元，不考虑相关税费和其他因素。

要求：根据上述资料，分析回答下列小题。

（1）根据资料（1），该交易性金融资产的初始入账价值为（　　）万元。

A. 658　　　B. 650　　　C. 662　　　D. 662.24

（2）根据资料（2），会计处理正确的是（　　）。

A. 应确认为当期损益 8 万元　　　B. 应确认为投资收益 8 万元

C. 应冲减应收股利 8 万元　　　D. 应冲减交易性金融资产 8 万元

（3）根据资料（3），下列会计处理正确的是（　　）。

A. 借记"交易性金融资产"科目 30 万元

B. 贷记"公允价值变动损益"科目 21 万元

C. 确认公允价值变动使当期营业利润增加 30 万元

D. 确认公允价值变动使当期营业利润增加 26 万元

（4）根据资料（4），关于甲公司现金股利的会计处理结果表述正确的是（　　）。

A. 宣告发放股利时，确认投资收益 20 万元

B. 实际收到股利时，确认投资收益 20 万元

C. 宣告发放股利时，确认应收股利 20 万元

D. 实际收到股利时，冲减应收股利 20 万元

（5）根据资料（1）~（5），下列会计处理正确的是（　　）。

A. 出售时计入投资收益的金额为 9.8 万元

B. 出售时影响当期损益的金额为 9.8 万元

C. 整个股票持有期间计入投资收益的金额为 25.8 万元

D. 整个股票持有期间对利润的影响为 55.8 万元

# 巩固练习参考答案及解析

## 一、单项选择题

1.【答案】A

【解析】企业无法查明原因的现金溢余部分，报经批准后计入营业外收入。

2.【答案】A

【解析】选项 A，商业汇票在"应收票据"科目核算，不会引起其他货币资金发生变动。选项 B、C、D 分别通过银行本票、外埠存款、存出投资款核算，属于其他货币资金。

3.【答案】B

【解析】支付的交易费用记入"投资收益"科目，已宣告但尚未发放的现金股利单独列示，记入"应收股利"科目，因此交易性金融资产的入账价值为 100 万元。

4.【答案】D

【解析】交易性金融资产持有期间所获得的现金股利，应确认为投资收益。

5.【答案】D

【解析】甲公司应计入应收账款的金额 $= 150 + 19.5 + 1.8 + 0.162 = 171.462$（万元）。

6.【答案】A

【解析】我国企业会计制度规定，企业只能采用备抵法核算坏账损失。

7.【答案】D

【解析】期末坏账准备余额 $= 220 - 200 = 20$（万元），期初"坏账准备"余额为 3 万元，收回已核销的坏账后"坏账准备"余额为 15 万元（$3 + 12$）。本期应补提坏账准备 $= 20 - 15 = 5$（万元）。

8. 【答案】C

【解析】编制简易存货明细账如下：

| 日期 | 购入 | 领用 | 结存 |
|---|---|---|---|
| 3 月 1 日 | | | 200　200　40 000 |
| 3 月 4 日 | 300　180　54 000 | | 500　188　94 000 |
| 3 月 10 日 | | 400　188 | 100　188　18 800 |
| 3 月 17 日 | 400　220　88 000 | | 500　213.6　106 800 |
| 3 月 27 日 | | 350　213.6 | 150　213.6　32 040 |

账面余额为 32 040 元。

9. 【答案】A

【解析】先进先出法下，11 月份甲材料发出成本 = $400 \times 150 + 100 \times 180 = 78\,000$（元）。

10. 【答案】C

【解析】材料成本差异率是材料成本差异额与材料计划总成本的比率。

11. 【答案】D

【解析】企业对随同商品出售而单独计价的包装物进行会计处理时，该包装物的实际成本应结转到其他业务成本。

12. 【答案】B

【解析】材料成本差异率 = $(-300 + 4\,300) \div (24\,000 + 176\,000) \times 100\% = 2\%$。
本月发出材料应负担的材料成本差异 = $150\,000 \times 2\% = 3\,000$（元）（超支差）。

13. 【答案】A

【解析】存货结存成本 = 期初成本 500 + 第三季度购入成本 1 900（600 + 500 + 800）- 销售成本 2 100（$3\,000 \times 70\%$）= 300（万元）。

14. 【答案】A

【解析】本月材料成本差异率 =（期初结存材料的成本差异 + 本期验收入库材料的成本差异）÷（期初结存材料的计划成本 + 本期验收入库材料的计划成本）× 100% = $(-20 - 15) \div (200 + 150) \times 100\% = -10\%$，为节约差异，领用材料实际成本 = $180 \times (1 - 10\%) = 162$（万元），本月结存材料的实际成本 = $200 - 20 + 135 - 162 = 153$（万元）。

15. 【答案】B

【解析】商品进销差价率 = $[(45 - 34) + (155 - 126)] \div (45 + 155) \times 100\% = 20\%$，本期销售商品的成本 = $130 - 130 \times 20\% = 104$（万元）。月末结存商品的实际成本 = $34 + 126 - 104 = 56$（万元）。

**16.【答案】** D

**【解析】** 被盗材料形成的净损失 = 40 000 + 5 200 − 21 000 = 24 200（元）。

**17.【答案】** C

**【解析】** 存货按照成本与可变现净值孰低计量。

## 二、多项选择题

**1.【答案】** CD

**【解析】** 2×22 年 6 月 1 日取得交易性金融资产成本 140 万元（14×10），2×22 年 6 月 30 日交易性金融资产的公允价值为 150 万元（15×10），"交易性金融资产"科目增加 10 万元，"公允价值变动损益"科目同时增加 10 万元，选项 C、D 正确。

**2.【答案】** BCD

**【解析】** 支付的手续费和印花税记入"投资收益"科目，已到付息期但尚未领取的利息记入"应收利息"科目。

**3.【答案】** BCD

**【解析】** 选项 A，资产负债表日，持有的交易性金融资产按公允价值计量：

借：交易性金融资产——公允价值变动

　　贷：公允价值变动损益

（或作相反分录）

选项 B，借：银行存款

　　　　　　贷：交易性金融资产

　　　　　　　　投资收益（差额，可借可贷）

选项 C，借：应收股利

　　　　　　贷：投资收益

选项 D，借：投资收益

　　　　　　贷：应交税费——转让金融资产应交增值税

**4.【答案】** ABC

**【解析】** 销售货物发生的商业折扣直接抵减销售货款，在发票上填列的是给予商业折扣后的净额。

**5.【答案】** CD

**【解析】** 选项 A，当期确认的坏账损失：

借：坏账准备

　　贷：应收账款

选项 B，冲回多提的坏账准备：

借：坏账准备

　　贷：信用减值损失

选项 C，当期应补提的坏账准备：

借：信用减值损失

　　贷：坏账准备

选项 D，已转销的坏账当期又收回：

借：银行存款

　　贷：坏账准备

6.【答案】ABCD

【解析】应收账款账面价值＝应收账款账面余额－坏账准备账面余额

选项 A，计提应收账款坏账准备：

借：信用减值损失

　　贷：坏账准备

此时坏账准备账面余额增加，所以应收账款账面价值减少。

选项 B，收回应收账款：

借：银行存款

　　贷：应收账款

应收账款账面余额减少，所以此时应收账款账面价值减少。

选项 C，结转到期不能收回的应收票据：

借：应收账款

　　贷：应收票据

此时应收账款账面余额增加，所以此时应收账款账面价值增加。

选项 D，收回已转销的坏账：

借：银行存款

　　贷：坏账准备

此时坏账准备账面余额增加，所以此时应收账款账面价值减少。

7.【答案】ABD

【解析】企业可以采用的发出存货成本的计价方法包括个别计价法、先进先出法、月末一次加权平均法和移动加权平均法。

8.【答案】BC

【解析】购进材料实际成本小于计划成本的差额属于节约差异，反映在材料成本差异账户的贷方；发出材料应结转的超支差异，在材料成本差异账户贷方反映。

9.【答案】ACD

【解析】由受托方代扣代缴的委托加工直接用于对外销售的商品负担的消费税计入

委托加工物资的成本，由受托方代扣代缴的委托加工继续用于生产应纳消费税的商品负担的消费税应记入"应交税费——应交消费税"科目的借方；进口原材料缴纳的进口关税应计入原材料成本；小规模纳税人购入原材料缴纳的增值税计入原材料成本。

10.【答案】BC

【解析】周转材料包括包装物和低值易耗品。

11.【答案】ABCD

【解析】四个选项的表述都正确。

12.【答案】ABC

【解析】委托其他单位加工材料收回后直接对外销售的，应将受托方代收代缴的消费税计入委托加工物资成本，收回后用于连续加工应税消费品的，则计入应交消费税。

13.【答案】AD

【解析】随同商品销售出借的包装物和随同产品出售不单独计价的包装物成本记入"销售费用"科目，出租包装物的成本和随同产品出售单独计价的包装物成本记入"其他业务成本"科目。

14.【答案】ABC

【解析】低值易耗品摊销额，生产车间使用的，记入"制造费用"科目；销售部门使用的，记入"销售费用"科目；行政管理部门使用的，记入"管理费用"科目。

15.【答案】ABCD

【解析】存货盘点通过"待处理财产损溢"核算，盘盈冲减管理费用，盘亏根据原因，记入"原材料""其他应收款""管理费用""营业外支出"等科目。

16.【答案】ABC

【解析】结转商品销售成本的同时转销其已计提的存货跌价准备。

17.【答案】ABCD

【解析】成本高于可变现净值，以较低者可变现净值计量。当期是计提、补提还是转回存货跌价准备，取决于存货跌价准备期初余额。

## 三、判断题

1.【答案】×

【解析】从本单位的现金收入中直接支付，即坐支。《现金管理暂行条例》规定企业不得坐支现金。

2.【答案】×

【解析】银行汇票存款在"其他货币资金"科目核算。企业收到退回的银行汇票多余款项时，作如下会计分录：

借：银行存款

　　贷：其他货币资金——银行汇票

3.【答案】×

【解析】取得交易性金融资产时支付的相关交易费用记入"投资收益"科目，不作为交易性金融资产的初始入账成本。

4.【答案】×

【解析】不单独设置"预付账款"科目的企业，预付的款项可以通过"应付账款"科目核算。

5.【答案】×

【解析】商业汇票按照承兑人不同，分为商业承兑汇票和银行承兑汇票。

6.【答案】×

【解析】租入包装物支付的押金收取方还会退还，应在"其他应收款"中核算。

7.【答案】√

【解析】借：银行存款

　　　　　贷：坏账准备

8.【答案】√

【解析】采用先进先出法时，当市场上的物价持续上涨时，期末的成本最接近市价，发出成本为先进的价格，成本偏低，利润会高估。

9.【答案】×

【解析】可变现净值不等于存货的售价。

10.【答案】×

【解析】需要交纳消费税的委托加工物资，由受托方代收代缴的消费税，收回后用于再加工的，记入"应交税费——应交消费税"科目；收回后直接销售的，记入"委托加工物资"科目。

11.【答案】×

【解析】材料盘亏净损失属于一般经营损失的部分，应记入"管理费用"科目；属于非常损失的部分，记入"营业外支出"科目。

## 四、不定项选择题

1.（1）【答案】ABC

【解析】购入材料的实际成本包括买价、运杂费、相关税费、运输途中的合理损耗、入库前的挑选整理费用。增值税发票上注明的增值税税额可抵扣，不计入材料成本。

（2）【答案】BD

【解析】甲企业采购 A 材料的成本 = 300 000 + 1 000 + 3 720 = 304 720（元），应交增值税进项税额 = 39 000 元，实际入库原材料 = 1 000 − 10 = 990（千克）。

（3）【答案】AD

【解析】委托加工物资收回后用于连续生产的，按规定准予留抵扣，记入"应交税费——应交消费税"科目的借方，不计入成本中，选项 D 正确；收回委托加工物资的成本 = 70 000 + 20 000 = 90 000（元），选项 A 正确。

（4）【答案】C

【解析】甲企业 31 日 A 材料结存成本 = 90 000 + 304 720 − 75 000 = 319 720（元）。

2．（1）【答案】B

【解析】借：交易性金融资产——成本　　　　　　　　　　　650
　　　　　　应收股利　　　　　　　　　　　　　　　　　8
　　　　　　投资收益　　　　　　　　　　　　　　　　　4
　　　　　　应交税费——应交增值税（进项税额）　　　0. 24
　　　　　　贷：其他货币资金　　　　　　　　　　　　　　662. 24

（2）【答案】C

【解析】借：其他货币资金　　　　　　　　　　　　　　　　8
　　　　　　贷：应收股利　　　　　　　　　　　　　　　　　8

（3）【答案】AC

【解析】借：交易性金融资产——公允价值变动　（680 − 650）30
　　　　　　贷：公允价值变动损益　　　　　　　　　　　　30

（4）【答案】ACD

【解析】宣告时：

借：应收股利　　　　　　　　　　　　　　　　　　　　20
　　　贷：投资收益　　　　　　　　　　　　　　　　　　20

实际收到股利时：

借：其他货币资金　　　　　　　　　　　　　　　　　　20
　　　贷：应收股利　　　　　　　　　　　　　　　　　　20

（5）【答案】ABCD

【解析】选项 A，出售时计入投资收益的金额 = 689. 8 − 680 = 9. 8（万元）。选项 B，出售时影响损益的金额 = 689. 8 − 680 = 9. 8（万元）。选项 C，整个股票持有期间计入投资收益的金额 = − 4 + 20 + 9. 8 = 25. 8（万元）。选项 D，整个股票持有期间对利润的影响 = 25. 8 + 30 = 55. 8（万元）。

# 第四章　非流动资产

## 考情分析

　　本章包括长期股权投资、投资性房地产、固定资产、无形资产、长期待摊费用。其中长期股权投资的核算、投资性房地产的核算、在建工程和固定资产的核算、固定资产折旧方法和计提折旧以及固定资产减值的核算为重要内容，在本章的学习中，固定资产、无形资产仍为重要考核方向。本章可能会涉及客观题和主观题的考查，考试分值为 8~12 分左右，属于非常重要的章节。

## 教材变化

　　2024 年教材本章删除了债权投资、生产性生物资产，考核难度进一步降低，考核重点突出。

# 教材框架

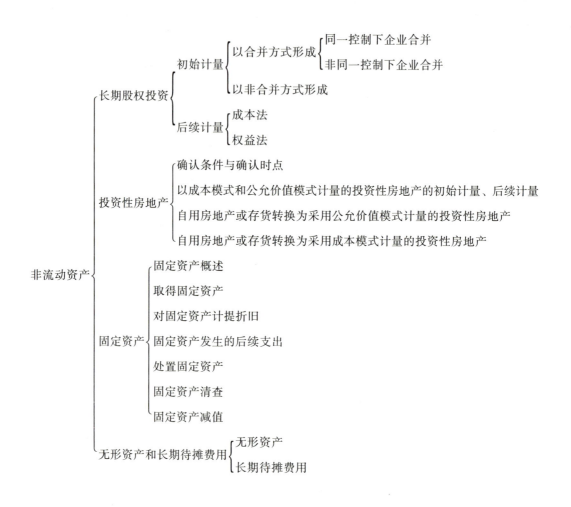

非流动资产
- 长期股权投资
  - 初始计量
    - 以合并方式形成
      - 同一控制下企业合并
      - 非同一控制下企业合并
    - 以非合并方式形成
  - 后续计量
    - 成本法
    - 权益法
- 投资性房地产
  - 确认条件与确认时点
  - 以成本模式和公允价值模式计量的投资性房地产的初始计量、后续计量
  - 自用房地产或存货转换为采用公允价值模式计量的投资性房地产
  - 自用房地产或存货转换为采用成本模式计量的投资性房地产
- 固定资产
  - 固定资产概述
  - 取得固定资产
  - 对固定资产计提折旧
  - 固定资产发生的后续支出
  - 处置固定资产
  - 固定资产清查
  - 固定资产减值
- 无形资产和长期待摊费用
  - 无形资产
  - 长期待摊费用

# 考点提炼

## 考点1 长期股权投资的初始计量 ★★★

| 取得方式 | | | 内　　容 |
|---|---|---|---|
| 以合并方式取得的长期股权投资 | 同一控制下企业合并 | 初始投资成本 | 初始投资成本=被合并方在最终控制方合并财务报表中的所有者权益账面价值份额 |
| | | 账务处理 | 合并方以支付现金、转让非现金资产或承担债务方式作为合并方式 | 借：长期股权投资<br>　　贷：银行存款<br>　　　　资本公积——资本溢价或股本溢价<br>　　　　（差额）<br>【注意】如果差额为借方差额，资本公积不足冲减，依次冲减盈余公积、未分配利润 |
| | | | 以发行权益性证券作为合并对价 | 借：长期股权投资<br>　　贷：股本<br>　　　　资本公积——股本溢价（差额）<br>【注意】如果差额为借方差额，资本公积不足冲减，依次冲减盈余公积、未分配利润 |
| | | | 相关管理费用 | 企业为企业合并发生的审计、法律服务、评估咨询等中介费用以及其他相关管理费用应作为当期损益计入管理费用 |
| | 非同一控制下企业合并 | 初始投资成本 | | 以支付现金、非现金资产、发行权益性证券等方式取得的长期股权投资，应按现金、非现金货币性资产、发行的权益性证券的公允价值作为初始投资成本计量 |
| | | 账务处理 | 购买方以支付现金、转让非现金资产或承担债务方式等作为合并对价 | 以转让固定资产为例：<br>借：长期股权投资<br>　　累计折旧<br>　　固定资产减值准备<br>　　贷：固定资产<br>　　　　资产处置损益 |
| | | | 购买方以权益性证券作为合并对价 | 借：长期股权投资<br>　　贷：股本<br>　　　　资本公积——股本溢价（差额） |
| | | | 相关管理费用 | 企业合并发生的审计、法律服务、评估咨询等中介费用：<br>借：管理费用<br>　　贷：银行存款 |

续表

| 取得方式 | 内　容 | | |
|---|---|---|---|
| 以非合并方式取得的长期股权投资 | 初始投资成本 | 以支付现金、非现金资产等其他方式取得的长期股权投资 | 按现金、非现金货币性资产的公允价值作为初始投资成本计量 |
| | | 发行权益性证券取得的长期股权投资 | 按照发行的权益性证券的公允价值作为初始投资成本计量 |
| | 账务处理 | 以支付现金、非现金资产等其他方式取得的长期股权投资 | 借：长期股权投资<br>　　贷：银行存款<br>贷（或借）：资产处置损益 |

典型例题

【例 4 – 1】（单选题）甲公司和乙公司为非同一控制下的两家独立公司。2×23年 6 月 30 日，甲公司以其拥有的无形资产对乙公司进行投资，取得乙公司 60% 的股权。该无形资产原值为 2 000 万元，已累计计提摊销 600 万元，已计提减值准备 150万元。投资日该无形资产的公允价值为 1 600 万元，2×23 年 6 月 30 日，乙公司的可辨认净资产公允价值为 2 000 万元。假定不考虑相关税费等其他因素影响，甲公司取得对乙公司的长期股权投资入账价值为（　　）万元。

A. 900　　　　　　B. 2 000　　　　　　C. 1 350　　　　　　D. 1 600

【答案】D

【解析】本题考查以非合并方式取得的长期股权投资的初始投资成本计量。以支付非现金资产的方式取得的长期股权投资，应按非现金资产的公允价值作为初始投资成本计量，投资日该无形资产的公允价值为 1 600 万元，所以长期股权投资的入账价值为 1 600 万元。会计分录为：

借：长期股权投资　　　　　　　　　　　　　　　　　　　1 600
　　累计摊销　　　　　　　　　　　　　　　　　　　　　　600
　　无形资产减值准备　　　　　　　　　　　　　　　　　　150
　　贷：无形资产　　　　　　　　　　　　　　　　　　　　　　2 000
　　　　资产处置损益　　　　　　　　　　　　　　　　　　　　350

【例 4 – 2】（单选题）非同一控制下企业合并中，合并方为企业合并发生的审计、法律服务、评估咨询等中介费用以及其他相关费用，应于发生时计入（　　）。

A. 管理费用　　　　　　　　　　　B. 资本公积

C. 长期股权投资的初始投资成本　　D. 营业外支出

【答案】A

【解析】无论同一控制下企业合并还是非同一控制下企业合并，合并方为企业合并发生的审计、法律服务、评估咨询等中介费用以及其他相关费用，均应于发生时计入当期管理费用。

## 考点2　长期股权投资的后续计量★★★

| 计量方法 | 情形 | | 账务处理 |
|---|---|---|---|
| 权益法（以联营或合营方式取得长期股权投资） | 调整初始成本：被投资单位可辨认净资产公允价值发生变动的会计处理 | 长期股权投资的初始投资成本＞投资时应享有被投资单位可辨认净资产公允价值份额 | 不调整已确认的初始投资成本 |
| | | 长期股权投资的初始投资成本＜投资时应享有被投资单位可辨认净资产公允价值份额 | 按其初始投资成本和公允价值份额的差额：<br>借：长期股权投资（投资成本）<br>　　贷：营业外收入 |
| | | 【注意】长期股权投资初始投资成本应大于等于公允价值，如果小于公允价值就要作出调整 | |
| | 被投资单位实现盈利或发生亏损的会计处理 | 被投资单位实现净利润 | 企业应按被投资单位实现的净利润中企业享有的份额：<br>借：长期股权投资（损益调整）<br>　　贷：投资收益 |
| | | 被投资单位发生净亏损 | 借：投资收益<br>　　贷：长期股权投资（损益调整） |
| | | 被投资单位分配股利或利润 | 宣告发放现金股利或利润时：<br>借：应收股利<br>　　贷：长期股权投资（损益调整）<br>收到被投资单位发放的股票股利：不进行账务处理，应在备查簿中登记 |
| | | 被投资单位除净损益、利润分配以外的其他综合收益变动或所有者权益的其他变动 | 借：长期股权投资（其他综合收益或其他权益变动）<br>　　贷：其他综合收益<br>　　　　资本公积——其他资本公积 |

续表

| 计量方法 | 情形 | 账务处理 |
|---|---|---|
| 成本法<br>（对子公司） | 宣告发放现金股利时 | 借：应收股利<br>　　贷：投资收益 |
| | 收到发放的现金股利时 | 借：银行存款<br>　　贷：应收股利 |

**典型例题**

**【例4－3】**（单选题）甲公司和乙公司为同一母公司最终控制下的两家公司。2×23年6月30日，甲公司向其母公司支付现金21 200 000元，取得母公司拥有乙公司100%的股权，于当日起能够对乙公司实施控制。合并后乙公司仍维持其独立法人地位继续经营。2×23年6月30日母公司合并报表中乙公司的净资产账面价值为20 000 000元。在甲、乙公司合并前采用的会计政策相同。假定不考虑相关税费等其他因素影响，应记入"资本公积——股本溢价"科目的金额为（　　）元。

　　A. 1 200 000　　　　B. 20 000 000　　　　C. 21 200 000　　　　D. 0

【答案】A

【解析】合并日，甲公司相关账务处理为：

借：长期股权投资——乙公司　　　　　　　　　　　　　　　20 000 000

　　资本公积——股本溢价　　　　　　　　　　　　　　　　 1 200 000

　　贷：银行存款　　　　　　　　　　　　　　　　　　　　21 200 000

**【例4－4】**（多选题）对于非同一控制下企业合并形成的长期股权投资，下列表述中正确的有（　　）。

　　A. 合并过程中发生的审计及法律咨询等中介费用，应计入长期股权投资的初始投资成本

　　B. 以发行权益性证券作为合并对价的，为发行权益性证券所发生的相关税费应计入初始投资成本

　　C. 作为合并对价的非货币性资产在购买日的公允价值与账面价值的差额应作为资产处置损益予以确认

　　D. 实际支付的合并价款中包含的已宣告但尚未发放的现金股利或利润，应计入应收股利

【答案】CD

【解析】选项A，非同一控制下企业合并过程中发生的审计及法律咨询等中介费用，应计入管理费用；选项B，以发行权益性证券作为合并对价的，为发行权益性证券所发生的相关税费应该冲减权益性证券的溢价发行收入，溢价收入不足冲减的，

冲减留存收益，不计入长期股权投资的初始投资成本。

【例4-5】（判断题）采用权益法核算的长期股权投资，初始成本大于投资时应享有被投资单位可辨认净资产公允价值份额的，其差额计入投资收益。（　　）

【答案】×

【解析】长期股权投资的初始投资成本大于投资时应享有被投资单位可辨认净资产公允价值份额的，不调整已确认的初始投资成本。

### 考点3　长期股权投资的减值准备和处置★★★

| 情形 | | 账务处理 | |
|---|---|---|---|
| 减值准备和处置 | 计提减值准备 | 借：资产减值损失<br>　贷：长期股权投资减值准备 | |
| | 处置长期股权投资 | 借：银行存款（按实际收到的金额）<br>　长期股权投资减值准备（原已计提的减值准备）<br>　贷：长期股权投资（按账面余额）<br>　应收股利（尚未领取的现金股利或利润）<br>　投资收益（按照差额，可能在借方也可能在贷方） | |
| | | 处置采用权益法核算的长期股权投资时，对相关的其他综合收益、资本公积——其他资本公积进行会计处理 | 结转其他综合收益：<br>借或贷：其他综合收益<br>　贷或借：投资收益<br>结转资本公积——其他资本公积：<br>借或贷：资本公积——其他资本公积<br>　贷或借：投资收益 |
| | | 投资收益=出售净价-账面价值±其他综合收益±资本公积——其他资本公积 | |

典型例题

【例4-6】（单选题）下列各项中，关于处置长期股权投资的会计处理表述正确的是（　　）。

A. 处置采用成本法核算的长期股权投资时，原已计提减值准备的应贷记"长期股权投资减值准备"科目

B. 处置采用成本法核算的长期股权投资时，按尚未领取的现金股利或利润，借记"应收股利"科目

C. 处置采用权益法核算的长期股权投资时，应当采用与被投资单位直接处置相关资产或负债相同的基础，对相关的其他综合收益进行会计处理

D. 处置采用权益法核算的长期股权投资时，无须对相关的其他综合收益进行会计处理

【答案】C

【解析】选项 A 错误，处置采用成本法核算的长期股权投资时，原已计提减值准备的应借记"长期股权投资减值准备"科目。选项 B 错误，处置采用成本法核算的长期股权投资时，按尚未领取的现金股利或利润，贷记"应收股利"科目。选项 C 正确，处置采用权益法核算的长期股权投资时，应当采用与被投资单位直接处置相关资产或负债相同的基础，对相关的其他综合收益进行会计处理。选项 D 错误，对于应转入当期损益的其他综合收益，应按结转的长期股权投资的投资成本比例结转原记入"其他综合收益"科目的金额，借记或贷记"其他综合收益"科目，贷记或借记"投资收益"科目。还应按结转的长期股权投资的投资成本比例结转原记入"资本公积——其他资本公积"科目的金额，借记或贷记"资本公积——其他资本公积"科目，贷记或借记"投资收益"科目。

## 考点4　投资性房地产的核算范围★★★

| 属于投资性房地产的项目 | 不属于投资性房地产的项目 | 部分出租＋部分自用（出售） |
| --- | --- | --- |
| 1. 已出租的土地使用权。<br>2. 持有并准备增值后转让的土地使用权。<br>3. 已出租的建筑物，指企业拥有产权并以经营租赁方式出租的房屋等建筑物，包括自行建造或开发活动完成后用于出租的建筑物。<br>【注意1】企业自用房地产和作为存货的房地产不属于投资性房地产。<br>【注意2】企业持有投资性房地产的目的主要有赚取租金和资本增值 | 1. 对以经营租赁方式租入土地使用权再转租给其他单位的，不能确认为投资性房地产。<br>2. 按照国家有关规定认定的闲置土地，不属于持有并准备增值后转让的土地使用权。<br>3. 企业以经营租赁方式租入建筑物再转租的建筑物不属于投资性房地产。<br>4. 企业自用房地产和作为存货的房地产不属于投资性房地产，比如企业拥有并自行经营的旅馆饭店，其经营目的主要是通过提供客房服务赚取服务收入，该旅馆饭店不确认为投资性房地产 | 能够单独计量（出售）的，出租部分确认为投资性房地产；不能单独计量（出售）的，不确认为投资性房地产 |

典型例题

【例4-7】（单选题）下列各项中，应作为投资性房地产核算的是（　　）。

A. 已出租的土地使用权

B. 租入再转租的建筑物

C. 房地产开发企业持有并准备增值后转让的商品房

D. 出租给本企业职工居住的自建宿舍楼

【答案】A

【解析】选项 B，租入后再转租的建筑物不能作为投资性房地产核算；选项 C，房地产开发企业持有并准备增值后转让的商品房属于存货；选项 D，出租给本企业职工的自建宿舍楼，作为自有固定资产核算，不属于投资性房地产。

## 考点5　投资性房地产的确认与计量★★★

| 情形 | | 成本模式 | 公允价值模式 |
|---|---|---|---|
| 初始确认（应当按照成本进行初始确认和计量） | 外购 | 应当按照取得时的实际成本进行初始计量，取得时的实际成本包括购买价款、相关税费和可直接归属于该资产的其他支出 | |
| | | 借：投资性房地产<br>　　贷：银行存款等 | 借：投资性房地产——成本<br>　　贷：银行存款等 |
| | 自行建造 | 自行建造的投资性房地产，其成本由建造该项资产达到预定可使用状态前发生的必要支出构成，包括土地开发费、建筑成本、安装成本、应予以资本化的借款费用、支付的其他费用和分摊的间接费用等 | |
| | | 借：投资性房地产<br>　　贷：银行存款等 | 借：投资性房地产——成本<br>　　贷：银行存款等 |
| | 自用房地产或存货转换为采用公允价值模式计量的投资性房地产 | 投资性房地产应当按照转换日的公允价值计量：<br>公允价值＜原账面价值，公允价值和账面价值的差额计入当期损益（公允价值变动损益）。<br>公允价值＞原账面价值，公允价值和账面价值的差额计入其他综合收益 | |
| | 自用房地产或存货转换为采用成本模式计量的投资性房地产 | 1. 自用房地产→成本模式计量的投资性房地产：<br>借：投资性房地产<br>　　累计折旧（摊销）<br>　　固定资产（无形资产）减值准备<br>　　贷：固定资产/无形资产<br>　　　　投资性房地产累计折旧（摊销）<br>　　　　投资性房地产减值准备<br>2. 作为存货的房地产→成本模式计量的投资性房地产：<br>借：投资性房地产<br>　　存货跌价准备<br>　　贷：开发产品 | |

续表

| 情形 | | 成本模式 | 公允价值模式 |
|---|---|---|---|
| 后续计量（后续计量时，通常应当采用成本模式，满足特定条件的情况下也可以采用公允价值模式） | 计提折旧或摊销 | 借：其他业务成本<br>　　贷：投资性房地产累计折旧（摊销） | 不计提折旧或摊销 |
| | 计提减值 | 借：资产减值损失<br>　　贷：投资性房地产减值准备 | 不计提减值准备 |
| | 公允价值变动 | 借：投资性房地产——公允价值变动<br>　　贷：公允价值变动损益（或作相反分录） | 不涉及 |
| | 确认租金收入 | 借：其他应收款（或银行存款）<br>　　贷：其他业务收入 | |
| 处置核算 | 结转成本 | 借：其他业务成本<br>　　投资性房地产累计折旧（摊销）<br>　　投资性房地产减值准备<br>　　贷：投资性房地产 | 借：其他业务成本<br>　　贷：投资性房地产——成本<br>　　　　　　　　　　——公允价值变动<br>（“投资性房地产——公允价值变动”有可能在借方） |
| | 收到价款 | 借：银行存款<br>　　贷：其他业务收入 | |

**典型例题**

**【例4-8】**（单选题）下列关于投资性房地产初始计量的表述中，不正确的是（　　）。

A. 外购投资性房地产的成本，包括购买价款、相关税费和可直接归属于该资产的其他支出

B. 采用成本模式进行后续计量的外购投资性房地产，应当按照实际成本进行初始计量

C. 自行建造投资性房地产的成本，由建造该项资产达到预定可使用状态前所发生的必要支出构成

D. 自用房地产转换为采用公允价值模式计量的投资性房地产时，公允价值和原账面价值的贷方差额计入公允价值变动损益

**【答案】** D

**【解析】** 自用房地产转换为采用公允价值模式计量的投资性房地产，公允价值大

于原账面价值，公允价值和账面价值的差额（即贷方差额）计入其他综合收益。

【例4-9】（单选题）甲公司将其采用成本模式计量的投资性房地产（厂房）于租赁期届满后出售，取得价款2 000万元，该房地产的成本为1 000万元。出售时，"投资性房地产累计折旧"科目贷方余额为600万元。不考虑其他因素，甲公司因出售投资性房地产影响当期营业利润的金额为（    ）万元。

A. 1 600          B. 1 000          C. 3 000          D. 2 000

【答案】A

【解析】出售投资性房地产的分录如下：

借：银行存款                                                      2 000

　　贷：其他业务收入                                              2 000

借：其他业务成本                                                    400

　　投资性房地产累计折旧                                          600

　　贷：投资性房地产                                              1 000

甲公司因出售投资性房地产影响当期营业利润的金额=2 000-400=1 600（万元），选项A正确。

【例4-10】（多选题）企业自用房地产转换为以公允价值模式计量的投资性房地产，关于转换日公允价值与原账面价值的差额，以下对应科目及方向正确的有（    ）。

A. 其他综合收益；借方差额

B. 其他综合收益；贷方差额

C. 公允价值变动损益；借方差额

D. 公允价值变动损益；贷方差额

【答案】BC

【解析】企业将自用房地产转换为以公允价值模式计量的投资性房地产时，转换日公允价值与原账面价值的差额，如果是借方差额，则计入公允价值变动损益，如果是贷方差额，则计入其他综合收益，选项B、C正确。

### 考点6　固定资产的核算★★★

| 项目 | 内　　容 |
| --- | --- |
| 概述 | 1. 固定资产是指同时具有以下特征的有形资产：<br>（1）企业持有固定资产的目的，是用于生产商品、提供劳务、出租或经营管理而持有，不是直接用于出售。<br>（2）使用固定资产的期限超过一个会计年度。<br>2. 账户设置：工程物资、在建工程、固定资产、累计折旧、固定资产清理、固定资产减值准备、在建工程减值准备、工程物资减值准备、待处理财产损溢、以前年度损益调整等 |

| 项目 | 内　　容 |
|------|----------|
| 外购固定资产初始计量 | 外购成本＝买价＋相关税费＋可归属的运输费、装卸费、安装费、专业人员服务费等<br>1. 购入不需安装固定资产。<br>借：固定资产（取得成本，即买价、运输费、装卸费和服务费等）<br>　　应交税费——应交增值税（进项税额）（固定资产和其他费用的增值税进项税额之和）<br>　　　贷：银行存款（或应付账款）<br>2. 购入需安装固定资产。<br>（1）安装调试阶段：<br>借：在建工程（取得成本，即买价、运输费、装卸费和服务费等）<br>　　应交税费——应交增值税（进项税额）（固定资产和其他费用的增值税进项税额之和）<br>　　　贷：银行存款（或应付账款）<br>借：在建工程（安装调试成本）<br>　　应交税费——应交增值税（进项税额）（安装调试费用的增值税进项税额）<br>　　　贷：银行存款（或应付账款）<br>借：在建工程（耗用本单位材料和人工成本）<br>　　　贷：原材料<br>　　　　　应付职工薪酬<br>（2）安装完成时：<br>借：固定资产<br>　　　贷：在建工程<br>【注意】企业作为小规模纳税人，购入固定资产发生的增值税进项税额应计入固定资产成本，借记"固定资产"或"在建工程"科目。 |
| 自建固定资产初始计量 | 建造固定资产通过"在建工程"科目核算：<br>1. 自营工程。<br>（1）购入工程物资：<br>借：工程物资<br>　　应交税费——应交增值税（进项税额）<br>　　　贷：银行存款（或应付账款）<br>（2）领用工程物资：<br>借：在建工程<br>　　　贷：工程物资<br>（3）领用本企业商品：<br>借：在建工程<br>　　　贷：库存商品<br>（4）支付工程其他费用：<br>借：在建工程<br>　　应交税费——应交增值税（进项税额）<br>　　　贷：银行存款<br>（5）完工转入固定资产：<br>借：固定资产<br>　　　贷：在建工程 |

| 项　目 | 内　　　容 |
|---|---|
| 自建固定资产初始计量 | 2. 出包工程。<br>（1）支付工程款：<br>借：在建工程<br>　　应交税费——应交增值税（进项税额）<br>　　贷：银行存款（或应付账款）<br>（2）工程完工：<br>借：固定资产<br>　　贷：在建工程 |
| 计提折旧 | 1. 折旧范围。<br>不需要计提折旧的：（1）已提足折旧仍继续使用的固定资产；（2）单独入账的土地；（3）提前报废的固定资产；（4）固定资产更新改造期间。<br>2. 折旧影响因素。<br>（1）固定资产原价；（2）预计净残值；（3）固定资产减值准备；（4）固定资产的使用寿命。<br>**3. 折旧时间**。<br>当月增加，当月不提，下月开始提折旧；<br>当月减少，当月照提，下月开始不提。<br>**4. 折旧方法**。<br>（1）年限平均法：年折旧额＝（固定资产原价－预计净残值）÷预计使用寿命（年）<br>（2）工作量法：单位工作量折旧额＝［固定资产原价×（1－预计净残值率）］÷预计总工作量<br>（3）双倍余额递减法：年折旧率＝2÷预计使用寿命（年）×100%<br>折旧额＝每个折旧年度年初固定资产账面净值×年折旧率<br>（4）年数总和法：年折旧率＝尚可使用年限÷预计使用寿命的年数总和×100%<br>年折旧额＝（固定资产原价－预计净残值）×年折旧率<br>5. 账务处理。<br>借：在建工程（自行建造固定资产过程中使用的固定资产）<br>　　其他业务成本（经营租出）<br>　　制造费用（基本生产车间）<br>　　销售费用（销售部门）<br>　　管理费用（管理部门）<br>　　贷：累计折旧 |
| 更新改造与日常修理 | 1. 更新改造支出：符合资本化条件的记入"在建工程"科目，最终计入固定资产成本；不符合固定资产资本化后续支出条件的固定资产日常修理费用，在发生时应当按照受益对象计入当期损益或计入相关资产的成本。<br>【注意】如有被替换部分，应同时将被替换部分的账面价值（而不是原值，要扣除折旧）从该固定资产原账面价值中扣除。<br>2. 日常修理支出：费用化，计入当期损益。<br>借：管理费用（行政管理部门）<br>　　销售费用（专设销售机构）<br>　　贷：银行存款 |

续表

| 项目 | 内　　容 |
|---|---|
| 固定资产减值 | 资产负债表日测试，可收回金额低于账面价值时：<br>借：资产减值损失——固定资产减值损失<br>　　贷：固定资产减值准备<br>【注意】固定资产减值损失一经确认，以后会计期间不得转回。<br>处置固定资产，应同时结转已计提的固定资产减值准备 |
| 固定资产清查 | 1. 盘亏。<br>报批前：<br>借：待处理财产损溢<br>　　累计折旧<br>　　固定资产减值准备<br>　　贷：固定资产<br>转出不可抵扣进项税额：<br>借：待处理财产损溢<br>　　贷：应交税费——应交增值税（进项税额转出）<br>报批后：<br>借：其他应收款（责任人或保险公司赔偿）<br>　　营业外支出（盘亏损失）<br>　　贷：待处理财产损溢<br>2. 盘盈。<br>报批前：<br>借：固定资产（重置成本）<br>　　贷：以前年度损益调整<br>报批后，由于以前年度损益调整而增加的所得税费用：<br>借：以前年度损益调整<br>　　贷：应交税费——应交所得税<br>报批后，将以前年度损益调整科目余额转入留存收益：<br>借：以前年度损益调整<br>　　贷：盈余公积<br>　　　　利润分配——未分配利润 |
| 处置固定资产 | 1. 固定资产转入清理。<br>借：固定资产清理<br>　　累计折旧<br>　　固定资产减值准备<br>　　贷：固定资产（账面原价）<br>2. 结算清理费用等。<br>借：固定资产清理<br>　　应交税费——应交增值税（进项税额）<br>　　贷：银行存款<br>3. 收回出售固定资产价款、残料价值和变价收入。<br>借：银行存款（收回价款）<br>　　原材料（残料）<br>　　贷：固定资产清理<br>　　　　应交税费——应交增值税（销项税额） |

续表

| 项目 | 内　容 |
|------|--------|
| 处置固定资产 | 4. 确认应收责任单位（或个人）赔偿损失。<br>借：其他应收款<br>　　贷：固定资产清理<br>5. 结转清理净损益。<br>（1）因生产经营期间已丧失使用功能或因自然灾害发生毁损等原因而报废清理：<br>①属于生产经营期间已丧失使用功能报废清理（正常原因）：<br>如为净损失：<br>借：营业外支出——非流动资产处置损失<br>　　贷：固定资产清理<br>如为净收益：<br>借：固定资产清理<br>　　贷：营业外收入——非流动资产处置利得<br>②因自然灾害发生毁损（非正常原因）：<br>借：营业外支出——非常损失<br>　　贷：固定资产清理<br>（2）因出售、转让等原因而处置固定资产：<br>如为净损失：<br>借：资产处置损益<br>　　贷：固定资产清理<br>如为净收益：<br>借：固定资产清理<br>　　贷：资产处置损益 |

典型例题

**【例4-11】**（多选题）下列各项中，企业应计提折旧的资产有（　　）。

A. 日常维修停用的设备

B. 已达到预定可使用状态但尚未办理竣工决算的办公楼

C. 已提足折旧仍继续使用的厂房

D. 单独计价入账的土地

**【答案】** AB

**【解析】** 选项 C 错误，固定资产提足折旧后，不论能否继续使用，均不再计提折旧。选项 D 错误，单独计价入账的土地，不计提折旧。

**【例4-12】**（单选题）某企业为增值税一般纳税人，销售商品适用的增值税税率为13%。2×23年10月，自营建造厂房一幢，领用本企业生产的水泥一批，实际成本为100 000元，不考虑其他因素，下列各项中，该企业自营建造厂房领用自产水泥的会计处理正确的是（　　）。

A. 借：在建工程　　　　　　　　　　　　　　　　　　100 000

　　　　　贷：工程物资　　　　　　　　　　　　　　　　　　100 000

　　B. 借：在建工程　　　　　　　　　　　　　　　　113 000

　　　　　贷：库存商品　　　　　　　　　　　　　　　　　　100 000

　　　　　　　应交税费——应交增值税（销项税额）　　　　 13 000

　　C. 借：在建工程　　　　　　　　　　　　　　　　100 000

　　　　　贷：库存商品　　　　　　　　　　　　　　　　　　100 000

　　D. 借：在建工程　　　　　　　　　　　　　　　　113 000

　　　　　贷：库存商品　　　　　　　　　　　　　　　　　　100 000

　　　　　　　应交税费——应交增值税（进项税额转出）　　　 13 000

【答案】C

【解析】会计分录：

借：在建工程　　　　　　　　　　　　　　　　　　　　100 000

　　贷：库存商品　　　　　　　　　　　　　　　　　　　　100 000

【例4-13】（单选题）2×23年12月31日甲公司购入一台设备，入账价值为100万元，预计使用年限为5年，预计净残值为4万元，采用双倍余额递减法计提折旧，则该项设备2×25年应计提的折旧额为（　　）万元。

　　A. 25.6　　　　　B. 19.2　　　　　C. 40　　　　　D. 24

【答案】D

【解析】2×24年折旧额 = 100×2÷5 = 40（万元），2×25年折旧额 = (100-40)×2÷5 = 24（万元）。

【例4-14】（单选题）某企业一台机床由于技术更新等原因决定提前报废。该机床原价150万元，已计提折旧90万元，已计提减值准备40万元，残值变价收入为10万元，增值税税额为1.3万元。假定不考虑其他因素，该企业提前报废机床的相关会计处理结果不正确的是（　　）。

　　A. "固定资产"科目贷方登记150万元

　　B. "累计折旧"科目借方登记90万元

　　C. "固定资产减值准备"科目借方登记40万元

　　D. "资产处置损益"科目借方登记10万元

【答案】D

【解析】提前报废机床相关分录（金额用万元表示）：

（1）转入报废清理时：

借：固定资产清理　　　　　　　　　　　　　　　　　　　　20

　　累计折旧　　　　　　　　　　　　　　　　　　　　　　90

　　固定资产减值准备　　　　　　　　　　　　　　　　　　40

　　贷：固定资产　　　　　　　　　　　　　　　　　　　　　　　150

（2）收到变价收入时：

　　借：银行存款　　　　　　　　　　　　　　　　　　　　　　　11.3

　　　　贷：固定资产清理　　　　　　　　　　　　　　　　　　　10

　　　　　　应交税费——应交增值税（销项税额）　　　　　　　　1.3

（3）结转损益：

　　借：营业外支出　　　　　　　　　　　　　　　　　　　　　　10

　　　　贷：固定资产清理　　　　　　　　　　　　　　　　　　　10

选项 D，因固定资产正常报废清理产生的净损失记入"营业外支出"科目。

**【例 4 - 15】**（单选题）某企业出售一台旧设备，原价为 23 万元，已计提折旧 5 万元。出售该设备开具的增值税专用发票上注明的价款为 20 万元，增值税税额为 2.6 万元，以银行存款支付发生的清理费用 1.5 万元，不考虑其他因素，该企业出售设备应确认的净收益为（　　）万元。

　　A. - 2.9　　　　　　　B. 0.5　　　　　　　C. 20　　　　　　　D. 2

**【答案】**B

**【解析】**相关会计分录如下：

固定资产转入清理：

　　借：固定资产清理　　　　　　　　　　　　　　　　　　　　　18

　　　　累计折旧　　　　　　　　　　　　　　　　　　　　　　　5

　　　　　　贷：固定资产　　　　　　　　　　　　　　　　　　　23

收回出售价款：

　　借：银行存款等　　　　　　　　　　　　　　　　　　　　　　22.6

　　　　贷：固定资产清理　　　　　　　　　　　　　　　　　　　20

　　　　　　应交税费——应交增值税（销项税额）　　　　　　　　2.6

发生清理费用：

　　借：固定资产清理　　　　　　　　　　　　　　　　　　　　　1.5

　　　　贷：银行存款　　　　　　　　　　　　　　　　　　　　　1.5

结转清理净损益：

　　借：固定资产清理　　　　　　　　　　　　　　　　　　　　　0.5

　　　　贷：资产处置损益　　　　　　　　　　　　　　　　　　　0.5

**【例 4 - 16】**（多选题）下列业务中不需要通过"待处理财产损溢"账户核算的有（　　）。

　　A. 固定资产盘盈　　　　　　　　　　B. 无法收回的应收账款

　　C. 材料盘亏　　　　　　　　　　　　D. 产成品丢失

【答案】AB

【解析】选项A，固定资产盘盈通过"以前年度损益调整"科目进行核算；选项B，无法收回的应收账款的分录为：

借：坏账准备

　　贷：应收账款

【例4-17】（多选题）下列各项中，关于企业固定资产折旧方法的表述正确的有（　　）。

A. 年限平均法需要考虑固定资产的预计净残值

B. 年数总和法计算的固定资产折旧额逐年递减

C. 双倍余额递减法不需要考虑固定资产的预计净残值

D. 年数总和法不需要考虑固定资产的预计净残值

【答案】AB

【解析】在双倍余额递减法下，前几年计算折旧不考虑预计净残值，最后两年改为直线法要考虑预计净残值，选项C不正确；在年数总和法下，需要考虑预计净残值，选项D不正确。

【例4-18】（单选题）某企业盘盈一台生产设备，该设备重置成本为30 000元。该企业按净利润的10%提取法定盈余公积。不考虑相关税费等因素，该企业盘盈该台生产设备应确认的留存收益的金额为（　　）元。

A. 3 000　　　　　B. 30 000　　　　　C. 2 700　　　　　D. 27 000

【答案】B

【解析】本题考查固定资产盘盈的计算。会计分录为：

盘盈生产设备：

借：固定资产　　　　　　　　　　　　　　　　　　　30 000

　　贷：以前年度损益调整　　　　　　　　　　　　　　　　30 000

结转为留存收益时：

借：以前年度损益调整　　　　　　　　　　　　　　　30 000

　　贷：盈余公积——法定盈余公积（30 000×10%）　　　　3 000

　　　　利润分配——未分配利润　　　　　　　　　　　　27 000

留存收益包括盈余公积和未分配利润，所以该企业盘盈该台生产设备应确认的留存收益的金额＝3 000＋27 000＝30 000（元）。

【例4-19】（判断题）已达到预定可使用状态但尚未办理竣工决算的固定资产不应计提折旧。（　　）

【答案】×

【解析】已达到预定可使用状态但尚未办理竣工决算的固定资产，应当按照估计价值确定其成本，并计提折旧。

【例4-20】（不定项选择题）2×22年度甲公司发生如下交易或事项：

（1）1月3日，甲公司出售某办公楼，实际收取价款1 920万元，增值税税额为172.8万元，存入银行，该办公楼原价为3 000万元，采用年限平均法按20年计提折旧，预计净残值率为4%，出售时已计提折旧9年，未计提减值准备。

（2）7月2日，对厂房进行更新改造。该厂房原值为500万元，累计折旧为300万元，改造过程中发生可资本化的支出80万元。工程项目于10月20日完工，达到预定可使用状态。

（3）12月31日，经减值测试，应计提固定资产减值准备920万元。

要求：根据上述资料，不考虑其他因素，分析回答下列小题。

（1）根据资料（1），下列各项中，与办公楼折旧相关的表述正确的是（　　　）。

A. 该办公楼的预计净残值为96万元

B. 该办公楼的年折旧率为4.8%

C. 该办公楼的预计净残值为120万元

D. 该办公楼的年折旧率为5%

【答案】BC

【解析】该办公楼的预计净残值=办公楼原价×预计净残值率=3 000×4%=120（万元）。办公楼的年折旧率=（1-预计净残值率）÷预计使用寿命=（1-4%）÷20=4.8%。

（2）根据资料（1），下列各项中，甲公司出售该办公楼会计处理正确的是（　　　）。

A. 将出售办公楼转入清理时：

借：固定资产清理　　　　　　　　　　　　　　　　　　　1 704

　　累计折旧　　　　　　　　　　　　　　　　　　　　　1 296

　　　贷：固定资产　　　　　　　　　　　　　　　　　　　　　3 000

B. 收到出售办公楼价款时：

借：银行存款　　　　　　　　　　　　　　　　　　　　　2 092.8

　　　贷：固定资产清理　　　　　　　　　　　　　　　　　　　1 920

　　　　　应交税费——应交增值税（销项税额）　　　　　　　172.8

C. 结转清理净损益时：

借：固定资产清理　　　　　　　　　　　　　　　　　　　　216

　　　贷：营业外收入　　　　　　　　　　　　　　　　　　　　216

D. 结转清理净损益时：

借：固定资产清理　　　　　　　　　　　　　　　　　　　　216

　　　贷：资产处置损益　　　　　　　　　　　　　　　　　　　216

【答案】ABD

【解析】出售办公楼时，已计提9年折旧，累计折旧 = 3 000 × 4.8% × 9 = 1 296（万元）。处置净损益 = 1 920 − 1 704 = 216（万元）。出售固定资产净损益在"资产处置损益"科目中核算。

（3）根据资料（2），下列各项中，甲公司更新改造厂房达到预定可使用状态时的入账价值是（　　）万元。

A. 320　　　　　　　B. 300　　　　　　　C. 120　　　　　　　D. 280

【答案】D

【解析】厂房达到预定可使用状态时的入账价值 = 500 − 300 + 80 = 280（万元）。

（4）根据资料（3），2×22年12月31日甲公司计提固定资产减值准备会计处理正确的是（　　）。

A. 借：制造费用　　　　　　　　　　　　　　　　　　　920

　　　贷：固定资产减值准备　　　　　　　　　　　　　　　　920

B. 借：管理费用　　　　　　　　　　　　　　　　　　　920

　　　贷：固定资产减值准备　　　　　　　　　　　　　　　　920

C. 借：营业外支出　　　　　　　　　　　　　　　　　　920

　　　贷：固定资产减值准备　　　　　　　　　　　　　　　　920

D. 借：资产减值损失　　　　　　　　　　　　　　　　　920

　　　贷：固定资产减值准备　　　　　　　　　　　　　　　　920

【答案】D

【解析】固定资产减值准备计入资产减值损失。

## 考点7　无形资产的核算★★★

| 项目 | 内容 |
|---|---|
| 概述 | 1. 无形资产，是指企业拥有或者控制的没有实物形态的可辨认非货币性资产。<br>【注意】企业自创商誉以及内部产生的品牌、报刊名等无法与企业整体资产分离而存在，不具有可辨认性，不属于无形资产。<br>2. 无形资产包括专利权、非专利技术、商标权、著作权、土地使用权、特许权等 |
| 初始计量 | 1. 外购无形资产。<br>成本 = 购买价款 + 相关税费 + 直接归属于使该项资产达到预定可使用状态的其他支出<br>借：无形资产<br>　　应交税费——应交增值税（进项税额）<br>　　贷：银行存款 |

续表

| 项目 | 内　　容 |
|---|---|
| 初始计量 | 2. 自行研究开发。<br>【研究阶段】<br>（1）发生时：<br>借：研发支出——费用化支出<br>　　贷：银行存款/应付职工薪酬/原材料等<br>（2）月末（按月结转）：<br>借：管理费用<br>　　贷：研发支出——费用化支出<br>【开发阶段】<br>（1）发生时：<br>借：研发支出——资本化支出<br>　　　　　　——费用化支出（转入管理费用）<br>　　应交税费——应交增值税（进项税额）<br>　　贷：银行存款/应付职工薪酬/原材料等<br>（2）达到预定用途：<br>借：无形资产<br>　　贷：研发支出——资本化支出 |
| 摊销 | 摊销范围：使用寿命有限的无形资产应进行摊销，使用寿命不确定的无形资产不应摊销。<br>摊销时间：当月增加，当月摊销；当月减少，当月停止。<br>【快速记忆】和固定资产折旧相差一个月。<br>摊销方法：年限平均法（直线法）、生产总量法等。<br>摊销分录：<br>借：管理费用（企业自用）<br>　　制造费用（生产产品）<br>　　其他业务成本（出租）<br>　　贷：累计摊销 |
| 减值 | 借：资产减值损失<br>　　贷：无形资产减值准备<br>【注意】无形资产减值准备一经计提，以后期间不得转回。<br>处置无形资产时，应同时结转已计提的资产减值准备 |
| 出售 | 借：银行存款<br>　　累计摊销<br>　　无形资产减值准备<br>　　资产处置损益（可借可贷）<br>　　贷：无形资产<br>　　　　应交税费——应交增值税（销项税额） |
| 报废 | 借：累计摊销<br>　　无形资产减值准备<br>　　营业外支出——处置非流动资产损失<br>　　贷：无形资产 |

**典型例题**

【例4-21】（单选题）2×23年3月1日，某企业开始自行研发一项非专利技术，2×24年1月1日研发成功并达到预定可使用状态。该非专利技术研究阶段累计支出为300万元（均不含资本化条件），开发阶段的累计支出为800万元（其中不符合资本化条件的支出为200万元），不考虑其他因素，企业该非专利技术的入账价值为（　　）万元。

A. 800　　　　　　B. 900　　　　　　C. 1 100　　　　　　D. 600

【答案】D

【解析】开发阶段符合资本化条件的支出计入无形资产入账价值，研究阶段的支出不能计入无形资产的成本，因此入账价值=800-200=600（万元）。

【例4-22】（单选题）2×23年9月1日，某工业企业转让一项专利权，该专利权成本为250 000元，累计摊销50 000元。取得增值税专用发票上注明价款300 000元，增值税税额18 000元。不考虑其他因素，则下列关于转让专利权的会计处理结果正确的是（　　）。

A. 营业外收入增加300 000元　　　　B. 资产处置损益增加300 000元

C. 营业外收入增加100 000元　　　　D. 资产处置损益增加100 000元

【答案】D

【解析】会计分录为：

借：银行存款　　　　　　　　　　　　　　　　　318 000

　　累计摊销　　　　　　　　　　　　　　　　　 50 000

　　贷：无形资产　　　　　　　　　　　　　　　　　　250 000

　　　　应交税费——应交增值税（销项税额）　　　　　 18 000

　　　　资产处置损益　　　　　　　　　　　　　　　　100 000

【简易计算】损益=300 000（收入）-（250 000-50 000）（成本）=100 000（元）。

【例4-23】（多选题）下列各项中，关于企业内部研究开发无形资产相关支出的会计处理表述正确的有（　　）。

A. 无法区分研究阶段和开发阶段的支出，计入管理费用

B. 研究阶段发生的相关支出，结转计入无形资产成本

C. 开发阶段发生的符合资本化的支出，于研发成功时结转计入无形资产成本

D. 无形资产确认前资本化的研发支出，期末在资产负债表"开发支出"项目列报

【答案】ACD

【解析】研究阶段发生的相关支出，不符合资本化条件的应计入管理费用。

【例4-24】（单选题）某企业为增值税一般纳税人，出售一项专利权，开具的增值税专用发票上注明的价款为20万元，增值税税额为1.2万元，款项已收取，该

专利权的账面原价为 80 万元,已累计摊销 56 万元,未计提减值。不考虑其他因素,该企业出售专利权应确认的资产处置损益金额为（　　　）万元。

A. -5.2　　　　　B. -4　　　　　　C. 20　　　　　　D. -60

【答案】B

【解析】相关会计分录为:

借:银行存款 21.2
　　累计摊销 56
　　资产处置损益 4
　　贷:无形资产 80
　　　　应交税费——应交增值税（销项税额） 1.2

【例 4-25】（判断题）企业使用寿命确定的无形资产应自可供使用（即其达到预定用途）下月起开始摊销,处置当月照常摊销。（　　　）

【答案】×

【解析】对于使用寿命确定的无形资产应当自可供使用（即其达到预定用途）当月起开始摊销,处置当月不再摊销。

## 考点 8　长期待摊费用的核算 ★

| 项目 | 内　　容 | |
|---|---|---|
| 定义 | 企业已经发生但应由本期和以后各期负担的分摊期限在一年以上的各项费用,如以租赁方式租入的使用权资产发生的改良支出等 | |
| 核算 | 以租赁方式租入的使用权资产发生的改良支出 | 借:长期待摊费用<br>　　应交税费——应交增值税（进项税额）<br>　　贷:原材料<br>　　　　应付职工薪酬<br>　　　　生产成本——辅助生产成本（辅助生产车间提供劳务）<br>　　　　银行存款等 |
| | 摊销时 | 借:管理费用<br>　　销售费用<br>　　贷:长期待摊费用 |

**典型例题**

【例 4-26】（单选题）企业对租入的租期为 15 年的办公楼进行大规模装修改造,下列各项中,所发生的装修改造支出应记入的会计科目是（　　　）。

A. 固定资产　　　　　　　　　B. 管理费用

C. 营业外支出　　　　　　　　D. 长期待摊费用

【答案】D

【解析】长期待摊费用是指企业已经发生但应由本期和以后各期负担的分摊期限在 1 年以上的各项费用，如以租赁方式租入的使用权资产发生的改良支出等。

# 巩固练习

## 一、单项选择题

1. A 公司和 B 公司为同一集团下的两个子公司。2×22 年 6 月 30 日，A 公司以一项固定资产作为对价取得 B 公司 80% 的股权，另为企业合并支付了审计咨询等费用 80 万元。A 公司该项固定资产原值为 900 万元，预计使用年限为 8 年，至购买股权当日已经使用了 4 年，且当日该固定资产的公允价值为 700 万元。采用年限平均法计提折旧，预计净残值为 0。同日，B 公司相对于最终控制方而言的可辨认净资产账面价值总额为 900 万元，公允价值为 1 000 万元。假定 A 公司和 B 公司均采用相同的会计政策及会计期间，不考虑其他因素，则 A 公司取得该项长期股权投资的初始投资成本为（    ）万元。

    A. 700           B. 720           C. 800           D. 900

2. 2×22 年 6 月 30 日，甲公司以银行存款 1 000 万元及一项土地使用权取得其母公司控制的乙公司 80% 的股权，并于当日起能够对乙公司实施控制。合并日，该土地使用权的账面价值为 3 200 万元，公允价值为 4 000 万元；2×22 年 6 月 30 日，母公司合并报表中的调整后乙公司净资产账面价值为 6 250 万元。乙公司个别报表净资产的账面价值为 6 000 万元。假定甲公司和乙公司的会计年度和采用的会计政策相同，不考虑其他因素，甲公司的下列会计处理中，正确的是（    ）。

    A. 确认长期股权投资 5 000 万元，不确认资本公积

    B. 确认长期股权投资 5 000 万元，确认资本公积 800 万元

    C. 确认长期股权投资 4 800 万元，确认资本公积 600 万元

    D. 确认长期股权投资 4 800 万元，冲减资本公积 200 万元

3. 2×22 年 1 月 1 日，甲公司将自用的写字楼转换为以成本模式进行后续计量的投资性房地产。转换当日写字楼的账面余额为 5 000 万元，已计提折旧 500 万元，已计提固定资产减值准备 400 万元；公允价值为 4 200 万元。甲公司将该写字楼转为投资性房地产核算时的初始入账价值为（    ）万元。

  A. 4 100　　　　　　B. 4 200　　　　　　C. 4 600　　　　　　D. 5 000

  4. 2×22 年 12 月 31 日，甲公司以银行存款 12 000 万元外购一栋写字楼并立即出租给乙公司使用，租期 5 年，每年末收取租金 1 000 万元。该写字楼的预计使用年限为 20 年，预计净残值为 0，采用年限平均法计提折旧。甲公司对投资性房地产采用成本模式进行后续计量。2×23 年 12 月 31 日，该写字楼出现减值迹象，可收回金额为 11 200 万元。不考虑其他因素，与该写字楼相关的交易或事项对甲公司 2×23 年度营业利润的影响金额为（　　）万元。

  A. 400　　　　　　　B. 800　　　　　　　C. 200　　　　　　　D. 1 000

  5. A 公司原持有 B 公司 40% 的股权，2×22 年 12 月 31 日，A 公司决定出售所持有 B 公司全部股权，出售时 A 公司对 B 公司长期股权投资的账面价值为 12 800 万元，其中投资成本 9 600 万元，损益调整 2 400 万元，其他权益变动 800 万元。出售取得价款 17 000 万元。不考虑其他因素的影响，A 公司处置对 B 公司的长期股权投资时计入投资收益的金额为（　　）万元。

  A. 4 200　　　　　　B. 5 000　　　　　　C. 5 800　　　　　　D. 0

  6. 甲公司和乙公司是同一母公司最终控制下的两家公司。2×23 年 1 月 1 日，甲公司向其母公司发行 1 000 万股普通股，该普通股每股面值为 1 元，每股的公允价值为 3.6 元。取得母公司拥有乙公司 80% 的股权，于当日起能够对乙公司实施控制，乙公司当日净资产账面价值为 4 100 万元。合并后乙公司维持其独立法人的地位继续经营。合并日母公司合并报表中，乙公司的净资产账面价值为 4 000 万元，公允价值为 4 200 万元。假定合并前双方采用的会计政策及会计期间均相同。不考虑其他因素，甲公司应确认的长期股权投资初始投资成本为（　　）万元。

  A. 3 280　　　　　　B. 3 600　　　　　　C. 3 360　　　　　　D. 3 200

  7. 某企业为增值税一般纳税人，购入一台不需要安装的设备，增值税专用发票上注明的价款为 50 000 元，增值税税额为 6 500 元。另发生运输费和专业人员服务费，增值税专用发票注明运输费价款 1 000 元，增值税税额 90 元；专业人员服务费价款 500 元，增值税税额 30 元。不考虑其他因素，该设备的入账价值是（　　）元。

  A. 50 000　　　　　　B. 60 000　　　　　　C. 58 500　　　　　　D. 51 500

  8. 企业对其分类为投资性房地产的写字楼进行日常维护所发生的相关支出，应当计入的财务报表项目是（　　）。

  A. 管理费用　　　　　　　　　　　　B. 其他综合收益

  C. 营业外支出　　　　　　　　　　　D. 营业成本

  9. 2×23 年 3 月，甲企业与乙企业签订的一项厂房租赁合同即将到期。该厂房的账面原价为 2 000 万元，已计提折旧 600 万元。为了提高厂房的租金收入，甲企业决定在租赁期满后对厂房进行改扩建。3 月 15 日，与乙企业的租赁合同到期，厂房随即进入改扩建工程。12 月 10 日，厂房改扩建工程完工，共发生支出 150 万元，均符合资本化条件。即日出租给丙企业。甲企业采用成本模式对投资性房地产进行后续计量。该项投资性房地产改扩建后的入账价值为（    ）万元。

    A. 2 150        B. 1 550        C. 1 400        D. 2 000

10. 下列固定资产中，应计提折旧的是（    ）。

    A. 季节性停用的设备        B. 当月交付使用的设备

    C. 未提足折旧提前报废的设备    D. 已提足折旧继续使用的设备

11. 某固定资产使用年限为 5 年，在采用年数总和法计提折旧的情况下，第一年的年折旧率为（    ）。

    A. 20%        B. 33%        C. 40%        D. 50%

12. 企业购入三项没有单独标价的不需要安装的固定资产 A、B、C，实际支付的价款总额为 100 万元。其中固定资产 A 的公允价值为 60 万元，固定资产 B 的公允价值为 40 万元，固定资产 C 的公允价值为 20 万元。固定资产 A 的入账价值为（    ）万元。

    A. 60        B. 50        C. 100        D. 120

13. 下列各项中不属于其他业务成本核算内容的是（    ）。

    A. 出租的固定资产的折旧额    B. 销售材料的成本

    C. 管理用无形资产的摊销额    D. 出租包装物的成本或摊销额

14. 下列项目中，不能够确认为无形资产的是（    ）。

    A. 土地使用权        B. 商誉

    C. 专利权        D. 企业购买的非专利技术

15. 下列各项中，通过"长期待摊费用"科目核算的是（    ）。

    A. 行政管理部门发生的固定资产日常修理费用支出

    B. 专设销售机构发生的固定资产日常修理费用支出

    C. 经营租赁租入的使用权资产发生的改良支出

    D. 自有固定资产的改良支出

16. 某企业自行研发一项非专利技术，共发生研发支出 816 万元，其中研究阶段的支出为 288 万元，开发阶段符合资本化条件的支出为 336 万元，无法可靠区分研究阶段和开发阶段的支出为 192 万元，达到预定用途形成无形资产时，该项非专利技术的入账价值为（    ）万元。

    A. 336        B. 268        C. 604        D. 528

17. 某企业对其拥有的一台大型设备进行更新改造。该设备原价为 1 000 万元，已计提折旧 500 万元，更新改造过程中发生满足固定资产确认条件的支出为 700 万元，被替换部分账面价值为 100 万元。不考虑其他因素，该设备更新改造后的入账价值为（　　）万元。

    A. 1 100　　　　B. 1 200　　　　C. 1 600　　　　D. 1 700

## 二、多项选择题

1. 以下关于投资性房地产的说法中，不正确的有（　　）。

    A. 写字楼自用部分与出租部分如不能单独计量应整体确定为投资性房地产

    B. 企业将其拥有的办公大楼由自用转为收取租金收益时，应将其转为投资性房地产

    C. 企业对采用成本模式计量的投资性房地产进行改扩建期间应继续计提折旧或摊销

    D. 企业已采用公允价值模式进行后续计量，不得转为成本模式

2. 非同一控制下企业合并，购买方以发行权益性证券作为合并对价取得的长期股权投资，其相关的会计处理中不正确的有（　　）。

    A. 购买日应当按照发行权益性证券的公允价值作为其初始投资成本

    B. 按照发行权益性证券的面值作为长期股权投资的初始投资成本

    C. 按照发行权益性证券的面值作为"股本"科目的入账金额

    D. 为发行权益性证券支付的相关税费应计入长期股权投资的初始投资成本

3. 下列各项中，企业出售无形资产的会计处理表述正确的有（　　）。

    A. 按照已计提的累计摊销额借记"累计摊销"科目

    B. 按照已计提的减值准备借记"无形资产减值准备"科目

    C. 出售无形资产的净损失借记"营业外支出"科目

    D. 按照无形资产的账面余额贷记"无形资产"科目

4. 下列各项中，属于采用成本模式计量的自行建造投资性房地产的成本的有（　　）。

    A. 土地开发费　　　　　　　　B. 予以资本化的借款费用

    C. 建造过程中发生的非正常性损失　　D. 安装成本

5. 下列说法中，正确的有（　　）。

    A. 同一控制下企业合并过程中支付的审计费、评估费等相关税费应计入营业外支出

    B. 同一控制下企业合并过程中支付的审计费、评估费等相关税费应计入管理费用

    C. 非同一控制下企业合并过程中支付的审计费、评估费等相关税费应计入管

理费用

  D. 企业以非企业合并方式形成的长期股权投资，实质是进行权益投资性质的商业交易

6. 下列各项影响债权投资摊余成本的有 (　　　)。

  A. 已偿还的本金

  B. 采用实际利率法计算的累计摊销额

  C. 已计提的累计信用减值准备

  D. 取得债权投资时包含的已到付息期但尚未领取的债券利息

7. 在采用自营方式建造房屋建筑物时，下列项目中应计入固定资产取得成本的有 (　　　)。

  A. 工程项目耗用的工程物资

  B. 工程领用本企业商品涉及的消费税

  C. 生产车间为工程提供的水、电等费用

  D. 企业行政管理部门为组织和管理生产经营活动而发生的费用

8. 下列各项固定资产，不应当计提折旧的有 (　　　)。

  A. 未使用的厂房

  B. 已单独计价入账的土地

  C. 短期租赁方式租入的机器设备

  D. 已提足折旧仍继续使用的固定资产

9. 某公司年末进行固定资产清查时，发现上年购入的一台设备未入账，其重置成本为 10 000 元，该公司按净利润的 10% 提取法定盈余公积。不考虑其他因素，下列各项中，该设备盘盈的会计处理正确的有 (　　　)。

  A. 借：以前年度损益调整       10 000

     贷：盈余公积——法定盈余公积    1 000

       利润分配——未分配利润    9 000

  B. 借：待处理财产损溢       10 000

     贷：营业外收入        10 000

  C. 借：固定资产        10 000

     贷：以前年度损益调整     10 000

  D. 借：固定资产        10 000

     贷：待处理财产损溢     10 000

10. 下列各项中，影响固定资产折旧的因素有 (　　　)。

  A. 预计净残值       B. 原价

  C. 已计提的减值准备     D. 使用寿命

11. 下列资产减值准备中，一经确认在相应资产持有期间内均不得转回的有（　　）。

　　A. 坏账准备　　　　　　　　　B. 固定资产减值准备

　　C. 存货跌价准备　　　　　　　D. 无形资产减值准备

12. "固定资产清理" 账户借方的核算内容包括（　　）。

　　A. 转入清理的固定资产的净值　B. 发生的清理费用

　　C. 结转的固定资产清理净损失　D. 结转的固定资产清理净收益

## 三、判断题

1. 企业出售投资性房地产应按照售价与账面价值的差额计入投资收益，同时一并结转持有期间确认的其他综合收益与公允价值变动损益。　　　　（　　）

2. 无形资产是企业拥有或者控制的没有实物形态的非货币性资产，分为可辨认和不可辨认的无形资产。　　　　　　　　　　　　　　　　　（　　）

3. 企业开发阶段的支出全部资本化，记入 "研发支出——资本化支出" 科目。

（　　）

4. 企业行政管理部门发生的固定资产日常修理费用应记入 "管理费用" 科目。

（　　）

5. 在权益法下，当被投资企业发生亏损时，投资企业一般不作账务处理；当被投资企业盈利时，投资企业应按持股比例计算应享有的份额并确认为投资收益。

（　　）

6. 对于企业取得的所有无形资产，均应当按期摊销。　　　　　　　（　　）

7. 企业因经营业务调整出售固定资产而发生的处置净损失，应记入 "营业外支出" 科目。　　　　　　　　　　　　　　　　　　　　　　　　（　　）

8. 对于已达到预定可使用状态但尚未办理竣工决算的固定资产，待办理竣工决算后，若实际成本与原暂估价值存在差异的，应调整已计提折旧。　（　　）

## 四、不定项选择题

1. 甲企业为增值税一般纳税人，适用的增值税税率为 13%，$2 \times 20 \sim 2 \times 22$ 年度发生的有关固定资产的经济业务如下：

（1）$2 \times 20$ 年 6 月 1 日，外购一条需要安装的生产线，增值税专用发票上注明买价 800 万元，增值税税额 104 万元，用银行存款支付其他安装费用 40 万元，增值税税额 3.6 万元。

（2）2×20年6月20日，该生产线达到预定可使用状态，采用直线法计提折旧，预计使用年限为10年，预计净残值为60万元。

（3）2×20年12月15日，公司决定对现有生产线进行改扩建，以提高其生产能力。其中被更换部件的账面价值为41万元，更换新部件的价值为50万元。2×20年12月31日，该生产线达到预定可使用状态。预计仍可使用10年，净残值为30万元。

（4）2×21年1月1日，将该生产线对外经营出租，租期为1年，每月租金为8万元。

（5）2×22年5月2日，甲企业将一台设备出售，该设备原值为420万元，已计提折旧70万元，取得处置收入400万元存入银行，支付处置费用10万元，假定不考虑相关税费的影响。

要求：根据上述资料，假定不考虑其他因素，分析回答下列小题。

（1）根据资料（1），下列账务处理正确的是（　　）。

　　A. 外购需要安装的生产线直接计入固定资产

　　B. 外购需要安装的生产线计入在建工程

　　C. 支付的其他安装费用计入管理费用

　　D. 计入资产的金额合计为840万元

（2）根据资料（2），下列表述正确的是（　　）。

　　A. 计提折旧的开始月份为6月

　　B. 计提折旧的开始月份为7月

　　C. 每月计提折旧金额为5万元

　　D. 每月计提折旧金额为6.5万元

（3）根据资料（3），关于对生产线的更新改造，下列表述正确的是（　　）。

　　A. 更新改造之前，生产线的账面价值为790万元

　　B. 更新改造之前，生产线的账面价值为801万元

　　C. 更新改造之后，生产线的账面价值为796万元

　　D. 更新改造之后，生产线的账面价值为810万元

（4）关于生产线的对外出租，下列说法正确的是（　　）。

　　A. 出租固定资产的收入应计入营业外收入8万元

　　B. 出租固定资产的收入应计入其他业务收入8万元

　　C. 出租的固定资产不必计提折旧

　　D. 每月计入其他业务成本的金额为6.5万元

（5）根据资料（5），处置设备影响的净损益为（　　）万元。

　　A. 115　　　　　　B. 120　　　　　　C. 25　　　　　　D. 40

2. 甲公司为增值税一般纳税人，无形资产有关业务如下：

（1）2×21年2月28日，甲公司开始自行研发一项行政管理用非专利技术，截至2×21年7月31日，用银行存款支付人工费100万元，经测试，该项研发活动已完成研究阶段。

（2）2×21年8月1日研发活动进入开发阶段，该阶段发生研究人员的薪酬支出80万元，领用材料成本100万元（不考虑增值税因素），全部符合资本化条件，2×21年12月1日，该项研发活动结束，最终开发形成一项非专利技术投入使用。该非专利技术预计可使用年限为5年，预计净残值为0，采用直线法摊销。

（3）2×22年1月1日，甲企业将该非专利技术出租给乙企业，双方约定租赁期限为2年，每月末收取租金3.5万元。

（4）2×23年12月31日，租赁期限届满，经减值测试，该非专利技术的可回收金额为85万元。

要求：根据上述资料，不考虑其他因素，分析回答下列小题。

（1）根据资料（1）~（2），甲企业自行研究开发无形资产的入账价值是（　　）万元。

    A. 150　　　　　　B. 170　　　　　　C. 180　　　　　　D. 210

（2）根据资料（1）~（3），下列各项中，关于甲企业该非专利技术摊销的会计处理表述正确的是（　　）。

    A. 应当自可供使用的下月起开始摊销

    B. 应当自可供使用的当月起开始摊销

    C. 该非专利技术出租前的摊销额应计入管理费用

    D. 摊销方法应当反映与该非专利技术有关的经济利益的预期实现方式

（3）根据资料（3），下列各项中，甲企业2×22年1月出租无形资产和收取租金的会计处理正确的是（　　）。

    A. 借：其他业务成本 3
         贷：累计摊销 3

    B. 借：管理费用 3
         贷：累计摊销 3

    C. 借：银行存款 3.5
         贷：其他业务收入 3.5

    D. 借：银行存款 3.5
         贷：营业外收入 3.5

（4）根据资料（4），甲企业非专利技术的减值金额是（　　）万元。

    A. 0　　　　　　B. 28　　　　　　C. 20　　　　　　D. 44

（5）根据资料（1）~（4），甲企业2×23年12月31日应列入资产负债表"无形资产"项目的金额是（    ）万元。

    A. 80        B. 82        C. 85        D. 88

3. 甲公司对投资性房地产采用公允价值模式进行后续计量，2×21～2×22年资料如下：

（1）2×21年3月1日，甲公司将一栋原作为固定资产的写字楼出租给乙公司并办妥相关手续，租期为18个月。当日，写字楼的公允价值为16 000万元，原值为15 000万元，已计提累计折旧的金额为3 000万元。

（2）2×21年3月31日，甲公司收到出租写字楼当月的租金125万元，存入银行。2×21年12月31日，该写字楼的公允价值为17 000万元。

（3）2×22年9月1日，租期已满，甲公司以17 500万元的价格出售该写字楼，价款已存入银行，出售满足收入确认条件，不考虑其他因素。

要求：根据上述资料，不考虑其他条件，分析回答下列小题。

（1）根据资料（1），2×21年3月1日甲公司出租该写字楼，正确的会计分录是（    ）。

    A. 借：投资性房地产                         16 000

          累计折旧                           3 000

            贷：固定资产                        15 000

               公允价值变动损益               4 000

    B. 借：投资性房地产                         16 000

          累计折旧                           3 000

            贷：固定资产                        15 000

               其他综合收益                 4 000

    C. 借：投资性房地产——成本                 16 000

          累计折旧                           3 000

            贷：固定资产                        15 000

               其他综合收益                 4 000

    D. 借：投资性房地产——成本                 16 000

          累计折旧                           3 000

            贷：固定资产                        15 000

               公允价值变动损益               4 000

（2）根据资料（2），2×21年3月31日，收到投资性房地产租金应记入（    ）科目。

    A. 主营业务收入                   B. 其他业务收入

    C. 资产处置收益                   D. 营业外收入

（3）根据资料（2），2×21 年 12 月 31 日甲公司账务处理影响的会计科目是（　　）。

　　A. 投资性房地产——公允价值变动　　B. 投资收益

　　C. 其他综合收益　　　　　　　　　　D. 公允价值变动损益

（4）根据资料（3），2×22 年 9 月 1 日甲公司出售该写字楼时，说法正确的是（　　）。

　　A. 处置收益应计入资产处置损益

　　B. 甲公司应将处置收入扣除账面价值后的金额计入当期损益

　　C. 处置投资性房地产时，原计入其他综合收益的部分应当转入处置当期损益

　　D. 处置投资性房地产时，将影响主营业务成本科目

（5）下列关于甲公司投资性房地产的说法中，正确的是（　　）。

　　A. 甲公司在后续资产负债表日，应根据资产减值要求对投资性房地产计提减值准备

　　B. 自用房地产转为公允价值模式计量的投资性房地产时，公允价值小于账面价值的差额，应计入公允价值变动损益

　　C. 投资性房地产的公允价值无法可靠取得，甲公司应从公允价值模式转为成本模式进行后续计量

　　D. 采用公允价值模式进行后续计量的投资性房地产不应计提折旧和摊销

## 巩固练习参考答案及解析

### 一、单项选择题

1. 【答案】B

【解析】A 公司取得 B 公司股权属于同一控制下企业合并，所以 A 公司取得该项长期股权投资的初始投资成本 = 900 × 80% = 720（万元）。

2. 【答案】B

【解析】同一控制下企业合并取得长期股权投资的入账价值 = 6 250 × 80% = 5 000（万元），应确认的资本公积 = 5 000 - （1 000 + 3 200）= 800（万元）。

3. 【答案】A

【解析】转换当日写字楼的账面价值 4 100 万元（5 000 - 500 - 400），自用写字

楼转换为以成本模式后续计量的投资性房地产，其遵循的原则为"对转"，转换当日投资性房地产的初始入账价值等于写字楼的账面价值，选项 A 正确。

4. 【答案】C

【解析】影响营业利润包括收取的租金、投资性房地产折旧，以及计提的减值准备；2×23 年应计提折旧 = 12 000 ÷ 20 = 600（万元），2×23 年 12 月 31 日的账面价值 = 12 000 − 600 = 11 400（万元），可收回金额为 11 200 万元，应计提减值准备 = 11 400 − 11 200 = 200（万元）；影响营业利润的金额 = 1 000 − 600 − 200 = 200（万元）。

5. 【答案】B

【解析】A 公司处置对 B 公司长期股权投资时计入投资收益的金额 = 17 000 − 12 800 + 800 = 5 000（万元）。

6. 【答案】D

【解析】本题考查的是同一控制下企业合并取得长期股权投资初始投资成本的确定。同一控制下企业合并取得的长期股权投资初始投资成本 = 合并日按取得被合并方所有者权益在最终控制方合并财务报表中的账面价值 × 持股比例 = 4 000 × 80% = 3 200（万元），选项 D 正确。

甲公司应编制的会计分录为：

| | | |
|---|---|---|
| 借：长期股权投资 | 3 200 | |
| 贷：股本 | | 1 000 |
| 资本公积——股本溢价 | | 2 200 |

7. 【答案】D

【解析】该设备入账价值 = 50 000 + 1 000 + 500 = 51 500（元）。

8. 【答案】D

【解析】投资性房地产日常维护所发生的相关支出应记入"其他业务成本"科目，在利润表中列示于"营业成本"项目。

9. 【答案】B

【解析】2×23 年 12 月 10 日该投资性房地产的入账价值 = (2 000 − 600) + 150 = 1 550（万元）。

10. 【答案】A

【解析】季节性停用的设备照提折旧。

11. 【答案】B

【解析】第一年折旧率 = 5 ÷ (1 + 2 + 3 + 4 + 5) × 100% = 33%。

12. 【答案】B

【解析】以一笔款项购入多项没有单独标价的固定资产，应当按照各项固定资产公允价值比例对总成本进行分配，分别确定各项固定资产的成本。则该题中固定资产 A 的入账价值 $= 100 \times [60 \div (60 + 40 + 20)] = 50$（万元）。

13. 【答案】C

【解析】管理用无形资产的摊销额计入管理费用。

14. 【答案】B

【解析】商誉是不可辨认的，所以不能作为无形资产确认。

15. 【答案】C

【解析】选项 A，行政管理部门发生的固定资产日常修理费用支出记入"管理费用"科目；选项 B，企业专设销售机构发生的固定资产日常修理费用支出记入"销售费用"科目；选项 D，自有固定资产发生的改良支出记入"在建工程"科目，最终计入固定资产成本。

16. 【答案】A

【解析】研究阶段的支出应计入当期损益，开发阶段符合资本化条件的计入成本，不符合资本化条件的计入当期损益。无法可靠区分研究阶段和开发阶段的支出应全部费用化计入当期损益。

17. 【答案】A

【解析】本题考查的是固定资产后续支出的会计处理。该设备更新改造后的入账价值 = 更新改造前固定资产的账面价值 + 更新改造支出 – 被替换部分的账面价值 = 1 000（固定资产原值）– 500（累计折旧）+ 700（更新改造支出）– 100（被替换部分的账面价值）= 1 100（万元），选项 A 正确；选项 B 错误，未扣除被替换部分的账面价值；选项 C 错误，未扣除累计折旧的金额；选项 D 错误，未扣除被替换部分和累计折旧的金额。

## 二、多项选择题

1. 【答案】AC

【解析】选项 A，写字楼自用部分与出租部分如不能单独计量，不确认为投资性房地产，选项 A 错误；选项 C，以成本模式计量的投资性房地产在开发期间的折旧或摊销与固定资产或无形资产的相关规定相同，均应暂停计提折旧或摊销。

2. 【答案】BD

【解析】以发行权益性证券取得的长期股权投资，应当按照发行权益性证券的公允价值作为其初始投资成本，选项 A 正确，选项 B 不正确；按照发行权益性证券的面值作为"股本"科目的入账金额，选项 C 正确；为发行权益性证券支付的相关税费应自权益性证券的溢价发行收入中扣除，选项 D 不正确。

3. 【答案】ABD

【解析】出售无形资产的会计处理：

借：银行存款

　　累计摊销

　　无形资产减值准备

　　贷：无形资产

　　　　应交税费——应交增值税（销项税额）

　　　　资产处置损益（差额，或在借方）

因此选项 C 错误，出售无形资产的净损失应借记"资产处置损益"科目。

4.【答案】ABD

【解析】选项 C 错误，建造过程中发生的非正常性损失直接计入当期损益，不计入建造成本。

5.【答案】BCD

【解析】同一控制下企业合并、非同一控制下企业合并过程中支付的审计费、评估费等相关税费均应记入"管理费用"科目，选项 A 错误，选项 B、C 正确；企业以非企业合并方式形成的长期股权投资，其实质是进行权益投资性质的商业交易，选项 D 正确。

6.【答案】ABC

【解析】企业取得符合债权投资定义的金融资产应当确认为债权投资。取得时应当按照购买价款和相关税费作为成本进行计量。实际支付价款中包含的已到付息期但尚未领取的债券利息，应当单独确认为应收利息，不计入债权投资的成本，所以选项 D 错误。持有期间的摊余成本应当以其初始确认金额扣除已偿还的本金、加上或减去采用实际利率法将该初始确认金额与到期日金额之间的差额进行摊销形成的累计摊销额、扣除计提的累计信用减值准备计算确定。

7.【答案】ABC

【解析】企业行政管理部门生产经营活动而发生的费用应该记入"管理费用"科目。

8.【答案】BCD

【解析】选项 A，未使用的厂房仍然需要计提折旧。选项 C，短期租赁方式租入的机器设备的所有权不属于企业，不需计提折旧。

9.【答案】AC

【解析】企业在财产清查中盘盈的固定资产，应当作为重要的前期差错进行会计处理。企业在财产清查中盘盈的固定资产，在按管理权限报经批准处理前，应先通过"以前年度损益调整"科目核算。盘盈的固定资产，应按重置成本确定其入账价值，借记"固定资产"科目，贷记"以前年度损益调整"科目；由于以前年度损益调整而增加的所得税费用，借记"以前年度损益调整"科目，贷记"应交税费——
应交所得税"科目；将以前年度损益调整科目余额转入留存收益时，借记"以前年
度损益调整"科目，贷记"盈余公积""利润分配——未分配利润"科目。

10.【答案】ABCD

【解析】影响固定资产折旧的因素包括：固定资产原价、预计净残值、固定资产
减值准备、固定资产的使用寿命。

11.【答案】BD

【解析】固定资产和无形资产减值准备一经计提，以后期间不得转回。

12.【答案】ABD

【解析】选项 A，借：固定资产清理

　　　　　　　累计折旧

　　　　　　贷：固定资产

选项 B，借：固定资产清理

　　　　　　贷：银行存款

选项 C，借：营业外支出/资产处置损益

　　　　　　贷：固定资产清理

选项 D，借：固定资产清理

　　　　　　贷：营业外收入/资产处置损益

## 三、判断题

1.【答案】×

【解析】企业出售投资性房地产，应按照其售价记到其他业务收入科目，同时将
其账面价值结转到其他业务成本科目。

2.【答案】×

【解析】无形资产具有可辨认性。

3.【答案】×

【解析】企业开发阶段发生的支出，符合资本化条件的才记入"研发支出——资
本化支出"科目。

4.【答案】√

【解析】企业行政管理部门发生的固定资产日常修理费用应记入"管理费用"科目。

5.【答案】×

【解析】权益法下，当被投资企业发生亏损时，投资企业也需要进行相应的处理。

6.【答案】×

【解析】对于使用寿命有限的无形资产，应进行摊销；使用寿命不确定的无形资产，不应摊销。

7. 【答案】×

【解析】企业出售固定资产的净损失，应记入"资产处置损益"科目。

8. 【答案】×

【解析】待办理竣工决算后，按照实际成本调整原暂估价值，不应该调整已经计提的折旧。

## 四、不定项选择题

1. （1）【答案】BD

【解析】由于生产线需要安装，所以通过在建工程核算。支付的安装费用计入在建工程。在建工程 = 800 + 40 = 840（万元）。

（2）【答案】BD

【解析】2×20 年 6 月 20 日：

借：固定资产                                                    840

　　贷：在建工程                                                    840

每月计提折旧 =（840 − 60）÷ 10 ÷ 12 = 6.5（万元）。

（3）【答案】BD

【解析】2×20 年 12 月已计提折旧额 = 6.5 × 6 = 39（万元）；

账面价值 = 840 − 39 = 801（万元）。

分录为：

借：在建工程                                                    801

　　累计折旧                                                      39

　　贷：固定资产                                                    840

更新改造之后的账面价值 = 801 + 50 − 41 = 810（万元）。

（4）【答案】BD

【解析】2×21 年 1 月 1 日，每月计算租金收入：

借：银行存款                                                      8

　　贷：其他业务收入                                                  8

借：其他业务成本                                                  6.5

　　贷：累计折旧                                                    6.5

每月计提折旧 =（810 − 30）÷ 10 ÷ 12 = 6.5（万元）。

（5）【答案】D

【解析】2×22 年 5 月 2 日处置设备的会计分录为：

借：固定资产清理 350

　　累计折旧 70

　　　贷：固定资产 420

借：银行存款 400

　　　贷：固定资产清理 400

借：固定资产清理 10

　　　贷：银行存款 10

借：固定资产清理 40

　　　贷：资产处置损益 40

【简易算法】净损益 = 售价 400 − 成本 350（420 − 70）− 费用 10 = 40（万元）。

2. （1）【答案】C

【解析】企业自行开发无形资产在研究阶段发生的支出不符合资本化条件，计入研发支出——费用化支出，最终计入管理费用。开发阶段符合资本化条件的支出计入研发支出——资本化支出，最终计入无形资产成本。所以甲企业自行研究开发无形资产的入账价值 = 80 + 100 = 180（万元）。

（2）【答案】BCD

【解析】选项 A，对于使用寿命有限的无形资产应当自可供使用的当月起开始摊销，处置当月不再摊销，选项 A 错误，选项 B 正确。该无形资产出租前供行政管理用，出租前其摊销金额应计入管理费用，选项 C 正确。企业选择无形资产的摊销方法，应当反映与该项无形资产有关的经济利益的预期实现方式，选项 D 正确。

（3）【答案】AC

【解析】出租无形资产的摊销金额计入其他业务成本，租金收入计入其他业务收入，每月摊销金额 = 180 ÷ 5 ÷ 12 = 3（万元）。所以会计分录为：

借：银行存款 3.5

　　　贷：其他业务收入 3.5

借：其他业务成本 3

　　　贷：累计摊销 3

（4）【答案】C

【解析】2×23 年 12 月 31 日，该无形资产已计提摊销金额 = 3 ×（1 + 12 × 2）= 75（万元）；

账面价值 = 180 − 3 ×（1 + 12 × 2）= 105（万元），可回收金额为 85 万元，所以计提减值金额 = 105 − 85 = 20（万元）。

借：资产减值损失　　　　　　　　　　　　　　　　　　　　　　　20

　　贷：无形资产减值准备　　　　　　　　　　　　　　　　　　　　　20

（5）【答案】C

【解析】列入资产负债表"无形资产"项目金额＝无形资产账面原值－无形资产累计摊销－无形资产减值损失＝180－75－20＝85（万元）。

3.（1）【答案】C

【解析】自用房地产或存货转换为采用公允价值模式计量的投资性房地产，该项投资性房地产应当按照转换日的公允价值计量。转换日的公允价值小于原账面价值的，其差额计入当期损益（公允价值变动损益）。转换日的公允价值大于原账面价值的，其差额作为其他综合收益核算。处置该项投资性房地产时，原计入其他综合收益的部分应当转入处置当期损益。

转换日，写字楼的公允价值为16 000万元，账面价值为12 000万元（15 000－3 000），转换日的公允价值大于原账面价值的，差额4 000元作为其他综合收益核算；以公允价值进行后续计量的投资性房地产成本应记入"投资性房地产——成本"科目，所以选项C正确。

（2）【答案】B

【解析】租金收入应记入"其他业务收入"科目。

（3）【答案】AD

【解析】采用公允价值模式对投资性房地产进行后续计量，企业应设置"投资性房地产——公允价值变动"科目及其"公允价值变动损益"科目，分别核算投资性房地产的成本和后续计量公允价值变动及其由公允价值变动而产生的损益。2×21年12月31日的会计分录为：

借：投资性房地产——公允价值变动　　　　　　　　　　　　1 000

　　贷：公允价值变动损益　　　　　　　　　　　　　　　　　1 000

（4）【答案】BC

【解析】处置投资性房地产时，设置"其他业务收入"和"其他业务成本"科目，核算处置收益和成本。所以处置收益应计入其他业务收入，处置成本应计入其他业务成本，选项A、D错误。

（5）【答案】BD

【解析】选项A，以公允价值模式进行后续计量的投资性房地产无须计提减值准备。选项C，同一企业只能采用一种模式对所有投资性房地产进行后续计量，不得同时采用两种计量模式，同时规定，企业可以从成本模式变更为公允价值模式，已采用公允价值模式不得转为成本模式。所以选项A、C错误。

# 第五章 负 债

## 考情分析

本章是比较重要的一章，负债包括流动负债和非流动负债，其中流动负债包括短期借款、应付及预收款项、应付职工薪酬、应交税费；非流动负债包括长期借款、应付债券和长期应付款。短期借款、其他应付款的考点比较单一，应付及预收款项需结合原材料采购、外购固定资产等知识点学习，应付股利需结合利润分配进行学习。本章历年考试分值在 10 分左右。

## 教材变化

2024 年教材本章内容主要变化有：删除了短期带薪缺勤；删除了差额征税的账务处理、增值税税控系统专用设备和技术维护费用抵减增值税税额的账务处理。

# 教材框架

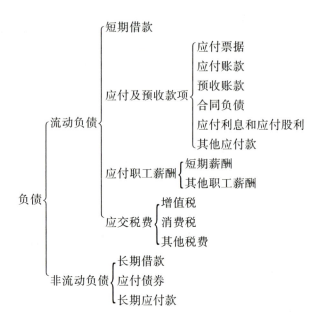

# 考点提炼

## 考点1　短期借款的核算 ★★★

| 项目 | 内　　容 |
| --- | --- |
| 核算对象 | 企业向银行或其他金融机构等借入的期限在 **1 年以下（含 1 年）** 的各种款项。<br>1. 向银行、其他非银行金融机构、其他单位和个人借入；<br>2. 借款期限：1 年以下（含 1 年）；<br>3. 借款目的：满足正常生产经营所需的资金 |
| 账户设置 | "短期借款"科目贷方登记取得借款本金的数额，借方登记偿还短期借款的本金数额，期末余额在贷方，反映企业尚未偿还的短期借款 |

续表

| 项目 | 内　　容 |
|---|---|
| 初始计量<br>（取得时） | 借：银行存款<br>　　贷：短期借款 |
| 后续计量<br>（利息） | 1. 短期借款利息按期支付（如按季），或者利息是借款到期时连本带息一起归还，并且金额较大的，企业应采用月末预提的方式进行短期借款利息的核算。<br>（1）计提时：<br>借：财务费用<br>　　贷：应付利息<br>（2）实际支付时：<br>借：应付利息<br>　　贷：银行存款<br>2. 短期借款利息按月支付，或者在借款到期时连本带息一起归还，数额不大的可以不采用预提的方法，而在实际支付或收到银行的计息通知时，直接计入当期损益。<br>借：财务费用<br>　　贷：银行存款 |
| 偿还计量<br>（到期归还） | 借：短期借款<br>　　贷：银行存款 |

**典型例题**

【例5-1】（单选题）2×23年7月1日，某企业向银行借入一笔生产经营用短期借款200万元，期限为6个月，年利率为4.5%，本金到期一次归还，利息按月计提、按季度支付，不考虑其他因素。假定9月20日收到计息通知，则下列各项中，该企业9月20日支付利息的会计处理正确的是（　　）。

A. 借：财务费用　　　　　　　　　　　　　　　　20 000
　　　贷：银行存款　　　　　　　　　　　　　　　　　20 000
B. 借：财务费用　　　　　　　　　　　　　　　　5 000
　　　应付利息　　　　　　　　　　　　　　　　15 000
　　　贷：银行存款　　　　　　　　　　　　　　　　　20 000
C. 借：财务费用　　　　　　　　　　　　　　　　5 000
　　　短期借款　　　　　　　　　　　　　　　　15 000
　　　贷：银行存款　　　　　　　　　　　　　　　　　20 000
D. 借：短期借款　　　　　　　　　　　　　　　　20 000
　　　贷：银行存款　　　　　　　　　　　　　　　　　20 000

【答案】B

【解析】7月、8月计提利息时：

借：财务费用　　　　　　　　　　　　　　　　　　7 500

| | | 7 500 |
|---|---|---|
| | 贷：应付利息 | 7 500 |

9 月 20 日支付利息时：

借：财务费用             5 000

应付利息             15 000

贷：银行存款         20 000

9 月末计提 9 月后 10 天利息时：

借：财务费用             2 500

贷：应付利息         2 500

## 考点 2　应付票据的核算 ★★★

| 项目 | 内　　容 |
|---|---|
| 核算对象 | 1. 企业因购买材料、商品或接受服务等而开出、承兑的商业汇票；<br>2. 商业汇票包括商业承兑汇票和银行承兑汇票；<br>3. 商业汇票的付款期限**不超过 6 个月** |
| 账户设置 | 1. "应付票据"科目贷方登记开出、承兑汇票的面值，借方登记支付票据的金额，期末余额在贷方，反映企业尚未到期的商业汇票的票面金额；<br>2. 企业应当设置"应付票据备查簿"；<br>3. 按照开出、承兑的应付票据的面值入账 |
| 初始计量<br>（开出应<br>付票据） | 1. 因购进材料、商品和接受服务等而开出、承兑的商业汇票：<br>借：原材料/材料采购/在途物资等<br>　　应交税费——应交增值税（进项税额）<br>　　　贷：应付票据<br>2. 开出商业汇票偿还前欠货款：<br>借：应付账款<br>　　　贷：应付票据<br>3. 开出银行承兑汇票支付的**手续费**：<br>借：**财务费用**<br>　　应交税费——应交增值税（进项税额）<br>　　　贷：银行存款 |
| 偿还计量<br>（偿还应<br>付票据） | 1. 票据到期，偿还应付票据：<br>借：应付票据<br>　　　贷：银行存款<br>2. 票据到期，企业**无力偿还**应付票据：<br>**商业承兑汇票：**<br>借：应付票据（账面余额）<br>　　　贷：**应付账款**<br>**银行承兑汇票：**<br>借：应付票据（账面余额）<br>　　　贷：**短期借款** |

【例5－2】（判断题）企业应偿还的银行承兑汇票到期，无力支付票款，应将应付票据账面余额转作其他应付款。（　　）

【答案】×

【解析】企业应偿还的银行承兑汇票到期，无力支付票款，应将应付票据账面余额转作短期借款。

## 考点3　应付账款的核算★★★

| 项目 | 内 容 |
|------|------|
| 核算对象 | 企业因购买材料、商品或接受服务等经营活动而应付给供应单位的款项 |
| 账户设置 | "应付账款"科目贷方登记应付未付款项的增加，借方登记应付未付款项的减少，期末贷方余额反映企业尚未支付的应付账款余额。<br>本科目应按照债权人设置明细科目进行明细核算 |
| 初始计量（发生应付账款） | 1. 购进材料、商品等，但货款尚未支付：<br>借：原材料/材料采购/在途物资等<br>　　应交税费——应交增值税（进项税额）<br>　　　贷：应付账款<br>2. 接受供应单位提供而发生的应付未付款项：<br>借：生产成本/管理费用<br>　　应交税费——应交增值税（进项税额）<br>　　　贷：应付账款 |
| 偿还计量（偿还应付账款） | 1. 偿还应付账款时：<br>借：应付账款<br>　　　贷：银行存款<br>2. 开出商业汇票抵付应付账款：<br>借：应付账款<br>　　　贷：应付票据 |
| 后续计量（转销应付款） | 转销确实无法支付的应付账款：<br>借：应付账款<br>　　　贷：营业外收入 |

【例5－3】（判断题）企业转销无法支付的应付账款时，应按其账面余额冲减管理费用。（　　）

【答案】×

【解析】企业转销无法支付的应付账款时，应按其账面余额计入营业外收入。

## 考点4 预收账款的核算★★

| 项目 | 内　　容 |
| --- | --- |
| 核算对象 | 企业按照合同规定预收的款项 |
| 账户设置 | "预收账款"科目贷方登记发生的预收账款金额，借方登记企业冲销的预收账款金额。期末贷方余额，反映企业预收的款项，如为借方余额，反映企业尚未转销的款项。<br>本科目一般应当按照客户设置明细科目进行明细核算。 |
| 取得预收账款（如涉及增值税） | 借：银行存款等<br>　　贷：预收账款（全部预收款扣除应交增值税的差额）<br>　　　　应交税费——应交增值税（销项税额） |
| 分期确认收入 | 借：预收账款<br>　　贷：主营业务收入/其他业务收入 |
| 偿付预收账款 | 1. 收到补付货款：<br>借：银行存款等<br>　　贷：预收账款<br>　　　　应交税费——应交增值税（销项税额）<br>2. 返还多收的货款：<br>借：预收账款<br>　　应交税费——应交增值税（销项税额）<br>　　贷：银行存款等 |

典型例题

【例5-4】（判断题）"预收账款"科目借方登记发生的预收账款金额，贷方登记企业冲销的预收账款金额。（　　）

【答案】×

【解析】"预收账款"科目贷方登记发生的预收账款金额，借方登记企业冲销的预收账款金额。

## 考点 5 应付股利的核算 ★ ★

| 项目 | 内　容 |
| --- | --- |
| 核算对象 | 企业根据股东大会或类似机构审议批准的利润分配方案确定分配给投资者的现金股利或利润 |
| 账户设置 | "应付股利"科目贷方登记应支付的现金股利或利润，借方登记实际支付的现金股利或利润，期末贷方余额反映企业应付未付的现金股利或利润。<br>本科目应按照投资者设置明细科目进行明细核算 |
| 初始计量 | 企业根据股东大会或类似机构审议批准的利润分配方案，确定应付给投资者的现金股利或利润时：<br>借：利润分配——应付现金股利或利润<br>　　贷：应付股利 |
| 支付计量 | 向投资者实际支付现金股利或利润时：<br>借：应付股利<br>　　贷：银行存款 |

【要点】1. 企业董事会或类似机构通过的利润分配方案中拟分配的现金股利或利润，不需要进行账务处理，但应在附注中披露。
2. 企业分配的股票股利不通过"应付股利"科目核算。其会计处理如下：
借：利润分配——转作股本的股利
　　贷：股本

**典型例题**

【例 5－5】（判断题）企业根据股东大会或类似机构审议批准的利润分配方案中确认分配的股票股利，应通过"应付股利"科目核算。（　　）

【答案】×

【解析】企业分配的股票股利不通过"应付股利"科目核算，现金股利应通过"应付股利"科目核算。

## 考点 6 其他应付款 ★

| 项目 | 内　容 |
| --- | --- |
| 核算对象 | 企业除应付票据、应付账款、预收账款、应付职工薪酬、应交税费、应付利息、应付股利等经营活动以外的其他各种应付、暂收款项，如应付短期租赁固定资产租金、应付低价值资产租赁的租金、应付租入包装物租金、出租或出借包装物向客户收取的押金、存入保证金等 |

续表

| 项目 | 内　　容 | |
|------|---------|---|
| 账户设置 | "其他应付款"科目贷方登记发生的各种应付、暂收款项，借方登记偿还或转销的各种应付、暂收款项。期末余额在贷方，反映企业应付未付的其他应付款项 | |
| 账务处理 | 发生其他各种应付、暂收款项时 | 借：管理费用等<br>　　贷：其他应付款 |
| | 支付或退回时 | 借：其他应付款<br>　　贷：银行存款 |

典型例题

【例5-6】（多选题）下列选项中应计入其他应付款的有（　　）。

A. 租入包装物支付的押金　　　　　B. 应支付的合同违约金

C. 租入包装物应支付的租金　　　　D. 购销合同预收的货款

【答案】BC

【解析】选项A，租入包装物支付的押金应计入其他应收款；选项D，购销合同预收的货款应计入预收账款。

## 考点7　应付职工薪酬核算范围★★

| 项目 | 内　　容 | |
|------|---------|---|
| 定义 | 企业为获得职工提供的服务或解除劳动关系而给予的各种形式的报酬或补偿 | |
| 核算范围 | 短期薪酬 | 年度报告期间结束后**12个月内**需要全部予以支付的职工薪酬 |
| | | 1. 职工工资、奖金、津贴和补贴；<br>2. 职工福利费；<br>3. 医疗保险费、工伤保险费等社会保险费；<br>4. 住房公积金；<br>5. 工会经费和职工教育经费；<br>6. 短期带薪缺勤；<br>7. 短期利润分享计划；<br>8. 其他短期薪酬 |
| | 离职后福利 | 设定提存计划和设定受益计划 |
| | 辞退福利 | 劳动合同到期之前解除劳动关系，或者为鼓励职工自愿接受裁减而给予职工的补偿 |
| | 其他长期职工福利 | 长期带薪缺勤、长期残疾福利、长期利润分享计划 |

**典型例题**

【例 5－7】（单选题）下列各项中，不属于企业短期薪酬内容的是（    ）。

A. 支付给职工张华休产假期间的工资 10 000 元

B. 支付给职工李华生活困难补助 6 000 元

C. 为辞退职工王华而支付的补偿金 30 000 元

D. 为职工缴纳 7 月份的工伤保险费 100 000 元

【答案】C

【解析】选项 C 为辞退福利，不属于短期薪酬的内容。

## 考点 8　货币性职工薪酬的账务处理★★

| 项目 | 计提时 | 发放（支付）时 |
| --- | --- | --- |
| 职工工资、奖金、津贴、补贴 | 借：生产成本<br>　　制造费用<br>　　合同履约成本<br>　　管理费用等<br>　贷：应付职工薪酬——工资 | 借：应付职工薪酬——工资<br>　贷：银行存款（实付工资）<br>　　　其他应收款（代垫款项）<br>　　　应交税费——应交个人所得税 |
| 职工福利费 | 借：生产成本<br>　　制造费用<br>　　管理费用<br>　　销售费用等<br>　贷：应付职工薪酬——职工福利费 | 借：应付职工薪酬——职工福利费<br>　贷：银行存款 |
| 社会保险费、住房公积金、工会经费、职工教育经费 | 借：生产成本<br>　　制造费用<br>　　管理费用等<br>　贷：应付职工薪酬——社会保险费<br>　　　　　　　　——住房公积金<br>　　　　　　　　——工会经费<br>　　　　　　　　——职工教育经费 | 借：应付职工薪酬——社会保险费<br>　　（医疗保险、工伤保险）<br>　　　　　　　　——住房公积金<br>　　　　　　　　——工会经费<br>　　　　　　　　——职工教育经费<br>　贷：银行存款 |

**典型例题**

【例 5－8】（多选题）下列各项中，应通过"应付职工薪酬"科目核算的有（    ）。

A. 提取的工会经费

B. 计提的职工住房公积金

C. 计提的职工医疗保险费

D. 确认的职工福利费

【答案】ABCD

【解析】选项 A、B、C、D 均应通过"应付职工薪酬"科目核算。

## 考点 9　非货币性职工薪酬的账务处理 ★★★

| 项目 | 计提时 | 发放（支付）时 |
| --- | --- | --- |
| 自产产品作为非货币性福利发放给职工 | 借：生产成本<br>　　制造费用<br>　　管理费用等<br>　　贷：应付职工薪酬——非货币性福利 | 1. 确认收入（视同销售）<br>借：应付职工薪酬——非货币性福利<br>　　贷：主营业务收入<br>　　　　应交税费——应交增值税（销<br>　　　　　　项税额）<br>2. 结转产品成本<br>借：主营业务成本<br>　　贷：库存商品 |
| 将企业拥有的房屋等资产无偿提供给职工使用 | 借：生产成本<br>　　制造费用<br>　　管理费用等<br>　　贷：应付职工薪酬——非货币性福利 | 计提折旧时：<br>借：应付职工薪酬——非货币性福利<br>　　贷：累计折旧 |
| 租赁住房等资产供职工无偿使用 | 借：生产成本<br>　　制造费用<br>　　管理费用等<br>　　贷：应付职工薪酬——非货币性福利 | 支付房租时：<br>借：应付职工薪酬——非货币性福利<br>　　贷：银行存款 |

典型例题

【例 5-9】（单选题）某企业为增值税一般纳税人。2×23 年 12 月 25 日，向职工发放一批自产的空气净化器作为福利，该批产品售价为 10 万元，生产成本为 7.5 万元，按计税价格计算的增值税销项税额为 1.3 万元。不考虑其他因素，该笔业务应确认的应付职工薪酬为（　　）万元。

A. 7.5　　　　　　B. 11.3　　　　　　C. 10　　　　　　D. 9.2

【答案】B

【解析】确认非货币性职工福利时：

借：管理费用等　　　　　　　　　　　　　　　　　　　　　11.3

　　贷：应付职工薪酬——非货币性福利　　　　　　　　　　　11.3

实际发放时：

借：应付职工薪酬——非货币性福利　　　　　　　　　　　　11.3

　　贷：主营业务收入　　　　　　　　　　　　　　　　　　　10

　　　　应交税费——应交增值税（销项税额）　　　　　　　1.3

借：主营业务成本　　　　　　　　　　　　　　　　　　　　7.5

　　贷：库存商品　　　　　　　　　　　　　　　　　　　　7.5

**【例5-10】**（多选题）甲企业为增值税一般纳税人，适用的增值税税率为13%，2×23年3月甲企业以其生产的毛巾作为福利发放给直接从事生产活动的职工，该批毛巾的市场售价总额为45 000元（不含税价格），成本总额为30 000元。企业会计处理结果正确的有（　　　）。

　　A. 库存商品减少45 000元

　　B. 生产成本增加50 850元

　　C. 应通过"应付职工薪酬"科目核算

　　D. 主营业务成本增加30 000元

**【答案】**BCD

**【解析】**企业将生产的毛巾作为福利发放给职工的会计分录为：

借：生产成本　　　　　　　　　　　　　　　　　　　　　50 850

　　贷：应付职工薪酬——非货币性福利　　　　　　　　　　50 850

借：应付职工薪酬——非货币性福利　　　　　　　　　　　50 850

　　贷：主营业务收入　　　　　　　　　　　　　　　　　　45 000

　　　　应交税费——应交增值税（销项税额）　　　　　　　5 850

借：主营业务成本　　　　　　　　　　　　　　　　　　　30 000

　　贷：库存商品　　　　　　　　　　　　　　　　　　　30 000

**【例5-11】**（判断题）企业在资产负债表日为换取职工在会计期间提供的服务而应向单独主体缴存的提存金，确认为其他应付款。（　　　）

**【答案】**×

**【解析】**企业在资产负债表日为换取职工在会计期间提供的服务而应向单独主体缴存的提存金，应确认为应付职工薪酬。

**【例5-12】**（不定项选择题）某棉纺企业为增值税一般纳税人，适用的增值税税率为13%，2×23年6月1日，"应付职工薪酬"科目贷方余额为516 000元（全部为工资），该企业2×23年6月份发生的有关职工薪酬业务如下：

　　（1）1日，企业租入房屋4套供管理人员免费使用，月租金共计12 000元，每月月末支付租金，企业于当月31日以银行存款支付本月租金12 000元。

　　（2）5日，从月初应付职工薪酬中扣除企业为职工代垫的家庭医药费5 000元，通过银行转账实际发放工资511 000元。

　　（3）24日，企业以其生产的产品作为福利发放给直接从事生产活动的职工，该批产品市场售价总额为45 000元（不含税价格），成本总额为30 000元。

要求：根据上述资料，假定不考虑其他因素，分析回答下列小题。

（1）根据资料（1），下列各项中，该企业会计处理正确的是（　　）。

A. 借：管理费用　　　　　　　　　　　　　　　　12 000

　　　　贷：银行存款　　　　　　　　　　　　　　　　12 000

B. 借：管理费用　　　　　　　　　　　　　　　　12 000

　　　　贷：应付职工薪酬——非货币性福利　　　　　　12 000

C. 借：应付职工薪酬——非货币性福利　　　　　　12 000

　　　　贷：银行存款　　　　　　　　　　　　　　　　12 000

D. 借：应付职工薪酬——非货币性福利　　　　　　12 000

　　　　贷：管理费用　　　　　　　　　　　　　　　　12 000

【答案】BC

【解析】确认为管理人员提供租赁住房的非货币性福利时的会计分录为：

借：管理费用　　　　　　　　　　　　　　　　　　12 000

　　贷：应付职工薪酬——非货币性福利　　　　　　　　12 000

支付租赁住房租金时的会计分录为：

借：应付职工薪酬——非货币性福利　　　　　　　　12 000

　　贷：银行存款　　　　　　　　　　　　　　　　　　12 000

（2）根据资料（3），下列各项中，该企业会计处理结果正确的是（　　）。

A. 库存商品减少45 000元　　　　　　B. 生产成本增加50 850元

C. 制造费用增加37 650元　　　　　　D. 主营业务成本增加30 000元

【答案】BD

【解析】企业将生产的产品作为福利发放给职工的会计分录为：

借：生产成本　　　　　　　　　　　　　　　　　　50 850

　　贷：应付职工薪酬——非货币性福利　　　　　　　　50 850

借：应付职工薪酬——非货币性福利　　　　　　　　50 850

　　贷：主营业务收入　　　　　　　　　　　　　　　　45 000

　　　　应交税费——应交增值税（销项税额）　　　　　 5 850

借：主营业务成本　　　　　　　　　　　　　　　　30 000

　　贷：库存商品　　　　　　　　　　　　　　　　　　30 000

（3）下列项目中，属于"应付职工薪酬"科目核算内容的是（　　）。

A. 企业为职工缴纳的社会保险费

B. 企业为职工家属代垫的医药费

C. 企业为职工缴纳的住房公积金

D. 企业将自产产品作为福利发放给职工

【答案】ACD

【解析】企业为职工家属代垫的医药费通过"其他应收款"科目核算。

（4）根据资料（2），企业发放工资时为职工代垫的家庭医药费记入的科目是（ ）。

A. 应付职工薪酬

B. 应交税费

C. 其他应收款

D. 其他应付款

【答案】C

【例5-13】（不定项选择题）甲公司为增值税一般纳税人，每月15日发放上月工资。2×23年12月初，甲公司"应付职工薪酬——工资"科目的贷方余额为320万元，2×23年12月发生如下经济业务：

（1）3日，从乙商场购入电暖气100台作为非货币性职工福利发放给行政管理人员，取得的增值税专用发票注明的金额20万元，增值税税额2.6万元，上述款项以银行存款支付，增值税专用发票尚未经税务机关认证。

（2）15日，结算上月应付职工薪酬320万元。其中应付职工薪酬中代扣个人应缴纳的社会保险费（不含基本养老保险费和失业保险费）32万元、住房公积金为48万元，代扣代缴的职工个人所得税16万元，通过银行转账发放货币性职工薪酬224万元。

（3）31日，分配本月货币性职工薪酬320万元，其中车间生产工人150万元，车间管理人员60万元，行政管理人员40万元，销售人员70万元。

要求：根据上述资料，假定不考虑其他因素，分析回答下列小题。

（1）根据资料（1），下列会计处理中，正确的是（ ）。

A. 将非货币性福利确认为费用时：

借：管理费用                                                    20

    贷：应付职工薪酬——非货币性福利                              20

B. 购入电暖气时：

借：库存商品                                                    20

    应交税费——应交增值税（进项税额）                          2.6

    贷：银行存款                                                22.6

C. 增值税经税务机关认证不可抵扣时：

借：应交税费——应交增值税（进项税额）                          2.6

    贷：应交税费——待认证进项税额                              2.6

同时：

借：库存商品                                                   2.6

　　　　贷：应交税费——应交增值税（进项税额转出）　　　　　2.6

　　D. 发放非货币性福利时：

　　借：应付职工薪酬——非货币性福利　　　　　　　　　　22.6

　　　　贷：库存商品　　　　　　　　　　　　　　　　　　　22.6

【答案】CD

【解析】本题考查短期职工薪酬的账务处理——非货币性职工薪酬。

选项 A，12 月 3 日计提非货币性福利应作如下会计处理：

　　借：管理费用　　　　　　　　　　　　　　　　　　　　22.6

　　　　贷：应付职工薪酬——非货币性福利　　　　　　　　　22.6

选项 B，12 月 3 日购入电暖气应作如下会计处理：

　　借：库存商品　　　　　　　　　　　　　　　　　　　　20

　　　　应交税费——待认证进项税额　　　　　　　　　　　　2.6

　　　　贷：银行存款　　　　　　　　　　　　　　　　　　　22.6

　　（2）根据资料（2），下列各项中，甲公司结算并发放职工薪酬的会计科目处理正确的是（　　）。

　　A. 代扣职工个人应缴纳的住房公积金时，贷记"其他应付款——住房公积金"科目 48 万元

　　B. 代扣职工个人应缴纳的社会保险费时，贷记"应付职工薪酬——社会保险费"科目 32 万元

　　C. 结算并发放上月的应付职工薪酬时，借记"应付职工薪酬——工资"科目 320 万元

　　D. 通过银行转账发放货币性职工薪酬时，贷记"银行存款"科目 224 万元

【答案】ACD

【解析】本题考查短期职工薪酬的账务处理——国家规定计提标准的职工薪酬。代扣职工个人应缴纳的社会保险费时，贷记"其他应付款——社会保险费"科目 32 万元。

　　（3）根据资料（3），下列各项中，甲公司分配工资的会计处理结果正确的是（　　）。

　　A. 车间生产工人工资，借记"生产成本——直接人工"科目金额 150 万元

　　B. 车间管理人员和行政管理人员工资，借记"管理费用"科目金额 100 万元

　　C. 销售人员工资，借记"销售费用"科目金额 70 万元

　　D. 全体人员工资，贷记"应付职工薪酬——工资"科目金额 320 万元

【答案】ACD

【解析】本题考查短期职工薪酬的账务处理——货币性职工薪酬。车间管理人员的工资，应借记"制造费用"科目，选项 B 错误。

## 考点 10 应交税费的核算 ★★★

| 项目 | 内 容 |
|------|-------|
| 核算范围 | 1. 增值税；<br>2. 消费税；<br>3. 企业所得税；<br>4. 城市维护建设税；<br>5. 资源税；<br>6. 土地增值税；<br>7. 房产税；<br>8. 车船税；<br>9. 城镇土地使用税；<br>10. 教育费附加；<br>11. 契税；<br>12. 环境保护税等。<br>印花税、耕地占用税不需要预计应交税金，不通过"应交税费"科目核算 |
| 增值税 | 1. 增值税征税范围。<br>在我国境内销售货物、加工修理修配劳务、服务、无形资产和不动产以及进口货物的企业、单位和个人为增值税的纳税人。<br>2. 纳税人。<br>增值税纳税人分为一般纳税人和小规模纳税人。<br>3. 计税方法。<br>增值税计税方法分为一般计税方法和简易计税方法。一般计税方法如下：<br>当期应纳税额 = 当期销项税额 – 当期进项税额<br>销项税额 = 销售额 × 增值税税率<br>进项税额是纳税人当期购进货物、加工修理修配劳务、服务、无形资产或不动产所支付或承担的增值税税额。<br>4. 税率。<br>一般纳税人采用的税率分为13%、9%、6%和零税率。采用简易计税方式的增值税征收率为3%，国家另有规定的除外。<br>5. "应交税费"明细科目。<br>为核算企业应交增值税的发生、抵扣、交纳、退税及转出等情况，一般纳税人应在"应交税费"科目下设置应交增值税、未交增值税、预交增值税、待抵扣进项税额、待认证进项税额、待转销项税额、增值税留抵税额、简易计税、转让金融商品应交增值税、代扣代交增值税等明细科目。<br>6. 会计处理。<br>（1）购进货物、加工修理修配劳务、服务、无形资产或者不动产：<br>借：材料采购/在途物资/原材料/库存商品/生产成本/无形资产/固定资产/管理费用<br>　　　应交税费——应交增值税（进项税额）（已认证可抵扣）<br>　　　　　　　　——待认证进项税额（未认证可抵扣）<br>　　贷：应付账款/应付票据/银行存款等<br>（2）购进农产品：<br>进项税额 = 农产品收购发票或销售发票上注明的农产品买价 × 扣除率 |

| 项目 | 内　容 |
|---|---|
| 增值税 | 借：材料采购/在途物资/原材料/库存商品等（买价－进项税额）<br>　　应交税费——应交增值税（进项税额）（买价×扣除率）<br>　　　贷：应付账款/应付票据/银行存款等<br>（3）货物等验收入库但尚未取得增值税扣税凭证，按暂估价入账：<br>借：原材料/库存商品/无形资产/固定资产<br>　　贷：应付账款<br>下月月初：<br>借：应付账款<br>　　贷：原材料/库存商品/无形资产/固定资产<br>取得增值税扣税凭证并经认证后：<br>借：原材料/库存商品/无形资产/固定资产<br>　　应交税费——应交增值税（进项税额）<br>　　　贷：应付账款/应付票据/银行存款等<br>（4）进项税额转出：<br>企业已确认进项税额的购进货物、加工修理修配劳务或者服务、无形资产或者不动产但事后改变用途（如用于简易方法计税项目、免征增值税项目、非增值税应税项目等），或发生非正常损失，原已计入进项税额、待抵扣进项税额或待认证进项税额，不得从销项税额中抵扣。<br>借：待处理财产损溢/应付职工薪酬/固定资产/无形资产<br>　　贷：应交税费——应交增值税（进项税额转出）<br>　　　　　　　　　　——待抵扣进项税额<br>　　　　　　　　　　——待认证进项税额<br>（5）购进货物、加工修理修配劳务、服务、无形资产或不动产，用于简易计税项目、免征增值税项目、集体福利或个人消费等：<br>借：应交税费——待认证进项税额<br>　　贷：银行存款/应付账款等<br>借：应交税费——应交增值税（进项税额）<br>　　贷：应交税费——待认证进项税额<br>借：库存商品/原材料等<br>　　贷：应交税费——应交增值税（进项税额转出）<br>（6）企业销售货物、加工修理修配劳务、服务、无形资产或不动产：<br>借：应收账款/应收票据/银行存款<br>　　贷：主营业务收入/其他业务收入/固定资产清理<br>　　　　应交税费——应交增值税（销项税额）<br>　　　　　　　　　　——简易计税<br>（7）视同销售：<br>①企业将自产或委托加工的货物用于集体福利或个人消费；<br>②将自产、委托加工或购买的货物作为投资提供给其他单位或个体工商户、分配给股东或投资者、对外捐赠等。<br>借：长期股权投资/应付职工薪酬/营业外支出/利润分配<br>　　贷：应交税费——应交增值税（销项税额）<br>　　　　　　　　　　——简易计税 |

| 项 目 | 内 容 |
|---|---|
| 增值税 | （8）交纳当月应交增值税：<br>借：应交税费——应交增值税（已交税金）<br>　　贷：银行存款<br>（9）交纳以前期间未交的增值税：<br>借：应交税费——未交增值税<br>　　贷：银行存款<br>（10）月末转出多交增值税和未交增值税：<br>当月应交未交的增值税：<br>借：应交税费——应交增值税（转出未交增值税）<br>　　贷：应交税费——未交增值税<br>当月多交的增值税：<br>借：应交税费——未交增值税<br>　　贷：应交税费——应交增值税（转出多交增值税）<br>（11）小规模纳税人核算增值税采用简易计税的方法：<br>购进货物、应税服务或应税行为，增值税一律不得抵扣，直接计入相关成本费用或资产：<br>借：原材料/材料采购/在途物资/库存商品等<br>　　贷：银行存款/应付账款/应付票据<br>销售货物、应税服务或应税行为，按不含税销售额和规定的征收率计算应交增值税：<br>借：银行存款<br>　　贷：主营业务收入<br>　　　　应交税费——应交增值税<br>交纳增值税：<br>借：应交税费——应交增值税<br>　　贷：银行存款 |
| 消费税 | 消费税是在我国境内生产、委托加工和进口应税消费品的单位和个人，按流转额交纳的一种税，有从价定率、从量定额、从价定率和从量定额复合计税三种征收方法。消费税的会计处理如下：<br>1. 销售应税消费品。<br>借：税金及附加<br>　　贷：应交税费——应交消费税<br>2. 自产自用应税消费品。<br>借：在建工程等<br>　　贷：库存商品<br>　　　　应交税费——应交消费税<br>3. 委托加工应税消费品。<br>（1）直接用于销售的：<br>借：委托加工物资<br>　　贷：银行存款<br>（2）收回后用于连续生产应税消费品：<br>借：应交税费——应交消费税<br>　　贷：银行存款<br>4. 进口应税消费品。<br>借：材料采购/原材料/在途物资/库存商品<br>　　贷：银行存款 |

续表

| 项目 | 内　容 |
|------|--------|
| 资源税 | 资源税是对在我国境内开采矿产品或者生产盐的单位和个人征收的税。<br>1. 对外销售应税产品应交纳的资源税。<br>借：税金及附加<br>　　贷：应交税费——应交资源税<br>2. 自产自用应税产品应交纳的资源税。<br>借：生产成本<br>　　制造费用<br>　　贷：应交税费——应交资源税 |
| 城市维护建设税<br><br>教育费附加 | 城市维护建设税 = ( 实际交纳的增值税 + 实际交纳的消费税 ) × 适用税率<br>教育费附加 = ( 实际交纳的增值税 + 实际交纳的消费税 ) × 适用税率<br>借：税金及附加<br>　　贷：应交税费——应交城市维护建设税<br>　　　　　　　——应交教育费附加 |
| 土地增值税 | 土地增值税按照转让房地产所取得的增值额和规定的税率计算征收。<br>1. 非房地产开发企业。<br>(1) 转让的土地使用权连同地上建筑物及其附着物在"固定资产"科目核算：<br>借：固定资产清理<br>　　贷：应交税费——应交土地增值税<br>(2) 土地使用权在"无形资产"科目核算：<br>借：银行存款<br>　　累计摊销<br>　　无形资产减值准备<br>　　营业外支出<br>　　贷：无形资产<br>　　　　应交税费——应交土地增值税<br>　　　　资产处置损益<br>2. 房地产开发企业销售房地产。<br>借：税金及附加<br>　　贷：应交税费——应交土地增值税 |
| 房产税<br><br>城镇土地使用税<br><br>车船税 | 借：税金及附加<br>　　贷：应交税费——应交房产税<br>　　　　　　　——应交城镇土地使用税<br>　　　　　　　——应交车船税 |

典型例题

【例5-14】（单选题）甲企业为增值税小规模纳税人，2×23 年 5 月购入一批材料，取得增值税专用发票上注明的价款为 20 万元，增值税税额为 2.6 万元，在购入过程中支付运费 1.1 万元（价税合计），则甲企业原材料的入账金额为（　　）万元。

  A. 21.1         B. 23.7

  C. 20           D. 22.6

  【答案】B

  【解析】小规模纳税人购进货物，按照应付或实际支付的全部款项（包括支付的增值税税额）作为货物的采购成本。甲企业原材料的入账金额 = 20 + 2.6 + 1.1 = 23.7（万元）。

  【例 5 - 15】（多选题）下列各项中，关于增值税一般纳税人会计处理表述正确的有（　　）。

  A. 已单独确认进项税额的购进货物用于投资，贷记"应交税费——应交增值税（进项税额转出）"科目

  B. 将委托加工的货物用于对外捐赠，贷记"应交税费——应交增值税（销项税额）"科目

  C. 已单独确认进项税额的购进货物发生非正常损失，贷记"应交税费——应交增值税（进项税额转出）"科目

  D. 企业管理部门领用本企业生产的产品，贷记"应交税费——应交增值税（销项税额）"科目

  【答案】BC

  【解析】外购货物用于投资应视同销售，贷记"应交税费——应交增值税（销项税额）"科目；将委托加工的货物用于对外捐赠应视同销售，贷记"应交税费——应交增值税（销项税额）"科目；已单独确认进项税额的购进货物发生非正常损失，进项税额不得抵扣，应作进项税额转出处理，贷记"应交税费——应交增值税（进项税额转出）"科目；企业管理部门领用本企业生产的产品是按成本领用，不视同销售。

  【例 5 - 16】（多选题）下列各项中，应通过"应交税费"科目核算的有（　　）。

  A. 开立并使用账簿交纳的印花税

  B. 开采矿产品应交的资源税

  C. 销售应税消费品应交的消费税

  D. 企业代扣代交的个人所得税

  【答案】BCD

  【解析】印花税不需要预计应交数，不通过"应交税费"科目核算，相关账务处理为：

  借：税金及附加

    贷：银行存款

## 考点 11　非流动负债★★

| 项目 | | | 账务处理 |
|---|---|---|---|
| 长期借款 | 取得长期借款 | | 借：银行存款<br>　　贷：长期借款——本金 |
| | 发生长期借款利息 | | 借：在建工程/制造费用/财务费用/研发支出等<br>　　贷：应付利息/长期借款——应计利息 |
| | 归还长期借款 | | 1. 归还本金<br>借：长期借款——本金<br>　　贷：银行存款<br>2. 归还利息<br>借：应付利息/长期借款——应计利息<br>　　贷：银行存款 |
| 应付债券 | 应付债券发行 | 企业无论按面值发行，还是溢价发行或折价发行债券 | 借：银行存款/库存现金（按实际收到的金额）<br>　　贷：应付债券——面值（按债券票面价值）<br>借或贷：应付债券——利息调整（实际收到的款项与债券票面金额的差额） |
| | 计提利息 | 采用实际利率法按期计提利息 | 借：在建工程/制造费用/财务费用/研发支出<br>　　贷：应付利息（分期付息、到期一次还本，按票面利率计算）<br>　　　　应付债券——应计利息（一次还本付息，按票面利率计算）<br>借或贷：应付债券——利息调整（按实际利率计算的利息费用与按票面利率计算的"应付利息"或"应付债券——应计利息"的差额） |
| | 还本付息 | 一次还本付息 | 借：应付债券——面值<br>　　　　　　——应计利息<br>　　贷：银行存款 |
| | | 分期付息、到期一次还本 | 每期支付利息时：<br>借：应付利息<br>　　贷：银行存款<br>到期偿还债券本金并支付最后一期利息时：<br>借：应付债券——面值/在建工程<br>　　贷：银行存款<br>借或贷：应付债券——利息调整（借方和贷方存在差额的） |
| 长期应付款 | | | 企业购入资产超过正常信用条件延期付款实质上具有融资性质时：<br>借：固定资产/在建工程（按购买价款的现值）<br>　　未确认融资费用（差额）<br>　　贷：长期应付款（应支付的价款总额） |

典型例题

【例5－17】（单选题）企业对于分期付息、到期一次还本的债券，其按票面利率计算确定的应付未付利息贷记（　　）。

A. "应付利息"科目

B. "应付债券——应计利息"科目

C. "应付债券——利息调整"科目

D. "财务费用"科目

【答案】A

【解析】对于分期付息、到期一次还本的债券，其按票面利率计算确定的应付未付利息贷记"应付利息"科目。选项A正确。

【例5－18】（多选题）下列各项中，长期借款的账务处理涉及的核算科目有（　　）。

A. 长期借款——本金
B. 长期借款——利息调整

C. 长期借款——应计利息
D. 应付利息

【答案】ABCD

【解析】选项A、B、C、D均是长期借款账务处理中可能涉及的核算科目。

# 巩固练习

## 一、单项选择题

1. 企业因日常业务经营需要向银行借入短期借款，利息按月预提、按季支付。下列各项中，预提借款利息应贷记的会计科目是（　　）。

A. 应付利息　　　B. 应付账款　　　C. 合同负债　　　D. 短期借款

2. 下列有关应付票据的说法中，不正确的是（　　）。

A. 企业因开出银行承兑汇票而支付银行的承兑汇票手续费，应当计入当期财务费用

B. 应付商业承兑汇票到期，如企业无力支付票款，应将应付票据按账面余额转入应付账款

C. 对于带息票据，一般按照开出、承兑的应付票据的到期值入账

D. 应付银行承兑汇票到期，如企业无力支付票款，应将应付票据按账面余额

转入短期借款

3. 下列各项中，企业以银行存款支付银行承兑汇票手续费应借记的会计科目是（ 　 ）。

    A. 财务费用        B. 管理费用        C. 研发费用        D. 在建工程

4. 下列各项中，不应在"应付职工薪酬"科目核算的是（ 　 ）。

    A. 因解除与职工的劳动关系给予的补偿

    B. 交纳代扣的个人所得税

    C. 营销部门人员的社会保险费

    D. 为职工购买商业保险

5. 某饮料生产企业为增值税一般纳税人，年末将本企业生产的一批饮料发放给职工作为福利，该批饮料的售价为 12 万元，增值税税率为 13%，实际成本为 10 万元，假定不考虑其他因素，该企业应确认的应付职工薪酬为（ 　 ）万元。

    A. 13.56        B. 11.6        C. 10        D. 12

6. 某企业为增值税一般纳税人，2×23 年实际交纳的税款情况如下：增值税 850 万元，消费税 150 万元，城市维护建设税 70 万元，车船税 0.5 万元，印花税 1.5 万元，企业所得税 120 万元，上述税金中通过"应交税费"科目贷方核算的金额为（ 　 ）万元。

    A. 1 192        B. 1 190.5        C. 1 120        D. 1 190

7. 某企业为增值税一般纳税人，销售商品适用的增值税税率为 13%。2×23 年 11 月，该企业以自产电暖器作为非货币性福利发放给 60 名劳动模范，一台电暖器的成本为 1 200 元，不含增值税的市场售价为 1 500 元，不考虑其他因素，该企业发放电暖器应确认的应付职工薪酬为（ 　 ）元。

    A. 90 000        B. 81 360        C. 72 000        D. 101 700

## 二、多项选择题

1. 短期借款利息采用月末预提方式核算，下列预提短期借款利息的账务处理中，正确的有（ 　 ）。

    A. 借记"管理费用"科目        B. 借记"财务费用"科目

    C. 贷记"短期借款"科目        D. 贷记"应付利息"科目

2. 下列关于应付账款的表述中，正确的有（ 　 ）。

    A. 购入商品需支付的应付账款包括增值税的金额

    B. 购入商品需支付的应付账款不包括增值税的金额

    C. 企业开出商业汇票通过"应付账款"科目核算

D. 无法支付的应付账款按其账面余额转入营业外收入

3. 下列各项中，应列入资产负债表"应付利息"项目的有（　　　）。

A. 计提的短期借款利息

B. 计提的分期付息到期还本债券利息

C. 计提的到期一次还本付息的债券利息

D. 计提的分期付息到期还本的长期借款利息

4. 下列各项中，股份有限公司应通过"应付股利"科目核算的有（　　　）。

A. 实际发放股票股利　　　　　　　　B. 宣告发放现金股利

C. 宣告发放股票股利　　　　　　　　D. 实际发放现金股利

5. 下列各项中，企业应通过"其他应付款"科目核算的有（　　　）。

A. 购进商品时发生的供货方代垫运费

B. 应付的合同违约金

C. 代垫职工家属医药费

D. 存入保证金

6. 下列各项中，属于短期薪酬的有（　　　）。

A. 职工福利费　　　　　　　　　　　B. 住房公积金

C. 辞退福利　　　　　　　　　　　　D. 离职后福利

7. 下列职工薪酬中，应根据职工提供服务的受益对象计入成本费用的有（　　　）。

A. 工资　　　　　　B. 工会经费　　　　　C. 辞退福利　　　　D. 医疗保险费

8. 下列各项中，一般纳税人不能计入收回委托加工物资成本的有（　　　）。

A. 随同加工费支付的增值税

B. 支付的收回后直接销售的委托加工物资的消费税

C. 支付的收回后继续加工的委托加工物资的消费税

D. 支付的加工费

## 三、判断题

1. 企业向银行或其他金融机构借入的各种款项所发生的利息均应计入财务费用。
（　　　）

2. 企业董事会或类似机构通过的利润分配方案中拟分配的现金股利或利润，不应确认为负债，但应在附注中披露。（　　　）

3. 企业董事会或类似机构通过股票股利分配方案，应将拟分配的股票股利确认为负债。（　　　）

4. 进口环节交纳的关税，计入进口物资成本。（　　　）

5. 房地产开发企业销售房地产应交纳的土地增值税记入"税金及附加"科目。

（　　）

6. 企业仅按面值发行债券，应按实际收到的金额，借记"银行存款""库存现金"等科目，按债券票面价值，贷记"应付债券——面值"科目；实际收到的款项与债券票面金额的差额，借记或贷记"应付债券——利息调整"科目。　　（　　）

## 四、不定项选择题

甲企业为增值税一般纳税人，销售产品适用的增值税税率为13%，"应交税费"科目期末余额为零。采用实际成本进行存货日常核算。2×23年12月该企业发生与存货相关的经济业务如下：

（1）6日，从乙企业采购一批原材料，取得增值税专用发票注明的价款为100万元，增值税税额为13万元，原材料验收入库。甲企业开具一张面值为113万元的银行承兑汇票，同时支付承兑手续费0.0533万元，取得的增值税专用发票注明的增值税税额为0.0032万元。

（2）10日，甲企业向丙企业销售一批不需用的原材料，开具增值税专用发票注明的价款为500万元，增值税税额为65万元，收到一张面值为565万元、期限为2个月的商业承兑汇票。该批原材料的实际成本为400万元。

（3）27日，领用一批自产产品作为福利发给300名职工，其中专设销售机构人员100名，总部管理人员200名。该批产品不含增值税的售价为30万元，实际成本为21万元。

要求：根据上述资料，假定不考虑其他因素，分析回答下列小题。

（1）根据资料（1），下列各项中，甲企业采购原材料会计处理正确的是（　　）。

A. 借：财务费用　　　　　　　　　　　　　　　　0.0533
　　　应交税费——应交增值税（进项税额）　　　　0.0032
　　　　贷：银行存款　　　　　　　　　　　　　　　　0.0565

B. 借：材料采购　　　　　　　　　　　　　　　　100
　　　应交税费——应交增值税（进项税额）　　　　13
　　　　贷：其他货币资金　　　　　　　　　　　　　113

C. 借：原材料　　　　　　　　　　　　　　　　　100
　　　应交税费——应交增值税（进项税额）　　　　13
　　　　贷：应付票据　　　　　　　　　　　　　　　113

D. 借：原材料　　　　　　　　　　　　　　　　　113
　　　　贷：应付票据　　　　　　　　　　　　　　　113

（2）根据资料（2），下列各项中，甲企业销售原材料会计处理表述正确的是（　　）。

    A. 贷记"其他业务收入"科目 500 万元

    B. 贷记"应交税费——应交增值税（销项税额）"科目 65 万元

    C. 借记"其他业务成本"科目 400 万元

    D. 借记"其他货币资金"科目 565 万元

（3）根据资料（3），下列各项中，甲企业发放福利会计处理表述正确的是（　　）。

    A. 贷记"应交税费——应交增值税（销项税额）"科目 3.9 万元

    B. 贷记"主营业务收入"科目 30 万元

    C. 借记"管理费用"科目 22.6 万元

    D. 借记"销售费用"科目 7 万元

（4）根据资料（1）~（3），甲企业 12 月应交纳增值税的金额是（　　）万元。

    A. 68.9      B. 65      C. 55.8968      D. 55.9

（5）根据资料（1）~（3），上述业务导致甲企业 12 月 31 日资产负债表"存货"项目变动金额是（　　）万元。

    A. 321      B. 300      C. 400      D. 421

# 巩固练习参考答案及解析

## 一、单项选择题

1.【答案】A

【解析】预提利息时的账务处理：

借：财务费用

    贷：应付利息

选项 A 正确。

2.【答案】C

【解析】对于带息票据，一般按照开出、承兑的应付票据的面值入账。

3.【答案】A

【解析】企业因开出银行承兑汇票而支付的银行承兑汇票手续费，应当计入当期财务费用。支付手续费时，按照确认的手续费，借记"财务费用"科目，取得增值税专用发票的，按注明的增值税进项税额，借记"应交税费——应交增值税（进项税额）"科目，按照实际支付的金额，贷记"银行存款"科目。

4.【答案】B

【解析】交纳代扣的个人所得税，应借记"应交税费——应交个人所得税"科目，贷记"银行存款"科目。

5.【答案】A

【解析】该企业应确认的应付职工薪酬 = 12 × (1 + 13%) = 13.56（万元）。

6.【答案】B

【解析】通过"应交税费"科目核算的金额 = 850 + 150 + 70 + 0.5 + 120 = 1 190.5（万元），印花税不通过"应交税费"科目核算，于实际发生时借记"税金及附加"科目，贷记"银行存款"科目。

7.【答案】D

【解析】将自产产品作为福利发放给职工，确认时，借贷方的金额都是含税公允价值。该企业发放电暖器应确认的应付职工薪酬 = 60 × 1 500 × (1 + 13%) = 101 700（元）。

## 二、多项选择题

1.【答案】BD

【解析】短期借款利息采用月末预提方式，应借记"财务费用"科目，贷记"应付利息"科目。

2.【答案】AD

【解析】购入商品需支付的应付账款包括增值税的金额；开出的商业汇票通过"应付票据"科目核算。

3.【答案】ABD

【解析】计提的到期一次还本付息的债券利息，记入"应付债券——应计利息"科目。

4.【答案】BD

【解析】宣告发放股票股利不作账务处理，实际发放股票股利的会计分录：

借：利润分配

　　贷：股本

5.【答案】BD

【解析】选项 A 计入应付账款；选项 C 计入其他应收款。

6.【答案】AB

【解析】职工薪酬包括短期薪酬、离职后福利、辞退福利和其他长期职工福利。职工福利费、住房公积金属于短期薪酬。

7.【答案】ABD

【解析】职工薪酬中，除因与职工解除劳动关系给予的补偿外，应当根据职工提供服务的受益对象进行分配，辞退福利统一计入管理费用。

8.【答案】AC

【解析】随同加工费支付的增值税应作为进项税额抵扣，不计入收回委托加工物资成本；支付的收回后继续加工的委托加工物资的消费税应记入"应交税费——应交消费税"科目的借方。

## 三、判断题

1.【答案】×

【解析】长期借款的利息分不同情况可能计入在建工程、财务费用等。

2.【答案】√

【解析】企业董事会或类似机构通过的利润分配方案中拟分配的现金股利或利润，不应确认为负债，但应在附注中披露。企业股东大会或类似机构通过的利润分配方案中拟分配的现金股利或利润应确认为"应付股利"。

3.【答案】×

【解析】企业董事会或类似机构通过股票股利分配方案，不作账务处理。

4.【答案】√

【解析】进口环节交纳的关税，构成进口物资成本的组成部分。

5.【答案】√

【解析】房地产开发企业销售房地产应交纳的土地增值税，借记"税金及附加"科目，贷记"应交税费——应交土地增值税"科目。

6.【答案】×

【解析】企业无论按面值发行，还是溢价发行或折价发行债券，应按实际收到的金额，借记"银行存款""库存现金"等科目，按债券票面价值，贷记"应付债券——面值"科目；实际收到的款项与债券票面金额的差额，借记或贷记"应付债券——利息调整"科目。

## 四、不定项选择题

（1）【答案】AC

【解析】相关会计分录如下：

借：原材料　　　　　　　　　　　　　　　　　　　100

　　应交税费——应交增值税（进项税额）　　　　　13

　　　贷：应付票据　　　　　　　　　　　　　　　　　113

| | |
|---|---|
| 借：财务费用 | 0.0533 |
| 应交税费——应交增值税（进项税额） | 0.0032 |
| 贷：银行存款 | 0.0565 |

（2）【答案】ABC

【解析】相关会计分录如下：

| | |
|---|---|
| 借：应收票据 | 565 |
| 贷：其他业务收入 | 500 |
| 应交税费——应交增值税（销项税额） | 65 |
| 借：其他业务成本 | 400 |
| 贷：原材料 | 400 |

（3）【答案】ABC

【解析】相关会计分录如下：

| | |
|---|---|
| 借：销售费用 | 11.3 |
| 管理费用 | 22.6 |
| 贷：应付职工薪酬 | 33.9 |
| 借：应付职工薪酬 | 33.9 |
| 贷：主营业务收入 | 30 |
| 应交税费——应交增值税（销项税额） | 3.9 |
| 借：主营业务成本 | 21 |
| 贷：库存商品 | 21 |

（4）【答案】C

【解析】甲企业 12 月应交纳增值税的金额 =（65 + 3.9）–（13 + 0.0032）= 55.8968（万元）。

（5）【答案】A

【解析】甲企业 12 月 31 日资产负债表"存货"项目变动金额 = 100 – 400 – 21 = –321（万元），即变动金额为 321 万元。

# 第六章　所有者权益

## 考情分析

本章内容包括实收资本、资本公积和留存收益。其中，实收资本和资本公积的确认通常与资产结合考查，盈余公积和未分配利润的确认通常与利润结合考查。考点集中在发行股票的手续费、股票回购与注销、资本公积的来源及核算、盈余公积的使用以及各项目变动对留存收益和所有者权益总额的影响等。

## 教材变化

2024年教材本章内容增加了所有者权益的特征，修改了其他综合收益的内容。

## 教材框架

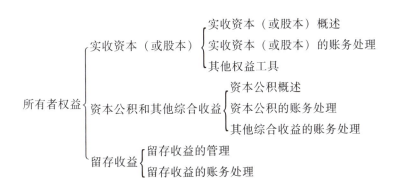

# 考点提炼

## 考点 1　所有者权益的特征、来源及其变动影响因素 ★★★

特征 {
除非发生减资、清算或分派现金股利，企业不需要偿还所有者权益
企业清算时，只有在清偿所有的负债后，所有者权益才返还给所有者
所有者凭借所有者权益能够参与企业利润的分配
}

来源 {
所有者投入的资本 {
实收资本（或股本）
资本公积
}
直接计入所有者权益的利得和损失 {
其他权益工具（如优先股、永续债等）
其他综合收益
}
留存收益 {
盈余公积
未分配利润
}
}

☞提示：在涉及留存收益和所有者权益总额增减变动时，可通过观察业务发生所涉及的科目是"所有者收入的资本"或"留存收益"各自内部，还是在两个项目之间，具体如下表所示。

**影响留存收益与所有者权益变动的因素分析**

| 业务 | 留存收益变动 | 所有者权益变动 |
|---|---|---|
| 1. 资本公积转增资本 | 不影响 | 不影响 |
| 2. 盈余公积转增资本 | 减少 | 不影响 |
| 3. 回购股票 | 不影响 | 减少 |
| 4. 注销股票 | | |
| （1）溢价回购（超过面值） | 可能影响* | 不影响 |
| （2）折价回购（低于面值） | 不影响 | 不影响 |
| 5. 计提盈余公积 | 不影响 | 不影响 |
| 6. 宣告分配现金股利 | 减少 | 减少 |
| 7. 宣告分配股票股利 | 不影响 | 不影响 |
| 8. 用盈余公积分配现金股利 | 减少 | 减少 |
| 9. 用盈余公积弥补亏损 | 不影响 | 不影响 |
| 10. 用税后利润弥补亏损 | 不影响 | 不影响 |

注：*股本溢价不足冲减的情况下，需依次冲减盈余公积和未分配利润。

**典型例题**

【例6-1】（单选题）下列各项中，会影响所有者权益总额发生增减变动的是（　　）。

A. 支付已宣告的现金股利　　　　B. 以盈余公积转增资本

C. 用银行存款购入固定资产　　　D. 股东大会宣告派发现金股利

【答案】D

【解析】股东大会宣告发放现金股利，借记"利润分配"科目，贷记"应付股利"科目，使所有者权益减少。

【例6-2】（多选题）下列各项中，不会引起留存收益变动的有（　　）。

A. 盈余公积补亏　　　　　　　　B. 计提法定盈余公积

C. 盈余公积转增资本　　　　　　D. 计提任意盈余公积

【答案】ABD

【解析】留存收益包括盈余公积和未分配利润。盈余公积转增资本使留存收益减少。

【例6-3】【判断题】企业通常不需要偿还所有者权益，但在企业清算时，应首先满足所有者的需求。（　　）

【答案】×

【解析】除非发生减资、清算或分派现金股利，企业不需要偿还所有者权益，但在企业清算时，只有在清偿所有的负债后，所有者权益才返还给所有者。

【例6-4】（判断题）企业回购本公司股票会导致所有者权益增加。（　　）

【答案】×

【解析】企业回购公司股票时的会计分录为：借：库存股，贷：银行存款；注销股份时的分录为：借：股本、资本公积等，贷：库存股。因此，企业回购股票导致所有者权益减少。

## 考点2　有限责任公司增加或减少实收资本★★

| 项目 | | 内　　容 |
|---|---|---|
| 接受投资 | 接受初始投资 | 1. 接受现金资产投资：<br>借：银行存款<br>　　贷：实收资本——甲<br>　　　　　　　——乙<br>　　　　　　　——丙<br>　　　　资本公积——资本溢价 |

续表

| 项目 | | 内　容 |
|---|---|---|
| 接受投资 | 接受初始投资 | 2. 接受非现金资产投资，按投资合同或协议约定价值确定（但投资合同或协议约定价值不公允的除外）：<br>借：固定资产<br>　　原材料<br>　　无形资产<br>　　应交税费——应交增值税（进项税额）<br>　　贷：实收资本<br>　　　　资本公积——资本溢价<br>企业实际收到的金额或者投资合同或协议约定的价值（不公允的除外）超过投资者在企业注册资本中所占份额的部分，计入资本公积——资本溢价 |
| | 接受追加资本 | **企业增加资本的三个途径：接受投资者追加投资、资本公积转增资本、盈余公积转增资本。**<br>1. 投资者追加投资，核算方法与接受初始投资相同：<br>借：银行存款<br>　　贷：实收资本——甲<br>　　　　　　——乙<br>　　　　　　——丙<br>　　　　资本公积——资本溢价<br>2. 资本公积转增资本：<br>借：资本公积<br>　　贷：实收资本——甲<br>　　　　　　——乙<br>　　　　　　——丙<br>3. 盈余公积转增资本：<br>借：盈余公积<br>　　贷：实收资本——甲<br>　　　　　　——乙<br>　　　　　　——丙<br>资本公积和盈余公积转增资本时，按照投资者各自出资比例增加各投资者的出资额 |
| 实收资本减少 | 按法定程序报批减少注册资本 | 借：实收资本<br>　　资本公积<br>　　贷：库存现金<br>　　　　银行存款 |

典型例题

【例6-5】（多选题）下列各项中，会导致企业实收资本增加的有（　　）。

A. 资本公积转增资本

B. 接受投资者追加投资

C. 盈余公积转增资本

D. 接受非流动资产捐赠

【答案】ABC

【解析】企业增加资本的途径：接受投资者追加投资、资本公积转增资本、盈余公积转增资本。

### 考点3　股份有限公司发行股票和回购股票★★

| 项目 | 内　　容 |
| --- | --- |
| 发行股票 | 借：银行存款<br>　　贷：股本<br>　　　　资本公积——股本溢价<br>1. 发行股票既可以按面值发行股票，也可以溢价发行（我国目前不允许折价发行）。<br>2. 按面值发行股票，企业发行股票取得的收入，应全部作为股本处理。溢价发行股票，企业发行股票取得的收入，等于股票面值的部分作为股本处理，超出股票面值的溢价收入应作为股本溢价处理。<br>3. 发行股票相关的手续费、佣金等交易费用，如果是溢价发行股票的，应从溢价中抵扣，冲减资本公积——股本溢价。无溢价发行股票或溢价金额不足以抵扣的，应将不足抵扣的部分冲减盈余公积，盈余公积不足抵扣的冲减未分配利润 |
| 回购股票 | 股份有限公司采用收购本公司股票方式减资的，通过"库存股"科目核算回购股票的份额。<br>1. 回购本公司股票：<br>借：库存股<br>　　贷：银行存款<br>2. 注销本公司股票：<br>（1）溢价回购。如果购回股票支付的价款高于面值总额，注销股票时，按股票面值和注销股数计算的总额冲减股本，按注销库存股的账面余额与所冲减股本的差额冲减股本溢价，股本溢价不足以冲减的，应依次冲减盈余公积、未分配利润。<br>借：股本<br>　　资本公积——股本溢价<br>　　盈余公积<br>　　利润分配——未分配利润<br>　　贷：库存股<br>（2）折价回购。如果购回股票支付的价款低于面值总额，所注销库存股的账面余额与所冲减股本的差额记入"资本公积——股本溢价"科目。<br>借：股本<br>　　贷：库存股<br>　　　　资本公积——股本溢价 |

**典型例题**

【例6－6】（单选题）某股份有限公司股本为1 000万元（每股面值1元），资本公积（股本溢价）为50万元，盈余公积为100万元。经股东大会批准以每股2元价格回购本公司股票100万股并予以注销，不考虑其他因素，下列关于该公司注销库存股的会计处理正确的是（　　　）。

A. 借：股本　　　　　　　　　　　　　　　　　　　　1 000 000

　　　资本公积——股本溢价　　　　　　　　　　　　　　500 000

　　　盈余公积　　　　　　　　　　　　　　　　　　　　500 000

　　　　贷：库存股　　　　　　　　　　　　　　　　　　　　2 000 000

B. 借：股本　　　　　　　　　　　　　　　　　　　　1 000 000

　　　资本公积——股本溢价　　　　　　　　　　　　　　500 000

　　　盈余公积　　　　　　　　　　　　　　　　　　　　500 000

　　　　贷：银行存款　　　　　　　　　　　　　　　　　　　2 000 000

C. 借：库存股　　　　　　　　　　　　　　　　　　　2 000 000

　　　　贷：银行存款　　　　　　　　　　　　　　　　　　　2 000 000

D. 借：股本　　　　　　　　　　　　　　　　　　　　2 000 000

　　　　贷：库存股　　　　　　　　　　　　　　　　　　　2 000 000

【答案】A

【解析】注销股票时，按股票面值和注销股数计算的总额冲减股本，按注销库存股的账面余额与所冲减股本的差额冲减股本溢价，股本溢价不足冲减的，应依次冲减盈余公积和未分配利润。

## 考点4　其他权益工具

| 项目 | 种类 | 特点 |
|---|---|---|
| 种类及其特点 | 优先股 | 1. 优先股的股东对公司资产、利润分配等享有优先权，其风险较小；<br>2. 对公司的经营没有参与权，优先股股东不能退股，只能通过优先股的赎回条款被公司赎回 |
| | 永续债 | 1. 高票息；<br>2. 长久期；<br>3. 附加赎回条款并伴随利率调整条款 |

续表

| 项目 | 种类 | 特点 | |
|------|------|------|------|
| | 业务事项 | 债务工具 | 权益工具 |
| 确认与计量 | 初始计量 | 企业应根据所签订金融工具的合同条款及其所反映的经济实质而非仅以法律形式，结合金融资产、金融负债和权益工具的定义，在初始确认时将该金融工具或其组成部分分类为金融资产、金融负债或权益工具 | |
| | 发生的手续费、佣金等交易费用 | 以摊余成本计量的，应当计入所发行工具的初始计量金额 | 应当从权益（其他权益工具）中扣除 |
| | 利息支出或股利分配 | 无论其名称中是否包含"股"，其利息支出或股利分配原则上按照借款费用进行处理，其回购或赎回产生的利得或损失等计入当期损益 | 无论其名称中是否包含"债"，其利息支出或股利分配都应当作为发行企业的利润分配，其回购、注销等作为权益的变动处理 |
| | 业务事项 | 会计分录 | |
| 账务处理 | 企业按规定发行其他权益工具时，应按照实际收到的金额（发行价扣除发生的手续费、佣金等交易费用） | 借：银行存款<br>　　贷：其他权益工具 | |
| | 在存续期间分派股利的，作为利润分配处理，应根据经批准的股利分配方案，按应分配给金融工具持有者的股利金额 | 借：利润分配——应付优先股股利、应付永续债股利<br>　　贷：应付股利——优先股股利、永续债股利 | |
| | 企业按规定赎回其他权益工具时 | 借：库存股——其他权益工具<br>　　贷：银行存款 | |
| | 注销时 | 借：其他权益工具<br>　　贷：库存股——其他权益工具 | |

**典型例题**

【例6-7】（单选题）下列关于其他权益工具的核算，说法不正确的是（　　）。

A. 其他权益工具核算企业发行的普通股以及其他归类为权益工具的各种金融工具

B. 企业发行其他权益工具，应按照实际发行的对价扣除直接归属于权益性交易的交易费用后的金额，贷记"其他权益工具"科目

C. 其他权益工具存续期间分派股利或利息的，作为利润分配处理，借记"利润

分配"科目，贷记"应付股利"科目

D. 其他权益工具的回购、注销等作为权益的变动处理

【答案】A

【解析】其他权益工具核算企业发行的除普通股以外的归类为权益工具的各种金融工具，企业发行的普通股通过"股本"科目以及"资本公积——股本溢价"科目核算，不通过"其他权益工具"科目核算。

## 考点 5　资本公积的核算★★

| 项目 | 内　　容 | |
|---|---|---|
| 来源 | 1. 企业收到投资者出资额超出在注册资本（股本）中所占份额的部分；<br>2. 其他资本公积 | |
| 特点 | 1. 比较实收资本（或股本）：<br>（1）来源和性质：实收资本（或股本）体现企业所有者对企业的基本产权关系。资本公积不直接表现所有者对企业的基本产权。<br>（2）用途：实收资本（或股本）是确定所有者在企业所有者权益中所占的份额和参与企业生产经营决策的基础，是企业进行利润分配和股利分配的依据，也是企业清算时确定所有者对净资产的要求权的依据。资本公积用于转增资本（或股本），不体现各所有者的占有比例，也不能作为所有者参与企业财务经营决策或进行利润分配的依据。<br>2. 比较留存收益：<br>资本公积来源于资本溢价（或股本溢价）；留存收益来源于企业生产经营活动实现的利润。<br>3. 比较其他综合收益：<br>两者都会引起所有者权益发生变动，资本公积中资本溢价（或股本溢价）不会影响企业的损益，而部分其他综合收益在满足一定条件时，可以成为企业利润的一部分 | |
| 账务处理 | 资本溢价/股本溢价 | 1. 除股份有限公司外的其他企业，投资者追加投资：<br>借：银行存款<br>　　贷：实收资本——甲<br>　　　　　　——乙<br>　　　　　　——丙<br>　　　　资本公积——资本溢价<br>2. 股份有限公司发行股票：<br>借：银行存款<br>　　贷：股本<br>　　　　资本公积——股本溢价 |

续表

| 项目 | 内 容 | |
|------|------|---|
| 账务处理 | 其他资本公积 | 1. 采用权益法核算的长期股权投资：对因被投资单位除净损益、其他综合收益和利润分配以外的所有者权益的其他变动。<br>借：长期股权投资——其他权益变动<br>　　贷：资本公积——其他资本公积<br>2. 以权益结算的股份支付。<br>（1）在授权日：<br>借：管理费用<br>　　贷：资本公积——其他资本公积<br>（2）在行权日：<br>借：资本公积——其他资本公积<br>　　贷：实收资本（或股本）<br>　　　　资本公积——资本溢价（或资本公积——股本溢价）<br>3. 企业集团内发生的股份支付交易。<br>如结算企业为接受服务企业的投资者，应当按照授予日权益工具的公允价值或应承担负债的公允价值确认为对接受服务企业的长期股权投资，同时确认资本公积（其他资本公积）或负债 |
| | 资本公积转增资本 | 借：资本公积<br>　　贷：实收资本（或股本） |

**典型例题**

【例6-8】（单选题）甲股份有限公司委托证券公司代理发行普通股1 000万股，每股股价1元，发行价格每股4元。证券公司按发行收入的2%收取手续费，该公司这项业务应计入资本公积的金额为（　　）万元。

A. 2 920　　　　　B. 2 940　　　　　C. 2 980　　　　　D. 3 000

【答案】A

【解析】发行股票支付的手续费=1 000×4×2%=80（万元）；发行股票相关的手续费等交易费用，在溢价发行时，应从溢价中扣除，冲减资本公积。所以计入资本公积的金额=1 000×4-1 000-80=2 920（万元）。

【例6-9】（多选题）下列各项中，不会使资本公积发生增减变动的有（　　）。

A. 企业实现净利润　　　　　　　　B. 盈余公积转增资本

C. 资本公积转增资本　　　　　　　D. 投资者超过注册资本额的投入资本

【答案】AB

【解析】资本公积中资本溢价（或股本溢价）不会影响企业的损益；盈余公积转增资本不会引起资本公积发生变动；资本公积转增资本引起资本公积减少；投资者

超过注册资本额的投入资本计入资本公积——资本溢价（或股本溢价）。

【例 6 - 10】（判断题）股份有限公司溢价发行股票时，按股票面值计入股本，溢价收入扣除发行手续费、佣金等发行费用后的金额计入资本公积。（　　）

【答案】√

## 考点 6　其他综合收益

| 项目 | 内容 |
|------|------|
| 不能重分类进损益的其他综合收益 | 1. 重新计量设定受益计划变动额。<br>2. 权益法下不能转损益的其他综合收益。<br>3. 其他权益工具投资公允价值变动。<br>4. 企业自身信用风险公允价值变动 |
| 可以重分类进损益的其他综合收益 | 1. 权益法下可转损益的其他综合收益。<br>2. 其他债权投资公允价值变动。<br>3. 金融资产重分类计入其他综合收益的金额。<br>4. 其他债权投资信用减值准备。<br>5. 现金流量套期储备。<br>6. 外币财务报表折算差额 |

典型例题

【例 6 - 11】（多选题）下列其他综合收益中，属于以后期间可能重分类进损益的有（　　）。

A. 重新计量设定受益计划变动额

B. 其他债权投资信用减值准备

C. 企业自身信用风险公允价值变动

D. 现金流量套期储备

【答案】BD

【解析】重新计量设定受益计划变动额和企业自身信用风险公允价值变动不能重分类进损益。

【例 6 - 12】（判断题）"其他综合收益"属于损益类科目。（　　）

【答案】×

【解析】"其他综合收益"属于所有者权益类科目。因此，本题表述错误。

## 考点7　留存收益的核算★★★

| 项目 | 内　　容 | |
|---|---|---|
| 内容 | 留存收益是企业从历年实现的利润中提取或形成的留存于企业的内部积累，包括盈余公积和未分配利润 | |
| 利润分配顺序 | 可供分配的利润 = 当年实现的净利润（或净亏损）+ 年初未分配利润（或 – 年初未弥补亏损）+ 其他转入<br>分配顺序依次是：（1）提取法定盈余公积；（2）提取任意盈余公积；（3）向投资者分配利润 | |
| 利润分配核算 | 结转实现的净利润或亏损 | 借：本年利润<br>　　贷：利润分配——未分配利润<br>亏损时作相反处理 |
| | 提取盈余公积 | 借：利润分配——提取法定盈余公积<br>　　贷：盈余公积——法定盈余公积<br>借：利润分配——提取任意盈余公积<br>　　贷：盈余公积——任意盈余公积 |
| | 宣告发放现金股利 | 借：利润分配——应付现金股利或利润<br>　　贷：应付股利 |
| | 将"利润分配"科目所属其他明细科目的余额，转入"未分配利润"明细科目 | 借：利润分配——未分配利润<br>　　贷：利润分配——提取法定盈余公积<br>　　　　——提取任意盈余公积<br>　　　　——应付现金股利或利润 |

**典型例题**

【例6 – 13】（多选题）下列各项中，属于企业留存收益的有（　　　）。

A. 发行股票的溢价收入

B. 按规定从净利润中提取的法定盈余公积

C. 累计未分配利润

D. 按股东大会决议从净利润中提取的任意盈余公积

【答案】BCD

【解析】发行股票的溢价收入应计入资本公积，资本公积不属于留存收益。

## 考点8　盈余公积的核算★★

| 项目 | 内　容 | |
|---|---|---|
| 来源 | 盈余公积是企业按照有关规定从净利润（减弥补以前年度亏损）中提取的积累资金。<br>1. 法定盈余公积：公司制企业按照净利润（减弥补以前年度亏损）的10%提取，非公司制企业提取比例可超过净利润的10%。法定盈余公积累计额已达注册资本的50%时可以不再提取。转增资本时，所留的该项公积金不得少于转增前公司注册资本的25%。<br>2. 任意盈余公积：如果年初未分配利润余额为正数，在计算提取法定盈余公积基数时，不应包括企业年初未分配利润；如果年初未分配利润余额为负数，应先弥补以前年度亏损再提取盈余公积 | |
| 用途 | 盈余公积补亏 | 借：盈余公积<br>　　贷：利润分配——盈余公积补亏 |
| | 盈余公积转增资本 | 借：盈余公积<br>　　贷：实收资本（或股本） |
| | 用盈余公积发放现金股利或利润 | 借：盈余公积<br>　　贷：应付股利<br>借：应付股利<br>　　贷：银行存款 |

典型例题

【例6-14】（单选题）某企业计划利用盈余公积转增资本200万元，企业注册资本金为300万元，企业累计计提的法定盈余公积为100万元，累计计提的任意盈余公积为250万元，该企业转增法定盈余公积的上限为（　　）万元。

A. 100　　　　　　B. 50　　　　　　C. 25　　　　　　D. 0

【答案】C

【解析】该企业注册资本金为300万元，按照《公司法》规定，法定盈余公积转增后留存下来的部分不得低于转增前注册资本金的25%，即留存下的法定盈余公积不低于75万元（300×25%），最多转增法定盈余公积25万元（100-75）。

【例6-15】（不定项选择题）某股份有限公司适用的所得税税率为25%，2×23年有关交易或事项如下：

（1）1月初，该公司股东权益总额是20 500万元，其中股本为10 000万元（股数10 000万股，每股1元），资本公积为3 000万元，盈余公积为6 000万元，未分配利润为1 500万元。

（2）经股东大会决议并报有关部门核准，6月28日该公司以银行存款回购本公司股票100万股，每股回购的价格为5元，每股原发行价格为1元，7月3日将回购的股票100万股注销。

（3）当年实现利润总额为1 800万元，其中相关会计处理与税法规定存在差异事项为：

①支付税收滞纳金300万元已计入营业外支出；

②本年取得的国债利息收入100万元已经计入投资收益，不考虑递延所得税。

（4）根据股东大会批准的利润分配方案，该公司按实现净利润的10%提取法定盈余公积；按实现净利润的10%提取任意盈余公积；向股东分配现金股利400万元。

要求：根据上述资料，不考虑其他因素，分析回答下列小题。

（1）根据资料（1），1月初，该公司留存收益的金额为（　　）万元。

A. 10 500　　　　B. 9 000　　　　C. 4 500　　　　D. 7 500

【答案】D

【解析】留存收益包括盈余公积和未分配利润，该公司1月初留存收益的金额＝6 000＋1 500＝7 500（万元）。

（2）根据资料（2），下列各项中，关于回购与注销本公司股票的会计处理结果正确的是（　　）。

A. 7月3日注销库存股冲减股本100万元

B. 6月28日回购股票确认库存股增加100万元

C. 6月28日回购股票确认库存股增加500万元

D. 7月3日注销库存股冲减资本公积200万元

【答案】AC

【解析】回购股份，应以回购价确认库存股增加；注销库存股，首先要按股份的面值冲减股本，注销库存股余额与股本差额冲减资本公积，资本公积不足的依次冲减盈余公积和未分配利润，本题冲减资本公积的金额＝500－100＝400（万元）。

（3）根据资料（3），下列各项中，该公司的会计处理正确的是（　　）。

A. 交纳所得税：

借：所得税费用　　　　　　　　　　　　　　　　　500

　　贷：应交税费——应交所得税　　　　　　　　　　　500

B. 交纳所得税：

借：所得税费用　　　　　　　　　　　　　　　　　450

　　贷：应交税费——应交所得税　　　　　　　　　　　450

C. 将本年利润结转至未分配利润时：

借：本年利润　　　　　　　　　　　　　　　　　1 300

　　　　贷：利润分配——未分配利润　　　　　　　　　　　　　　　　　　1 300

　　D. 将本年利润结转至未分配利润时：

　　借：本年利润　　　　　　　　　　　　　　　　　　　　　　　　　　　　1 350

　　　　贷：利润分配——未分配利润　　　　　　　　　　　　　　　　　　1 350

【答案】AC

【解析】应纳税所得额 = 1 800 + 300 - 100 = 2 000（万元）；所得税费用 = 2 000 × 25% = 500（万元）；净利润 = 1 800 - 500 = 1 300（万元）。

　　（4）根据资料（4），下列各项中，该公司 2×23 年未分配利润的年末余额为（　　）万元。

　　A. 640　　　　　　　　B. 2 140　　　　　　　　C. 670　　　　　　　　D. 2 170

【答案】B

【解析】2×23 年末未分配利润 = 1 500 + 1 300 - 1 300 ×（10% + 10%）- 400 = 2 140（万元）。

　　（5）根据资料（1）~（4），2×23 年 12 月 31 日该公司资产负债表"股东权益"下列项目期末余额填列正确的是（　　）。

　　A. 库存股无余额　　　　　　　　　　　　B. 资本公积 2 600 万元

　　C. 股本 9 900 万元　　　　　　　　　　　D. 盈余公积 6 260 万元

【答案】ABCD

【解析】回购的库存股已经注销，所以期末无余额；资本公积期末余额 = 3 000 - 400 = 2 600（万元）；股本期末余额 = 10 000 - 100 = 9 900（万元）；盈余公积期末余额 = 6 000 + 1 300 ×（10% + 10%）= 6 260（万元）。

## 巩固练习

### 一、单项选择题

1. 下列各项会影响所有者权益总额发生增减变动的是（　　）。

　　A. 支付已宣告的现金股利　　　　　　　　B. 股东大会宣告派发现金股利

　　C. 实际发放股票股利　　　　　　　　　　D. 盈余公积补亏

2. 甲、乙公司均为增值税一般纳税人，适用的增值税税率为 13%。甲公司接受乙公司投资转入的原材料一批，账面价值 170 000 元，投资协议约定的价值 200 000 元，假定投资协议约定的价值与公允价值相符，该项投资没有产生资本溢价。甲公司实收资本应增加（　　）元。

    A. 170 000　　　　　B. 222 100　　　　　C. 226 000　　　　　D. 200 400

  3. 股份有限公司采用收购本公司股票方式减资的，按注销股票的面值总额减少股本，购回股票支付的价款超过面值的部分，应依次冲减的会计科目是（　　）。

    A. 盈余公积、资本公积、利润分配——未分配利润

    B. 利润分配——未分配利润、资本公积、盈余公积

    C. 利润分配——未分配利润、盈余公积、资本公积

    D. 资本公积、盈余公积、利润分配——未分配利润

  4. 甲上市公司 2×23 年 12 月 31 日的股本为 1 000 万股，面值 1 元，资本公积（股本溢价）500 万元，盈余公积 300 万元，假定甲公司回购股票 200 万股，回购价格为每股 2 元，则注销库存股时冲减资本公积（　　）万元。

    A. 200　　　　　B. 500　　　　　C. 400　　　　　D. 300

  5. 下列各项中，可以重分类进损益的其他综合收益的是（　　）。

    A. 重新计量设定受益计划变动额

    B. 权益法核算下，企业按持股比例享有的因被投资单位重新计量设定受益计划变动导致的权益变动

    C. 外币财务报表折算差额

    D. 非交易性权益工具指定为以公允价值计量且其变动计入其他综合收益的金融资产

  6. 某企业年初未分配利润余额为 –100 万元，盈余公积年初余额为 100 万元，本年利润总额为 1 000 万元，所得税税率为 25%，按净利润的 10% 提取法定盈余公积，并将盈余公积 50 万元转增资本。该企业盈余公积年末余额为（　　）万元。

    A. 60　　　　　B. 115　　　　　C. 125　　　　　D. 130

  7. 下列各项中，能够导致企业留存收益减少的是（　　）。

    A. 提取任意盈余公积　　　　　　　　B. 以盈余公积转增资本

    C. 提取法定盈余公积　　　　　　　　D. 以盈余公积弥补亏损

  8. 某企业年初所有者权益总额 260 万元，当年以其中的资本公积转增资本 50 万元。当年实现净利润 200 万元，提取盈余公积 30 万元，向投资者分配利润 20 万元。该企业年末所有者权益总额为（　　）万元。

    A. 360　　　　　B. 410　　　　　C. 440　　　　　D. 460

  9. 某企业年初未分配利润为 100 万元，本年实现的净利润为 200 万元，分别按 10% 提取法定盈余公积和任意盈余公积，向投资者分配利润 150 万元，该企业未分配利润为（　　）万元。

    A. 10　　　　　B. 90　　　　　C. 100　　　　　D. 110

## 二、多项选择题

1. 下列关于实收资本的说法中，正确的有（　　）。

    A. 是企业清算时确定所有者对净资产的要求权的依据

    B. 确定所有者在企业所有者权益中所占的份额和参与企业生产经营决策的基础

    C. 实收资本可以转资本公积

    D. 企业进行利润分配和股利分配的依据

2. 某股份有限公司按法定程序报经批准后采用收购本公司股票方式减资，购回股票支付价款高于股票面值总额，所注销库存股账面余额与冲减股本的差额可能涉及的会计科目有（　　）。

    A. 盈余公积　　　　　　　　　　B. 利润分配——未分配利润

    C. 营业外收入　　　　　　　　　　D. 资本公积

3. 甲公司 2×23 年 12 月 31 日的股本是 1 000 万股，面值 1 元，资本公积（股本溢价）300 万元，盈余公积 100 万元，未分配利润是 300 万元，假定甲公司回购本公司股票 300 万股，以每股 3 元的价格收回，假定不考虑其他条件，下列说法中正确的有（　　）。

    A. 冲减的股本是 300 万元　　　　B. 冲减的资本公积是 300 万元

    C. 冲减的盈余公积是 100 万元　　D. 冲减的未分配利润是 200 万元

4. 下列交易或事项中，影响企业资本公积变动的有（　　）。

    A. 投资者实际出资额超过应出资额的部分

    B. 企业股票发行价超过面值的部分

    C. 企业支付股票发行费

    D. 长期股权投资采用权益法核算，分享被投资单位除净损益、其他综合收益和利润分配以外的所有者权益变动的份额

5. 下列项目中，能引起盈余公积发生增减变动的有（　　）。

    A. 提取任意盈余公积　　　　　　B. 以盈余公积转增资本

    C. 用任意盈余公积弥补亏损　　　D. 用盈余公积派发新股

6. 下列各项中，年度终了需要转入"利润分配——未分配利润"科目的有（　　）。

    A. 本年利润

    B. 利润分配——应付现金股利或利润

    C. 利润分配——盈余公积补亏

    D. 利润分配——提取法定盈余公积

### 三、判断题

1. 企业用盈余公积弥补亏损时，应借记"盈余公积"科目，贷记"利润分配——盈余公积补亏"科目。　　　　　　　　　　　　　　　　　　　　　　（　　）

2. 资本公积是企业从历年实现的利润中提取或形成的留存于企业的、来源于企业生产经营活动实现的利润。　　　　　　　　　　　　　　　　　　　（　　）

3. 其他权益工具是企业发行的普通股、优先股、可转债等金融工具。　（　　）

4. 对于归类为权益工具的金融工具，无论其名称中是否包含"股"，其利息支出或股利分配原则上按照借款费用进行处理，其回购或赎回产生的利得或损失等计入当期损益。　　　　　　　　　　　　　　　　　　　　　　　　　　（　　）

5. 股份有限公司发行股票发生的手续费和佣金等费用，先从发行股票的溢价收入中抵销，发行股票的溢价不足冲减或无溢价的，计入财务费用。　　　　（　　）

6. 企业需要偿还所有者权益和负债。　　　　　　　　　　　　　　（　　）

7. 提取法定盈余公积会使所有者权益增加。　　　　　　　　　　　（　　）

8. 企业无论是用税前利润补亏还是用税后利润补亏，均需作专门的会计处理。
　　　　　　　　　　　　　　　　　　　　　　　　　　　　　　　（　　）

9. 可供投资者分配的利润 = 当年实现的净利润（净亏损）+ 年初未分配利润（ - 年初未弥补亏损）+ 其他转入 + 资本公积 - 提取盈余公积。　　　（　　）

### 四、不定项选择题

2×23 年初甲股份有限公司（以下简称"甲公司"）股东权益总计为 45 000 万元，其中股本 30 000 万元，资本公积 1 000 万元，盈余公积 9 000 万元，未分配利润 5 000 万元，甲公司 2×23 年发生的有关股东权益业务资料如下：

（1）经批准，甲公司以增发股票方式募集资金，共增发普通股股票 400 万股，每股面值 1 元，每股发行价格 5 元。证券公司代理发行费用共 60 万元，从发行收入中扣除。股票已全部发行完毕，所收价款存入甲公司开户银行。

（2）当年甲公司实现利润总额 5 015 万元，其中，投资收益中包括当年收到的国债利息收入 25 万元，营业外支出中包括当年缴纳的税款滞纳金 10 万元。除以上事项外，无其他纳税调整事项。甲公司适用的所得税税率为 25%。

（3）经股东大会批准，甲公司以每股 4 元价格回购本公司股票 100 万股并注销。

（4）期末，甲公司确认因联营乙公司所有者权益增加而享有的权益，乙公司 2×23 年除净损益、其他综合收益和利润分配之外的所有者权益增加了 1 000 万元。

甲公司持有乙公司20%有表决权的股份，采用权益法核算此项投资。

要求：根据上述资料，不考虑其他因素，分析回答下列小题。

（1）根据资料（1），下列各项中，关于甲公司发行普通股的会计处理结果正确的是（　　）。

  A. 财务费用增加60万元    B. 股本增加2 000万元

  C. 资本公积增加1 540万元   D. 银行存款增加1 940万元

（2）根据资料（2），2×23年甲公司实现净利润（　　）万元。

  A. 3 761.25   B. 3 772.5   C. 3 775   D. 3 765

（3）根据资料（3），下列各项中，甲公司关于股票回购、注销业务的会计处理正确的是（　　）。

  A. 回购股票时：

   借：库存股             400

    贷：银行存款             400

  B. 回购股票时：

   借：股本               100

    贷：资本公积             100

  C. 注销股票时：

   借：股本               100

    资本公积             300

    贷：库存股             400

  D. 注销股票时：

   借：库存股             100

    资本公积             300

    贷：银行存款             400

（4）根据资料（4），下列各项中，关于甲公司长期股权投资业务对报表项目影响正确的是（　　）。

  A. "投资收益"项目增加200万元

  B. "资本公积"项目增加200万元

  C. "其他综合收益"项目增加200万元

  D. "长期股权投资"项目增加200万元

（5）根据期初资料、资料（1）~（4），甲公司2×23年末的资本公积为（　　）万元。

  A. 2 440    B. 2 840    C. 2 240    D. 2 540

# 巩固练习参考答案及解析

## 一、单项选择题

1. 【答案】B

【解析】支付已宣告的现金股利，不影响所有者权益。股东大会宣告派发现金股利，所有者权益减少，负债增加。实际发放股票股利不影响所有者权益。盈余公积补亏，所有者权益不变。

2. 【答案】C

【解析】借：原材料　　　　　　　　　　　　　　　　　　　　　　200 000

　　　　　应交税费——应交增值税（进项税额）（200 000×13%）

　　　　　　　　　　　　　　　　　　　　　　　　　　　　　　26 000

　　　　　　贷：实收资本　　　　　　　　　　　　　　　　　　226 000

3. 【答案】D

【解析】注销时，购回股票支付的价款高于面值总额的，按其差额借记"资本公积——股本溢价"科目。股本溢价不足冲减的，应依次冲减盈余公积、利润分配——未分配利润，即借记"盈余公积""利润分配——未分配利润"等科目。

4. 【答案】A

【解析】回购股票时：

借：库存股　　　　　　　　　　　　　　　　　　　　　　　　　400

　　　贷：银行存款　　　　　　　　　　　　　　　　　　　　　　　400

注销股份时：

借：股本　　　　　　　　　　　　　　　　　　　　　　　　　　200

　　　资本公积——股本溢价　　　　　　　　　　　　　　　　　　200

　　　贷：库存股　　　　　　　　　　　　　　　　　　　　　　　　400

5. 【答案】C

【解析】企业对境外经营的财务报表进行折算时，将外币财务报表折算差额作为其他综合收益核算。处置该境外经营资产时，原计入其他综合收益的部分应当转入当期损益。其余三项均为以后会计期间不能重分类进损益的其他综合收益。

6. 【答案】B

【解析】如果以前年度有未弥补的亏损，应先弥补以前年度亏损再提取盈余公积，即盈余公积年末余额 $= 100 + [1\,000 \times (1 - 25\%) - 100] \times 10\% - 50 = 115$（万元）。

7.【答案】B

【解析】以盈余公积转增资本导致留存收益减少；提取盈余公积（包括法定盈余公积和任意盈余公积）和盈余公积补亏都是在留存收益内部发生变化，不影响留存收益总额的变化。

8.【答案】C

【解析】资本公积转增资本、提取盈余公积不影响所有者权益总额；向投资者分配利润使所有者权益减少；该公司年末所有者权益总额 $= 260 + 200 - 20 = 440$（万元）。

9.【答案】D

【解析】企业未分配利润 $=$ 企业期初未分配利润 $100 +$ 本期净利润 $200 -$ 盈余公积 $40 -$ 分配利润 $150 = 110$（万元）。

## 二、多项选择题

1.【答案】ABD

【解析】资本公积可以转实收资本，实收资本在注销时，其溢价冲减会涉及"资本公积"的变动，但不能说是"实收资本可以转资本公积"。

2.【答案】ABD

【解析】如果购回股票支付的价款高于面值总额，注销股票时，按股票面值和注销股数计算的总额冲减股本，按注销库存股的账面余额与所冲减股本的差额冲减股本溢价，股本溢价不足以冲减的，应依次冲减盈余公积、利润分配——未分配利润。

3.【答案】ABCD

【解析】注销库存股时，如果回购价大于回购股份对应的股本，先冲减资本公积，股本溢价不足冲减的，应借记"盈余公积""利润分配——未分配利润"科目。本题中，回购的库存股一共900万元，对应股本为300万元，差额600万元，所以应该先冲减资本公积300万元，再冲减"盈余公积"100万元，冲减"利润分配——未分配利润"200万元。因此四个选项均正确。

4.【答案】ABCD

【解析】选项 A、B 使资本公积增加；选项 C 需要冲减资本公积；选项 D 记入"资本公积——其他资本公积"科目，也导致资本公积发生变动。

5.【答案】ABCD

【解析】选项 A，提取任意盈余公积，使得盈余公积增加；选项 B，以盈余公积转增资本，使得盈余公积减少；选项 C，用任意盈余公积弥补亏损，盈余公积减少，未分配利润增加；选项 D，用盈余公积派发新股，盈余公积减少，股本增加。

6.【答案】ABCD

【解析】期末"本年利润"科目的余额应该转入"利润分配——未分配利润"科目；而当期的利润分配事项中利润分配的明细科目如"应付现金股利""盈余公积补亏""提取法定盈余公积"等都要转入"未分配利润"明细科目。

## 三、判断题

1.【答案】√

2.【答案】×

【解析】留存收益是企业从历年实现的利润中提取或形成的留存于企业的、来源于企业生产经营活动实现的利润。

3.【答案】×

【解析】其他权益工具是企业发行的除普通股以外的按照准则规定归类为权益工具的各种金融工具，如优先股、永续债等。

4.【答案】×

【解析】其他权益工具账务处理的基本原则：对于归类为权益工具的金融工具，无论其名称中是否包含"债"，其利息支出或股利分配都应当作为发行企业的利润分配，其回购、注销等作为权益的变动处理；对于归类为金融负债的金融工具，无论其名称中是否包含"股"，其利息支出或股利分配原则上按照借款费用进行处理，其回购或赎回产生的利得或损失等计入当期损益。

5.【答案】×

【解析】与发行权益性证券直接相关的手续费、佣金等交易费用，借记"资本公积——股本溢价"科目，贷记"银行存款"等科目；如果"资本公积——股本溢价"金额不足，就应该调整留存收益。

6.【答案】×

【解析】企业不需要偿还所有者权益。

7.【答案】×

【解析】提取法定盈余公积是所有者权益内部组成项目的一增一减，不会导致所有者权益发生变动。

8.【答案】×

【解析】企业的税前利润或税后利润补亏均无须作专门的会计处理。

9.【答案】×

【解析】公式中不应含资本公积。

## 四、不定项选择题

（1）【答案】CD

【解析】相关会计分录为：

借：银行存款　　　　　　　　　　　　　　　　　　　　1 940

　　贷：股本　　　　　　　　　　　　　　　　　　　　　　400

　　　　资本公积——股本溢价　　　　　[400×(5-1)-60] 1 540

（2）【答案】D

【解析】所得税费用=(5 015-25+10)×25%=1 250（万元）；净利润=5 015-1 250=3 765（万元）。

（3）【答案】AC

【解析】采用收购本公司股票方式减资的，通过"库存股"科目核算回购股票的份额。①回购本公司股票，借记"库存股"科目，贷记"银行存款"科目；②注销本公司股票，借记"股本""资本公积"科目，贷记"库存股"科目。

（4）【答案】BD

【解析】相关会计分录为：

借：长期股权投资　　　　　　　　　　　　　（100×20%）200

　　贷：资本公积——其他资本公积　　　　　　（100×20%）200

（5）【答案】A

【解析】甲公司2×23年末的资本公积=1 000+1 540-300+200=2 440（万元）。

# 第七章　收入、费用和利润

　　本章是非常重要的一章。"收入"应掌握收入确认和计量的步骤，在某一时点履行履约义务确认收入的账务处理，在某一时段内履行履约义务确认收入的账务处理，交易价格的确认和分摊，合同成本的内容和账务处理；熟悉特定交易的会计处理。"费用"应重点关注各项费用核算内容和账务处理，掌握营业成本、税金及附加、期间费用的核算内容和账务处理。"利润"应重点关注营业利润、利润总额和净利润的计算。掌握营业利润、利润总额和净利润的计算要点，营业外收入、营业外支出核算内容；理解所得税费用的计算要点；了解结转本年利润的方法和账务处理。本章内容在考试中各种题型均会涉及，分值在 15 分左右。

## 教材变化

　　2024 年教材本章收入的内容为重新编写，按照收入的确认和计量步骤，分别介绍各步骤的处理方法；较 2023 年教材简化了部分内容和例题，但新增了特定交易的会计处理。费用的内容也进行了重新编写，但变化不大。利润中新增了对暂时性差异的介绍。

# 教材框架

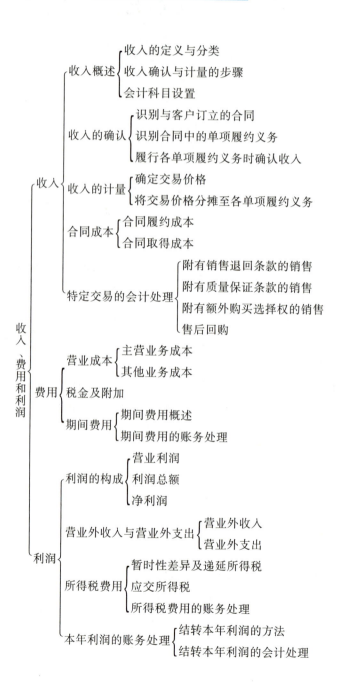

收入、费用和利润
- 收入
  - 收入概述
    - 收入的定义与分类
    - 收入确认与计量的步骤
    - 会计科目设置
  - 收入的确认
    - 识别与客户订立的合同
    - 识别合同中的单项履约义务
    - 履行各单项履约义务时确认收入
  - 收入的计量
    - 确定交易价格
    - 将交易价格分摊至各单项履约义务
  - 合同成本
    - 合同履约成本
    - 合同取得成本
  - 特定交易的会计处理
    - 附有销售退回条款的销售
    - 附有质量保证条款的销售
    - 附有额外购买选择权的销售
    - 售后回购
- 费用
  - 营业成本
    - 主营业务成本
    - 其他业务成本
  - 税金及附加
  - 期间费用
    - 期间费用概述
    - 期间费用的账务处理
- 利润
  - 利润的构成
    - 营业利润
    - 利润总额
    - 净利润
  - 营业外收入与营业外支出
    - 营业外收入
    - 营业外支出
  - 所得税费用
    - 暂时性差异及递延所得税
    - 应交所得税
    - 所得税费用的账务处理
  - 本年利润的账务处理
    - 结转本年利润的方法
    - 结转本年利润的会计处理

# 考点提炼

## 考点1 收入的确认与计量 ★★★

| 步骤 | 内 容 |
|---|---|
| 第一步，识别与客户订立的合同 | 企业与客户之间的合同同时满足下列五项条件的，企业应当在客户取得相关商品控制权时确认收入：<br>1. 合同各方已批准该合同并承诺将履行各自义务。<br>2. 该合同明确了合同各方与所转让商品相关的权利和义务。<br>3. 该合同有明确的与所转让商品相关的支付条款。<br>4. 该合同具有商业实质，即履行该合同将改变企业未来现金流量的风险、时间分布或金额。<br>5. 企业因向客户转让商品而有权取得的对价很可能收回 |
| 第二步，识别合同中的单项履约义务 | 满足下列条件之一的，属于在某一时段内履行的履约义务。否则，属于在某一时点履行的履约义务。（即判断时，先时段后时点）<br>1. 客户在企业履约的同时即取得并消耗企业履约所带来的经济利益。<br>2. 客户能够控制企业履约过程中在建的商品。<br>3. 企业履约过程中所产出的商品具有不可替代用途，且该企业在整个合同期间内有权就累计至今已完成的履约部分收取款项 |
| 第三步，确定交易价格 | 交易价格是指企业因向客户转让商品而预期有权收取的对价金额，不包括企业代第三方收取的款项（如增值税）以及企业预期将退还给客户的款项。<br>企业应当按照期望值或最可能发生金额确定可变对价的最佳估计数 |
| 第四步，将交易价格分摊至单项履约义务 | 分摊依据为各单项履约义务所承诺商品的单独售价（企业向客户单独销售商品的价格）的相对比例 |
| 第五步，履行各单项履约义务时确认收入（在客户取得相关商品控制权时确认收入） | 在某一时点履行的履约义务，企业在判断控制权是否转移时，企业应当综合考虑下列迹象：<br>1. 企业就该商品享有现时收款权利，即客户就该商品负有现时付款义务。<br>2. 企业已将该商品的法定所有权转移给客户，即客户已拥有该商品的法定所有权。<br>3. 企业已将该商品实物转移给客户，即客户已占有该商品实物。<br>4. 企业已将该商品所有权上的主要风险和报酬转移给客户，即客户已取得该商品所有权上的主要风险和报酬。<br>5. 客户已接受该商品。<br>6. 其他表明客户已取得商品控制权的迹象 |
| | 在某一时段履行的履约义务，根据履约进度确认收入：<br>当期应确认收入＝合同交易价格总额×履约进度－以前会计期间累计已确认的收入<br>当履约进度不能合理确定时，企业已经发生的成本预计能够得到补偿的，应当按照已经发生的成本金额确认收入，直到履约进度能够合理确定为止 |

典型例题

**【例 7 - 1】**（多选题）下列各项中，应计入工业企业其他业务收入的有（　　）。

A. 出售投资性房地产取得的收入

B. 随同商品出售且单独计价的包装物取得的收入

C. 股权投资取得的现金股利收入

D. 经营性租赁固定资产的现金收入

**【答案】** ABD

**【解析】** 工业企业的股权投资取得的现金股利收入应该计入投资收益核算，不计入其他业务收入。

**【例 7 - 2】**（多选题）下列各项中，收入确认和计量表述正确的有（　　）。

A. 企业应识别合同中的单项履约义务

B. 企业履行各单项履约义务时确认收入

C. 交易价格不包括企业预期将退还给客户的款项

D. 企业确认客户合同收入应以合同存在为前提

**【答案】** ABCD

**【解析】** 根据《企业会计准则第 14 号——收入》（2017），收入确认和计量大致分为五步：第一步，识别与客户订立的合同。合同的存在是企业确认客户合同收入的前提（选项 D 正确）。第二步，识别合同中的单项履约义务（选项 A 正确）。第三步，确定交易价格。交易价格是指企业因向客户转让商品而预期有权收取的对价金额，不包括企业代第三方收取的款项（如增值税）以及企业预期将退还给客户的款项（选项 C 正确）。第四步，将交易价格分摊至各单项履约义务。第五步，履行各单项履约义务时确认收入（选项 B 正确）。

**【例 7 - 3】**（单选题）甲公司签订一项合同，合同总价款为 500 万元，根据合同，如果甲公司提前完成合同，可获得 100 万元的额外奖励，如果没有提前完成则没有奖励。甲公司估计提前完成合同的可能性为 90%，不能提前完成合同的可能性为 10%。甲公司应确认的交易价格为（　　）万元。

A. 500　　　　　　B. 540　　　　　　C. 600　　　　　　D. 0

**【答案】** C

**【解析】** 当合同仅有两个可能结果时，按照最可能发生金额估计可变对价金额，所以甲公司应确认的交易价格 = 500 + 100 = 600（万元）。

**【例 7 - 4】**（多选题）2×23 年 3 月 1 日，甲公司与客户签订合同，向其销售 A、B 两种商品，A 商品的单独售价为 6 000 元，B 商品的单独售价为 24 000 元。该合同价款为 25 000 元。假定 A 商品和 B 商品分别构成单项履约义务，其控制权在交付时转移给客户。上述价格均不包含增值税，且假定不考虑相关税费影响。分摊至 A 商品和 B 商品的合同价款分别为（　　）。

　　A. A 商品 3 000 元

　　B. A 商品 5 000 元

　　C. B 商品 20 000 元

　　D. B 商品 30 000 元

【答案】BC

【解析】分摊至 A 商品的合同价款 = 6 000 ÷（6 000 + 24 000）× 25 000 = 5 000（元）；分摊至 B 商品的合同价款 = 24 000 ÷（6 000 + 24 000）× 25 000 = 20 000（元）。

【例 7 - 5】（多选题）企业在判断客户是否已取得商品控制权时，企业应当考虑的迹象包括（　　）。

　　A. 客户已接受该商品

　　B. 客户就该商品负有现时付款义务

　　C. 客户已占有该商品实物

　　D. 客户已取得该商品所有权上的主要风险和报酬

【答案】ABCD

【解析】判断控制权是否转移时应当综合考虑的迹象包括：（1）企业就该商品享有现时收款权利，即客户就该商品负有现时付款义务；（2）企业已将该商品的法定所有权转移给客户，即客户已拥有该商品的法定所有权；（3）企业已将该商品实物转移给客户，即客户已占有该商品实物；（4）企业已将该商品所有权上的主要风险和报酬转移给客户，即客户已取得该商品所有权上的主要风险和报酬；（5）客户已接受该商品；（6）其他表明客户已取得商品控制权的迹象。

【例 7 - 6】（判断题）对于在某一时段内履行的履约义务，当履约进度不能合理确定时，企业已发生的成本预计能够得到补偿的，应当按照已发生的成本金额确认收入。（　　）

【答案】√

【解析】履约进度不能合理确定，但成本预计能够得到补偿，按发生成本确认收入，成本预计不能得到补偿不能确认收入。

【例 7 - 7】（单选题）2×23 年 11 月 1 日，甲公司接受乙公司委托为其安装一台大型设备，安装期限为 3 个月，合同约定乙公司应支付安装费总额为 60 000 元。当日收到乙公司 20 000 元预付款，其余款项安装结束验收合格后一次付清。截至 2×23 年 12 月 31 日，甲公司实际发生安装费 15 000 元，预计至安装完成还将发生安装费用 25 000 元；该公司按累计实际发生的成本占预计总成本的比例确定履约进度。不考虑其他因素，甲公司 2×23 年应确认的收入为（　　）元。

　　A. 20 000　　　　B. 22 500　　　　C. 15 000　　　　D. 60 000

【答案】B

【解析】2×23 年末的履约进度 = 15 000 ÷（15 000 + 25 000）× 100% = 37.5%；

$2 \times 23$ 年应确认的收入 $=60\,000 \times 37.5\% = 22\,500$（元）。

【例7-8】（多选题）履约进度的确定方法包括（　　）。

A. 技术人员测量的完工进度　　　　　B. 花费的人工工时、机器工时

C. 时间进度　　　　　　　　　　　　D. 评估已实现的结果

【答案】ABCD

【解析】企业应当考虑商品的性质，采用实际测量的完工进度、评估已实现的结果、时间进度、已完工或交付的产品等产出指标，或采用投入的材料数量，花费的人工工时、机器工时，发生的成本和时间进度等投入指标确定恰当的履约进度。

### 考点2　合同成本★★★

| 项目 | | 内　容 |
|---|---|---|
| 合同成本 | 合同取得成本 | 增量成本，指企业不取得合同就不会发生的成本。如果增量成本预期可通过未来的相关服务收入予以补偿，该增量成本应在发生时确认为一项资产，即合同取得成本：<br>借：合同取得成本<br>　　贷：银行存款等<br>对于合同取得成本应采用与该资产相关的商品收入确认相同的基础进行摊销，计入当期损益：<br>借：管理费用、销售费用等<br>　　贷：合同取得成本 |
| | | 企业为取得合同发生的、除预期能够收回的增量成本之外的其他支出，例如，无论是否取得合同均会发生的差旅费、投标费、为准备投标资料发生的相关费用等，应当在发生时计入当期损益，除非这些支出明确由客户承担 |
| | 合同履约成本 | 属于《企业会计准则第14号——收入》规范范围且同时满足条件确认为资产 | 1. 该成本与一份当前或预期取得的合同直接相关。<br>2. 该成本增加了企业未来用于履行（包括持续履行）履约义务的资源。<br>3. 该成本预期能够收回。<br>发生合同履约成本：<br>借：合同履约成本<br>　　贷：银行存款、应付职工薪酬等<br>摊销合同履约成本：<br>借：主营业务成本、其他业务成本<br>　　贷：合同履约成本 |
| | | 直接计入当期损益 | 1. 管理费用，除非这些费用明确由客户承担；<br>2. 非正常消耗的直接材料、直接人工和制造费用（或类似费用），这些支出为履行合同发生，但未反映在合同价格中；<br>3. 与履约义务中已履行（包括已全部履行或部分履行）部分相关的支出，即该支出与企业过去的履约活动相关；<br>4. 无法在尚未履行的与已履行（或已部分履行）的履约义务之间区分的相关支出 |

（注：表格中"属于《企业会计准则第14号——收入》规范范围且同时满足条件确认为资产"和"直接计入当期损益"为第三列，对应内容为第四列。）

典型例题

**【例7-9】**（单选题）下列各项由企业承担的费用中，属于增量成本的是（　　）。

A. 合同投标费
B. 尽职调查费
C. 差旅费
D. 销售佣金

**【答案】** D

**【解析】** 销售佣金属于为取得合同发生的增量成本。合同投标费、尽职调查费、差旅费，无论是否取得合同都会发生，不属于增量成本，应当于发生时直接计入当期损益。

**【例7-10】**（判断题）"合同履约成本"属于成本类会计科目。（　　）

**【答案】** ×

**【解析】** "合同履约成本"属于资产类科目。企业发生合同履约成本时，借记"合同履约成本"科目，贷记"银行存款""应付职工薪酬""原材料"等科目；对合同履约成本进行摊销时，借记"主营业务成本""其他业务成本"等科目，贷记"合同履约成本"科目。

## 考点3　特定交易的会计处理★★

| 种类 | | 会计处理 |
|---|---|---|
| 附有销售退回条款的销售 | 销售时 | 借：银行存款/应收账款/合同资产等<br>　贷：主营业务收入/其他业务收入【已收入或应收货款扣除估计发生的退货款】<br>　　　预计负债【估计发生的退货款】<br>　　　应交税费——应交增值税（销项税额）【已收或应收货款应交的增值税】<br>借：主营业务成本/其他业务成本【发出存货总成本扣除估计退货的成本】<br>　　应收退货成本【估计退货的成本】<br>　贷：库存商品 |
| | 重新估计退货率时 | 重新估计退货率＞原估计退货率<br>借：主营业务收入/其他业务收入<br>　贷：预计负债【重新估计退货金额与原估计退货金额的差额】<br>借：应收退货成本【重新估计退货的成本与原估计退货成本的差额】<br>　贷：主营业务成本/其他业务成本 |
| | | 重新估计退货率＜原估计退货率<br>借：预计负债【重新估计退货金额与原估计退货金额的差额】<br>　贷：主营业务收入/其他业务收入<br>借：主营业务成本/其他业务成本<br>　贷：应收退货成本【重新估计退货的成本与原估计退货成本的差额】 |

续表

| 种类 | 会计处理 | |
| --- | --- | --- |
| 附有质量保证条款的销售 | （1）客户能够选择单独购买质量保证的；（2）客户虽然不能选择单独购买质量保证，但如果该质量保证在向客户保证所销售的商品符合既定标准之外提供了一项单独服务的。这两种情况表明该质量保证构成单项履约义务，应将交易价格在所售商品与质量保证服务之间进行分摊，分别确认收入 | |
| 附有客户额外购买选择权的销售 | 客户只有在订立了一项合同的前提下才取得了额外购买选择权，并且客户行使该选择权购买额外商品时，能够享受到超过该地区或该市场中其他同类客户所能够享有的折扣，则通常认为该选择权向客户提供了一项重大权利。<br>对于该项重大权利，应作为单项履约义务，将交易价格按照在所销售的商品或服务与购买选择权之间进行分摊。<br>分摊至重大选择权的交易价格，应当在客户行使该选择权取得相关商品的控制权时，或者在该选择权失效时确认为收入 | |
| 售后回购 | 企业因存在与客户的远期安排而负有回购义务或企业享有回购权利的 | 回购价格＜原售价：应当视为租赁交易进行会计处理 |
| | | 回购价格≥原售价：应当视为融资交易进行会计处理 |
| | 企业应客户要求回购商品的 | 客户具有行使该要求权的重大经济动因：<br>回购价格＜原售价：应当视为租赁交易进行会计处理<br>回购价格≥原售价：应当视为融资交易进行会计处理 |
| | | 客户不具有行使该要求权的重大经济动因：<br>企业应当将该售后回购作为附有销售退回条款的销售交易进行相应的会计处理 |

**典型例题**

【例7-11】（单选题）2×23年11月1日，甲公司向乙公司销售100台空调，并提供为期1年的因乙公司使用不当而发生的质量保证服务，合同总价款40万元，乙公司当日支付货款，空调已运送至乙公司。下列说法中正确的是（    ）。

A. 甲公司应于2×23年11月1日确认收入40万元

B. 甲公司应将合同总价款在销售空调和提供质量保证服务之间进行分摊

C. 甲公司应于质量保证服务期满确认收入40万元

D. 甲公司该项销售业务符合收入确认条件

【答案】B

【解析】因该项质量保证服务是因乙公司使用不当发生的，不属于法定质保，应作为单项履约义务，将总价款40万元在销售空调和提供质量保证服务之间进行分摊。对于销售空调的交易价格符合收入确认条件，应于2×23年11月1日确认收入；对于提供的质量保证服务属于在某一时段内履行的履约义务，应根据履约进度确认收入。

【例7-12】（判断题）甲公司向乙公司销售一批商品，并给予乙公司在甲公司购物享受6折的优惠券，甲公司给予其他同类客户的折扣为7折，则其给予乙公司的购买选择权为一项重大权利。（　　）

【答案】√

【解析】乙公司从甲公司取得的额外购买选择权，在行使该选择权购买额外商品时，能够享受到超过其他同类客户所能够享有的折扣，因此该选择权为一项重大权利。甲公司应将商品的交易价格在所售商品和该选择权之间进行分摊，分别确认收入。

【例7-13】（判断题）企业负有应客户要求回购商品义务，客户具有行使该要求权的重大经济动因且回购价格不低于原售价的，应视为租赁交易。（　　）

【答案】×

【解析】企业负有应客户要求回购商品义务，客户具有行使该要求权的重大经济动因且回购价格不低于原售价的，应视为融资交易。

## 考点4 营业成本★★

| 分类 | 内容 | 账务处理 |
|---|---|---|
| 主营业务成本 | 企业销售商品、提供服务等经常性活动所发生的成本 | 结转成本时：<br>借：主营业务成本<br>　　贷：库存商品、合同履约成本等<br>期末结转本年利润：<br>借：本年利润<br>　　贷：主营业务成本<br>结转后，"主营业务成本"无余额 |
| 其他业务成本 | 企业确认的除主营业务活动以外的其他日常经营活动所发生的支出。包括：（1）销售材料的成本；（2）出租固定资产的折旧额；（3）出租无形资产的摊销额；（4）出租包装物的成本或摊销额；（5）采用成本模式计量投资性房地产的，其投资性房地产计提的折旧额或摊销额 | 发生其他业务成本时：<br>借：其他业务成本<br>　　贷：原材料、周转材料、累计折旧、累计摊销、应付职工薪酬、银行存款等<br>期末结转本年利润：<br>借：本年利润<br>　　贷：其他业务成本<br>结转后，"其他业务成本"无余额 |

典型例题

【例7-14】（判断题）营业成本指主营业务成本。（　　）

【答案】×

【解析】营业成本包括主营业务成本和其他业务成本。

## 考点5　税金及附加★★

| 内容 | 账务处理 |
| --- | --- |
| 消费税、城市维护建设税、教育费附加、资源税、土地增值税、房产税、环境保护税、城镇土地使用税、车船税、印花税 | 计算确认相关税费时：<br>借：税金及附加<br>　　贷：应交税费<br>实际交纳时：<br>借：应交税费<br>　　贷：银行存款 |
| 【易错点】1. 税金及附加不包括增值税和企业所得税，增值税单独列示，企业所得税计入所得税费用。<br>2. 印花税发生时直接借记"税金及附加"科目，贷记"银行存款"科目 | |

典型例题

【例7-15】（单选题）2×23年10月，某企业销售应税消费品确认应交增值税20万元，消费税30万元，应交城市维护建设税3.5万元。不考虑其他因素，该企业2×23年10月利润表"税金及附加"项目本期金额为（　　）万元。

A. 53.5　　　　　B. 23.5　　　　　C. 50　　　　　D. 33.5

【答案】D

【解析】该企业2×23年10月利润表"税金及附加"项目本期金额=30+3.5=33.5（万元）。

【例7-16】（单选题）因书立购销合同而缴纳的印花税的会计分录正确的是（　　）。

A. 借记"税金及附加"科目，贷记"银行存款"科目

B. 借记"税金及附加"科目，贷记"应交税费"科目

C. 借记"管理费用"科目，贷记"应交税费"科目

D. 借记"管理费用"科目，贷记"银行存款"科目

【答案】A

【解析】缴纳印花税的会计分录为：借记"税金及附加"科目，贷记"银行存款"科目，选项A正确。

## 考点6 期间费用 ★★★

| 分类 | 内容 | 账务处理 |
|------|------|----------|
| 销售费用 | 1. 售前：广告费、展览费。<br>2. 售中：销售过程中由销售方承担的保险费、包装费、运输费、装卸费。<br>3. 售后：商品维修费、预计产品质量保证损失。<br>4. 销售本企业商品而专设的销售机构相关的固定资产修理费、职工薪酬、业务费、折旧费等经营费用。<br>5. 随同商品出售且不单独计价的包装物。<br>【易错点】随同商品出售且不单独计价的包装物的成本计入销售费用；随同商品出售且单独计价的包装物的成本计入其他业务成本 | 发生时：<br>借：销售费用<br>　　贷：银行存款等<br>期末结转时：<br>借：本年利润<br>　　贷：销售费用<br>结转后，"销售费用"科目无余额 |
| 管理费用 | 1. 筹建期间发生的开办费。<br>2. 公司经费、行政管理部门负担的工会经费、董事会会费、聘请中介机构费、咨询费（含顾问费）、诉讼费、业务招待费、技术转让费。<br>3. 行政管理部门发生的固定资产日常修理费用等。<br>4. 研究费用、自用无形资产摊销 | 发生时：<br>借：管理费用<br>　　贷：银行存款等<br>期末结转时：<br>借：本年利润<br>　　贷：管理费用<br>结转后，"管理费用"科目无余额 |
| 财务费用 | 1. 利息支出（减利息收入）。<br>2. 汇兑损益。<br>3. 相关的手续费。<br>确认与计量遵循权责发生制要求 | 发生时：<br>借：财务费用<br>　　贷：银行存款等<br>期末结转时：<br>借：本年利润<br>　　贷：财务费用<br>结转后，"财务费用"科目无余额 |

**典型例题**

【例7-17】（单选题）下列各项中，应计入期间费用的是（　　）。

A. 计提车间管理用固定资产的折旧费　　B. 预计产品质量保证损失

C. 车间管理人员的工资费用　　D. 销售商品发生的商业折扣

【答案】B

【解析】车间管理用固定资产的折旧费计入制造费用；预计产品质量保证损失计入销售费用；车间管理人员的工资计入制造费用；销售商品发生的商业折扣在确认收入之前就扣除了，不形成费用。销售费用、管理费用和财务费用属于期间费用，选项B正确。

【例7-18】（单选题）某企业2×23年11月发生以下经济业务：支付专设销售

机构固定资产修理费 3 万元；代垫销售商品运杂费 2 万元；支付受托方代销商品手续费 10 万元；结转随同商品出售单独计价包装物成本 5 万元；预计本月已销商品质量保证损失 1 万元；支付诉讼费 0.8 万元。该企业 11 月应计入销售费用的金额是（　　）万元。

A. 16　　　　　B. 16.8　　　　　C. 14　　　　　D. 14.8

【答案】C

【解析】销售费用的金额 = 3 + 10 + 1 = 14（万元），企业支付的诉讼费 0.8 万元应计入管理费用；代垫运杂费计入应收账款；随同产品出售单独计价包装物成本计入其他业务成本。

【例 7 - 19】（单选题）下列各项中，企业行政管理部门负担的工会经费应记入的会计科目是（　　）。

A. 财务费用　　　B. 销售费用　　　C. 制造费用　　　D. 管理费用

【答案】D

【解析】一般情况下，行政管理部门发生的费用都记入"管理费用"科目。因此，企业行政管理部门负担的工会经费应记入"管理费用"科目。

【例 7 - 20】（多选题）下列各项中，不属于"财务费用"科目核算内容的有（　　）。

A. 短期借款利息支出　　　　　　　B. 为销售商品发生的广告费用

C. 办理银行承兑汇票支付的手续费　D. 发生的业务招待费

【答案】BD

【解析】为销售商品发生的广告费用应通过"销售费用"科目核算。发生的业务招待费应通过"管理费用"科目核算。

## 考点 7　利润构成 ★★

| 项目 | 计算公式 |
| --- | --- |
| 营业利润 | 营业利润 = 营业收入 - 营业成本 - 税金及附加 - 销售费用 - 管理费用 - 研发费用 - 财务费用 + 其他收益 + 投资收益（- 投资损失）+ 净敞口套期收益（- 净敞口套期损失）+ 公允价值变动收益（- 公允价值变动损失）- 资产减值损失 - 信用减值损失 + 资产处置收益（- 资产处置损失） |
| 利润总额 | 利润总额 = 营业利润 + 营业外收入 - 营业外支出 |
| 净利润 | 净利润 = 利润总额 - 所得税费用 |
| 【快速记忆】1. 营业利润反映日常业务形成的利润；利润总额反映日常业务和非日常业务形成的利润。<br>2. 对于具体公式的记忆，先记忆利润总额和净利润公式，剩下的损益类科目影响的均是营业利润 | |

**典型例题**

【例 7 - 21】（单选题）甲公司 2×23 年实现营业收入 1 000 万元，发生营业成本 600 万元，税金及附加 20 万元，管理费用 70 万元（含无形资产研究阶段支出 50 万元），营业外支出 15 万元。不考虑其他因素，甲公司 2×23 年的营业利润为（　　）万元。

A. 400　　　　　　B. 295　　　　　　C. 310　　　　　　D. 360

【答案】C

【解析】本题考查利润的构成。无形资产研究阶段支出 50 万元，期末通过"管理费用"科目核算，影响营业利润；营业外支出 15 万元，影响利润总额。甲公司 2×23 年的营业利润 = 1 000 - 600 - 20 - 70 = 310（万元），选项 C 正确。

【例 7 - 22】（单选题）下列各项中，不会引起利润总额发生增减变动的是（　　）。

A. 计提存货跌价准备　　　　　　B. 确认劳务收入

C. 确认所得税费用　　　　　　　D. 取得持有国债的利息收入

【答案】C

【解析】所得税费用是根据利润总额计算的，影响的是净利润，选项 C 正确。

## 考点 8　营业外收入与营业外支出 ★

| 项目 | 内容 | 账务处理 |
|------|------|----------|
| 营业外收入 | 1. 核算企业确认的与其日常活动无直接关系的各项利得。<br>2. 常见核算内容：<br>（1）非流动资产毁损报废收益。<br>（2）盘盈利得（主要指现金溢余无法查明原因部分）。<br>（3）捐赠利得。<br>（4）无法支付的应付账款。<br>（5）与企业日常活动无关的政府补助 | 确认营业外收入时：<br>借：库存现金、待处理财产损溢等<br>　　贷：营业外收入<br>期末结转时：<br>借：营业外收入<br>　　贷：本年利润<br>结转后，"营业外收入"科目无余额 |
| 营业外支出 | 1. 核算企业发生的与其日常活动无直接关系的各项损失。<br>2. 常见核算内容：<br>（1）非流动资产毁损报废损失。<br>（2）盘亏损失。<br>（3）捐赠支出。<br>（4）罚款支出。<br>（5）非常损失等 | 确认营业外支出时：<br>借：营业外支出<br>　　贷：固定资产清理、无形资产等<br>期末结转时：<br>借：本年利润<br>　　贷：营业外支出<br>结转后，"营业外支出"科目无余额 |

**典型例题**

【例7-23】（单选题）下列各项中，应列入利润表"营业外收入"项目的是（　　）。

A. 接受社会捐赠收到的款项

B. 处置无形资产利得

C. 无形资产的租金收入

D. 结转原材料收发计量差错而导致的盘盈金额

【答案】A

【解析】处置无形资产利得计入资产处置损益；无形资产的租金收入应计入其他业务收入；结转原材料收发计量差错而导致的盘盈金额应冲减管理费用。

【例7-24】（单选题）某公司因雷电造成损失共计250万元，其中流动资产100万元，非流动资产150万元，获得保险公司赔偿80万元，计入营业外支出的金额为（　　）万元。

A. 250　　　　　　　B. 170　　　　　　　C. 150　　　　　　　D. 100

【答案】B

【解析】自然灾害造成损失除获得保险公司赔偿外计入营业外支出，营业外支出的金额＝250－80＝170（万元）。

【例7-25】（单选题）下列各项中，报经批准后计入营业外支出的是（　　）。

A. 结转售出材料的成本　　　　　　　B. 采购原材料运输途中的合理损耗

C. 管理原因导致的原材料盘亏　　　　D. 自然灾害导致的原材料损失

【答案】D

【解析】选项A计入其他业务成本；选项B计入材料采购成本；选项C计入管理费用。

## 考点9　所得税费用★★

| 项目 | 内　　容 |
| --- | --- |
| 暂时性差异及递延所得税 | 应纳税暂时性差异→递延所得税负债<br>可抵扣暂时性差异→递延所得税资产 |
| | 递延所得税＝（递延所得税负债期末余额－递延所得税负债期初余额）－（递延所得税资产期末余额－递延所得税资产期初余额）<br>递延所得税资产发生额＝递延所得税资产期末余额－递延所得税资产期初余额<br>递延所得税负债发生额＝递延所得税负债期末余额－递延所得税负债期初余额 |

续表

| 项目 | 内　　容 |
|---|---|
| 应交所得税 | 1. 应交所得税 = 应纳税所得额 × 所得税税率<br>2. 应纳税所得额 = 税前会计利润（利润表：利润总额）+ 纳税调整增加额 – 纳税调整减少额<br>（1）纳税调整增加额。<br>职工福利费、工会经费、职工教育经费、业务招待费、公益性捐赠支出、广告费和业务宣传费、税收滞纳金、罚款、罚金。<br>（2）纳税调整减少额。<br>前 5 年内未弥补的亏损、国债利息收入以及符合条件的居民企业之间的股息、红利等权益性投资收益等 |
| 所得税费用 | 所得税费用 = 当期所得税 + 递延所得税<br>借：所得税费用<br>　　递延所得税资产（发生额 > 0；若发生额 < 0，在贷方列示）<br>　　贷：应交税费——应交所得税<br>　　　　递延所得税负债（发生额 > 0；若发生额 < 0，在借方列示） |

【快速记忆】所得税费用指的是利润表中的"所得税费用"，这个报表项目的填列不是简单等于利润总额 × 所得税税率，而是先确定应交所得税（具体计算要掌握，哪些项目调增，哪些项目调减），再计算递延所得税（这里只需要明确递延所得税资产、负债发生额的计算即可）

**典型例题**

【例 7 – 26】（单选题）某企业适用的所得税税率为 25%。2×23 年度该企业实现利润总额 500 万元，应纳税所得额为 480 万元，影响所得税费用的递延所得税资产增加 8 万元。不考虑其他因素，该企业 2×23 年度利润表"所得税费用"项目本期金额为（　　）万元。

A. 128　　　　　　B. 112　　　　　　C. 125　　　　　　D. 120

【答案】B

【解析】该企业 2×23 年度利润表"所得税费用"项目本期金额 = 480 × 25% – 8 = 112（万元）。

【例 7 – 27】（单选题）某企业 2×23 年度税前会计利润为 2 000 万元，其中本年国债利息收入 120 万元，税收滞纳金 20 万元，企业所得税税率为 25%，假定不考虑其他因素，该企业 2×23 年度所得税费用为（　　）万元。

A. 465　　　　　　B. 470　　　　　　C. 475　　　　　　D. 500

【答案】C

【解析】应纳税所得额 = 2 000 – 120 + 20 = 1 900（万元）；所得税费用 = 1 900 × 25% = 475（万元）。

【例 7 - 28】（单选题）某企业 2×23 年当期所得税为 650 万元，递延所得税负债年初数为 45 万元、年末数为 58 万元。递延所得税资产年初数为 36 万元，年末数为 32 万元。不考虑其他因素，该企业 2×23 年应确认的所得税费用为（　　）万元。

A. 650　　　　　　B. 663　　　　　　C. 633　　　　　　D. 667

【答案】D

【解析】递延所得税 =（递延所得税负债年末数 - 递延所得税负债年初数）-（递延所得税资产年末数 - 递延所得税资产年初数）=（58 - 45）-（32 - 36）= 17（万元）。所得税费用 = 当期所得税 + 递延所得税 = 650 + 17 = 667（万元）。

## 考点 10　本年利润的账务处理 ★★

| 项目 | | 内　　容 | |
|---|---|---|---|
| 结转方法 | 表结法 | 各损益类科目每月月末只需结计出本月发生额和月末累计余额，不结转到"本年利润"科目 | |
| | | 每月月末要将损益类科目的本月发生额合计数填入利润表的本月数栏 | |
| | | 将本月月末累计余额填入利润表的本年累计数栏，通过利润表计算反映各期的利润（或亏损） | |
| | 账结法 | 每月月末均需编制转账凭证，将在账上结计出的各损益类科目的余额结转入"本年利润"科目 | |
| | | 结转后"本年利润"科目的本月余额反映当月实现的利润或发生的亏损 | |
| | | 年度终了，"本年利润"的本年累计余额转入"利润分配——未分配利润"科目 | |
| | | 结转后"本年利润"科目应无余额 | |
| 会计处理 | | 将各损益类科目年末余额结转入"本年利润"科目：<br>1. 结转各项收入、利得类科目的发生额：<br>借：主营业务收入<br>　　其他业务收入<br>　　其他收益<br>　　公允价值变动损益<br>　　投资收益<br>　　营业外收入<br>　　贷：本年利润<br>2. 结转各项费用、损失类科目的发生额：<br>借：本年利润<br>　　贷：主营业务成本<br>　　其他业务成本<br>　　税金及附加<br>　　销售费用<br>　　管理费用<br>　　财务费用<br>　　资产减值损失<br>　　营业外支出<br>　　所得税费用 | 确认所得税费用：<br>借：所得税费用<br>　　贷：应交税费——应交所得税<br><br>将所得税费用结转入"本年利润"科目：<br>借：本年利润<br>　　贷：所得税费用<br><br>将"本年利润"科目年末余额转入"利润分配——未分配利润"科目：<br>借：本年利润<br>　　贷：利润分配——未分配利润 |

典型例题

**【例7-29】**（单选题）下列各项中，关于结转本年利润的方法表述不正确的是（　　）。

A. 表结法减少了月末转账环节工作量，且不影响利润表的编制

B. 账结法无须每月编制转账凭证，仅在年末一次性编制

C. 表结法下每月月末需将损益类科目本月发生额合计数填入利润表的本月数栏目

D. 期末结转本年利润的方法有表结法和账结法两种

**【答案】** B

**【解析】** 账结法下，每月月末均需编制转账凭证，将在账上结计出的各损益类科目的余额结转入"本年利润"科目。

**【例7-30】**（判断题）会计期末，企业应将"所得税费用"科目的余额转入"利润分配——未分配利润"科目。（　　）

**【答案】** ×

**【解析】** 期末，应将"所得税费用"科目的余额转入"本年利润"科目。

# 巩固练习

## 一、单项选择题

1. 下列各项中，属于《企业会计准则14号——收入》规定收入的是（　　）。

A. 进行债权投资收取的利息　　　　B. 保费收入

C. 对外出租资产收取的租金　　　　D. 出售原材料取得的收入

2. A公司销售一批商品，开出的增值税专用发票上注明售价为100万元，增值税税额为13万元，商品已经发出，该批商品的成本为60万元，A公司销售该商品影响损益的金额为（　　）万元。

A. 20　　　　　　B. 80　　　　　　C. 40　　　　　　D. 100

3. 已经发出商品但不能确认收入时，应借记（　　）科目。

A. 主营业务成本　　　　　　　　　B. 库存商品

C. 发出商品　　　　　　　　　　　D. 委托代销商品

4. 某企业为建筑施工单位，2×23年9月1日与客户签订一份施工合同，属于在某一时段内履行的单项履约义务。合同总金额为3 500万元，预计总成本为2 000万

元。截至 2×23 年 12 月 31 日，该企业为履行合同履约义务实际发生成本 800 万元，履约进度不能合理确定，已经发生的成本预计能够得到补偿。不考虑相关税费和其他因素，2×23 年该企业应确认的收入为（      ）万元。

  A. 2 000　　　　　　B. 1 400　　　　　　C. 800　　　　　　D. 2 100

5. B 公司于 2×23 年 8 月接受一项产品安装任务，安装期 5 个月，合同收入 200 000 元，当年实际发生成本 140 000 元，实际测量的完工进度为 60%，假定不考虑增值税，则该企业 2×23 年度确认收入为（      ）元。

  A. 120 000　　　　　B. 160 000　　　　　C. 200 000　　　　　D. 0

6. 在评估质量保证是否在向客户保证所销售商品符合既定标准之外提供了一项单独的服务时，下列表述不正确的是（      ）。

  A. 企业应当考虑该质量保证是否为法定要求、质量保证期限以及企业承诺履行任务的性质等因素

  B. 客户能够选择单独购买质量保证的，该质量保证构成单项履约义务

  C. 质量保证期限越长，越有可能是单项履约义务

  D. 如果企业必需履行某些特定的任务以保证所转让的商品符合既定标准，则这些特定的任务不可能构成单项履约义务

7. 2×23 年 3 月 1 日，甲公司向乙公司销售一批商品共 5 万件，每件售价 80 元，每件成本 60 元。双方签订的销售合同约定，2×23 年 5 月 31 日前出现质量问题的商品可以退回。甲公司销售当日预计该批商品退货率为 8%，3 月份未发生退货，假定不考虑增值税等相关税费。则甲公司 2×23 年 3 月份的会计处理表述中，正确的是（      ）。

  A. 3 月份不确认收入

  B. 3 月份不需要对预计退货部分作处理

  C. 3 月份确认收入 360 万元

  D. 3 月份确认收入 368 万元

8. 某工业企业为增值税一般纳税人，2×23 年应缴纳的各种税金如下：增值税 300 万元，消费税 400 万元（其中，300 万元全部为销售应税消费品所发生，100 万元为委托加工商品所发生），城市维护建设税 60 万元，教育费附加 10 万元，房产税 20 万元，所得税费用 200 万元。上述各项税金应计入税金及附加的金额为（      ）万元。

  A. 70　　　　　　　B. 390　　　　　　C. 90　　　　　　D. 460

9. 下列各项中，应在发生时确认为"销售费用"的是（      ）。

  A. 对外出租的投资性房地产的折旧

  B. 车间管理人员的薪酬

  C. 预计质量保证损失

D. 厂部管理人员的薪酬

10. 某企业 4 月发生以下经济业务：车间管理部门的人工费为 30 万元；因收发差错造成的存货短缺净损失为 10 万元；管理部门机器设备日常维修支出为 30 万元；办公楼应摊销的土地使用权为 310 万元。该企业 4 月应计入管理费用的金额是（　　）万元。

　　　A. 380　　　　　B. 350　　　　　C. 310　　　　　D. 50

11. 某企业某月销售生产的商品确认销售成本 80 万元，销售原材料确认销售成本 10 万元，本月发生销售人员工资 1.5 万元。不考虑其他因素，该企业该月计入其他业务成本的金额为（　　）万元。

　　　A. 100　　　　　B. 110　　　　　C. 10　　　　　D. 11.5

12. 企业筹建期间发生的开办费应该计入（　　）。

　　　A. 财务费用　　　　　　　　B. 研发支出

　　　C. 管理费用　　　　　　　　D. 在建工程

13. 下列各项中，不能通过财务费用核算的是（　　）。

　　　A. 企业发行股票支付的手续费　　　B. 汇兑损益

　　　C. 利息支出　　　　　　　　D. 利息收入

14. 下列各项中，应该通过"销售费用"科目核算的是（　　）。

　　　A. 研究费用

　　　B. 审计费用

　　　C. 销售商品过程中发生的保险费用

　　　D. 随同商品出售而单独计价的包装物

15. 下列事项影响"营业利润"的是（　　）。

　　　A. 投资收益　　　　　　　　B. 罚款支出

　　　C. 盘盈固定资产　　　　　　D. 无法支付的应付账款

16. 甲公司 2×23 年度税前会计利润为 9 900 万元，所得税税率为 25%。甲公司全年实发工资、薪金总额为 1 000 万元，职工福利费为 150 万元。经查，甲公司当年营业外支出中有 60 万元为税收滞纳金。假定甲公司全年无其他纳税调整因素。税法规定，企业发生的合理的工资、薪金支出准予据实扣除；企业发生的职工福利费支出，不超过工资、薪金总额 14% 的部分准予扣除；企业发生的税收滞纳金不允许扣除。则甲公司 2×23 年的净利润为（　　）万元。

　　　A. 9 970　　　　　B. 2 492.5　　　　　C. 7 407.5　　　　　D. 7 425

17. 乙公司 2×23 年全年税前会计利润为 990 万元，经查乙公司当年营业外支出中有 10 万元为税收滞纳金。乙公司递延所得税负债年初数为 50 万元，年末数为 60 万元，递延所得税资产年初数为 25 万元，年末数为 20 万元。乙公司适用的所得税税率为25%，假定不考虑其他因素，则乙公司2×23年的所得税费用是（　　）万元。

  A. 260    B. 250    C. 265    D. 255

  18. 甲企业2×23年主营业务收入为480万元，主营业务成本为300万元，其他业务收入为220万元，其他业务成本为100万元，销售费用为15万元，资产减值损失为45万元，公允价值变动收益为60万元，投资收益为20万元，营业外收入为30万元，营业外支出为20万元，假定不考虑其他因素，则该企业本年营业利润为（　　）万元。

  A. 300    B. 320    C. 365    D. 380

## 二、多项选择题

  1. 甲企业2×23年10月售出产品一批，并确认了收入，2×23年12月由于质量问题被退回时，在作相关处理时不会涉及的科目有（　　）。

  A. 库存商品       B. 营业外支出

  C. 利润分配       D. 主营业务收入

  2. 收入确认的前提条件包括（　　）。

  A. 合同各方已批准该合同并承诺将履行各自义务

  B. 企业因向客户转让商品而有权取得的对价很可能收回

  C. 该合同有明确的与所转让商品相关的支付条款

  D. 该合同明确了合同各方与所转让商品相关的权利和义务

  3. 下列各项中，属于合同履约成本的有（　　）。

  A. 支付给分包商的成本

  B. 与履约义务中已履行部分相关的材料支出

  C. 支付给直接为客户提供承诺服务的人员工资

  D. 非正常消耗的直接材料

  4. 下列各项中，属于企业增量成本的有（　　）。

  A. 支付给直接为客户提供所承诺服务的人员的工资

  B. 企业因现有合同续约或发生合同变更需要支付的额外佣金

  C. 支付给销售人员的销售佣金

  D. 取得合同发生的投标费用

  5. 下列业务中，属于在某一时段履行的履约义务的有（　　）。

  A. 甲公司向乙公司提供的保洁服务

  B. 丙建筑公司向丁公司提供的生产厂房建造服务

C. 戊会计师事务所向己公司提供的审计服务

D. 庚公司向辛公司销售的日化用品

6. 甲公司为一家健身器材销售公司，为增值税一般纳税人，2×23 年 6 月 1 日，甲公司按合同约定向乙公司销售 5 万件健身器材，单位销售价格为 500 元，健身器材已交付乙公司。合同约定，乙公司 7 月 31 日前有权退回健身器材。假定甲公司根据过去的经验，估计该批健身器材的退货率约为 20%，在不确定性消除时，80% 的收入极可能不会发生重大转回。下列说法中正确的有（　　　）。

A. 2×23 年 6 月 1 日甲公司应确认的收入为 2 500 万元

B. 2×23 年 6 月 1 日甲公司应确认的收入为 2 000 万元

C. 2×23 年 6 月 1 日甲公司应确认的收入为 0

D. 如果 80% 的收入极可能发生重大转回，则不应该确认收入

7. 甲公司和乙公司均为增值税一般纳税人，2×23 年 1 月 1 日，甲公司向乙公司销售一批商品，增值税专用发票上注明销售价格为 200 万元，增值税税额为 26 万元。该商品成本为 160 万元，商品已发出，款项已收到。协议规定，甲公司应在 2×23 年 5 月 31 日将所售商品购回，回购价为 220 万元（不含增值税税额）。甲公司应作出的正确会计处理包括（　　　）。

A. 甲公司应于 2×23 年 1 月 1 日确认收入 200 万元

B. 甲公司应将此项回购业务作为融资交易处理

C. 甲公司应将此项回购业务作为租赁业务处理

D. 甲公司应于 2×23 年 1 月 1 日至 5 月 31 日期间确认 20 万元的利息费用

8. 关于附有客户额外购买选择权的销售，下列表述中正确的有（　　　）。

A. 企业应当评估该选择权是否向客户提供了一项重大权利

B. 客户行使该选择权购买商品时的价格反映了这些商品单独售价的，不应被视为企业向该客户提供了一项重大权利

C. 如果选择权向客户提供了重大权利，企业应当在未来转让这些商品或服务时或选择权失效时确认收入

D. 只要客户有额外购买商品选择权，就应将其作为单项履约义务

9. 下列关于收入的表述中，不正确的有（　　　）。

A. 售后回购交易如果属于融资交易，企业不应确认销售商品收入

B. 某些情况下企业在销售产品或提供劳务的同时会授予客户奖励积分，在销售产品或提供劳务的同时，应当将销售取得的货款一次性确认为收入

C. 对于附有销售退回条款的销售，企业应在客户取得相关商品控制权时，按照因向客户转让商品而预期有权收取的对价金额（包含预期因销售退回将退回的金额）确认收入

  D. 对附有销售退回的商品销售，期末应对原退货率重新估计并进行调整

10. 下列各项中，关于费用的特点，说法正确的有（　　）。

  A. 费用是企业在日常活动中发生的经济利益流出

  B. 费用会导致所有者权益的减少

  C. 费用与向所有者分配利润无关

  D. 费用包括成本费用和期间费用

11. 下列各项业务中，不会影响主营业务成本金额的有（　　）。

  A. 出售原材料结转成本

  B. 出租包装物的成本

  C. 用于对外投资的自产产品成本

  D. 出租无形资产的摊销额

12. 下列各项中，属于"其他业务成本"科目核算的内容有（　　）。

  A. 转让软件所有权    B. 经营租出无形资产的服务费

  C. 销售材料结转的材料成本  D. 转让软件使用权摊销额

13. 企业的营业成本包括（　　）。

  A. 主营业务成本    B. 其他业务成本

  C. 销售费用     D. 营业外支出

14. 下列各项中属于期间费用的有（　　）。

  A. 季节性停工损失    B. 咨询费

  C. 管理部门的劳动保险费  D. 销售人员的工资

15. 下列各项中，不应在发生时确认为销售费用的有（　　）。

  A. 车间管理人员的工资

  B. 出租包装物的成本

  C. 销售部门的固定资产所计提折旧

  D. 专设销售机构固定资产的维修费

16. 下列各项中，应计入财务费用的有（　　）。

  A. 应付财务人员的工资   B. 短期借款的利息

  C. 汇兑业务支付的手续费  D. 广告费

17. 某企业发生的下列业务中，应记入"管理费用"科目贷方的有（　　）。

  A. 无法查明原因的现金短缺

  B. 财产清查中盘盈的原材料

  C. 出租管理用无形资产计提的摊销

  D. 年末结转管理费用

18. 下列各项中，应计入营业外收入的有（　　）。

A. 盘盈利得

B. 转让长期股权投资取得的净收益

C. 转让交易性金融资产取得的净收益

D. 固定资产报废清理净收益

19. 下列各项中，影响利润表中"营业利润"项目金额的有（    ）。

A. 无形资产处置净损失

B. 支付合同违约金

C. 原材料跌价损失

D. 交易性金融资产公允价值变动损失

20. 下列各项中，引起当期利润总额增加的有（    ）。

A. 确认存货盘盈的收益

B. 确认本期出租闲置设备的租金收入

C. 确认银行存款的利息收入

D. 出售交易性金融资产取得的净收益

21. 下列各项中，需要进行纳税调整的有（    ）。

A. 前5年内未弥补亏损

B. 国债利息收入

C. 超出税法规定扣除标准的业务招待费

D. 税款滞纳金

22. 会计期末结转本年利润的方法主要有（    ）。

A. 表结法      B. 账结法      C. 分步法      D. 分批法

23. 下列科目中，期末余额应转入本年利润的有（    ）。

A. 投资收益    B. 主营业务收入    C. 营业外收入    D. 递延收益


## 三、判断题

1. 甲公司销售货物开具的增值税普通发票注明的金额113万元（含增值税13万元），为该业务的交易价格。（    ）

2. 企业在销售商品时，虽然满足收入确认的其他条件，但销售时得知对方企业资金流转出现困难，估计价款收回可能性不大，不应确认收入。（    ）

3. 识别合同中的单项履约义务时，应先判断是否属于某一时点履行的履约义务，如不属于，则应为某一时段履行的履约义务。（    ）

4. 对于在某一时段履行的履约义务，当履约进度不能合理确定时，企业已发生的成本预计能够得到补偿的，应待履约进度能够合理确定时确认收入。（    ）

5. 在对可变对价进行估计时，企业应当按照最可能发生金额确定可变对价的最佳估计数。　　　　　　　　　　　　　　　　　　　　　　　　（　　）

6. 法定义务的质量保证条款与商品本身应该作为分别的单项履约义务处理。
　　　　　　　　　　　　　　　　　　　　　　　　　　　　　　（　　）

7. 附有销售退回条款的销售，在资产负债表日，企业应当重新估计未来销售退回的情况，并对上述资产和负债进行重新计量，如有变化，应当作为会计政策变更进行会计处理。　　　　　　　　　　　　　　　　　　　　　　　（　　）

8. 采用售后回购方式销售商品的，销售的商品按售价确认收入，回购的商品作为购进商品处理。　　　　　　　　　　　　　　　　　　　　　　　（　　）

9. 税金及附加是指企业经营活动应负担的相关税费，包括消费税、城市维护建设税、增值税、消费税和资源税等。　　　　　　　　　　　　　　　（　　）

10. 管理费用不多的商品流通企业可以不设置"管理费用"科目，相关费用并入"销售费用"科目核算。　　　　　　　　　　　　　　　　　　　（　　）

11. 制造费用与财务费用不同，本期发生的财务费用直接影响本期损益，而本期发生的制造费用不会影响本期的损益。　　　　　　　　　　　　　（　　）

12. 原材料处置成本、非流动资产报废毁损、公益性捐赠支出、盘亏损失、出租包装物的成本、罚款支出等都计入营业外支出。　　　　　　　　　（　　）

13. 企业当期的所得税费用不一定等于当期的应交所得税。　　　　（　　）

14. 某企业 2×23 年初有上年形成的亏损 25 万元，当年实现利润总额 15 万元，所得税税率为 25%，则企业 2×23 年不需要缴纳企业所得税。　　　（　　）

15. 表结法下，应将每月在账上结计出的各损益类科目余额转入"本年利润"科目。　　　　　　　　　　　　　　　　　　　　　　　　　　　（　　）

## 四、不定项选择题

甲公司为增值税一般纳税人，适用的增值税税率为 13%，甲公司 2×23 年 12 月发生如下交易或事项：

（1）2 日，计算应交环境保护税 2 万元，缴纳印花税 4 万元。

（2）13 日，销售商品领用一批单独计价的包装物，实际成本 5 万元，开具的增值税专用发票注明的金额 8 万元，增值税税额 1.04 万元，款项已存入银行，且该业务符合在某一时点履行履约义务收入的确认条件。

（3）27 日，车间生产设备和车间管理部门使用固定资产分别发生日常修理费 3 万元和 1 万元，当期发生折旧费 5 万元。

（4）31 日，销售商品发生的售后商品维修费 10 万元，专设销售网点机器设备折旧 8 万元，销售人员薪酬 15 万元，销售过程中发生汇兑损失 6 万元。

要求：根据上述资料，不考虑其他因素，分析回答下列小题。

（1）根据资料（1），下列各项中，甲公司会计处理正确的是（　　）。

    A. 借记"管理费用"4 万元　　　　B. 借记"税金及附加"6 万元

    C. 贷记"银行存款"6 万元　　　　D. 贷记"应交税费"2 万元

（2）根据资料（2），下列各项中，甲公司的会计处理正确的是（　　）。

    A. 出售包装物时，贷记"其他业务收入"8 万元

    B. 出售包装物时，贷记"其他业务收入"9.04 万元

    C. 结转出售包装物的成本时，借记"其他业务成本"5 万元

    D. 结转出售包装物的成本时，借记"主营业务成本"5 万元

（3）根据资料（3），下列各项中，甲公司关于日常维修费的会计处理正确的是（　　）。

    A. 确认"管理费用"1 万元　　　　B. 确认"制造费用"3 万元

    C. 确认"管理费用"4 万元　　　　D. 确认"制造费用"8 万元

（4）根据资料（4），应确认的销售费用的金额为（　　）万元。

    A. 23　　　　　B. 29　　　　　C. 33　　　　　D. 39

（5）根据上述资料，甲公司 12 月应计入期间费用的金额为（　　）万元。

    A. 46　　　　　B. 40　　　　　C. 44　　　　　D. 41

## 巩固练习参考答案及解析

### 一、单项选择题

1.【答案】D

【解析】准则规范的收入不涉及企业对外出租资产收取的租金、进行债权投资收取的利息、进行股权投资取得的现金股利以及保费收入等，选项 A、B、C 错误。

2.【答案】C

【解析】影响损益的金额 = 100 − 60 = 40（万元）。

3.【答案】C

【解析】已经发出商品但不能确认收入时：

借：发出商品

　　贷：库存商品

4.【答案】C

【解析】当履约进度不能合理确定时，企业已经发生的成本预计能够得到补偿的，应当按照已经发生的成本金额确认收入，直到履约进度能够合理确定为止。

5.【答案】A

【解析】2×23年度确认收入 = 200 000×60% = 120 000（元）。

6.【答案】D

【解析】如果企业必需履行某些特定的任务以保证所转让的商品符合既定标准，则这些特定的任务可能不构成单项履约义务；如果该特定任务可以单独购买，该特定任务可以确定为一项单项履约义务。

7.【答案】D

【解析】甲公司2×23年3月份应确认的收入 = 5×80×（1 - 8%）= 368（万元）。

8.【答案】B

【解析】增值税属于价外税，是从购买方收取并最终缴纳给税务机关的，不影响企业的损益，不通过"税金及附加"科目核算。委托加工物资由受托方代收代缴的消费税，直接出售的记入"委托加工物资"科目，收回后继续加工的，记入"应交税费——应交消费税"科目的借方。房产税通过"税金及附加"科目核算，所得税费用通过"所得税费用"科目核算。所以，应记入"税金及附加"科目的金额 = 300 + 60 + 10 + 20 = 390（万元）。

9.【答案】C

【解析】对外出租投资性房地产的折旧计入其他业务成本；车间管理人员的薪酬计入制造费用；厂部管理人员的薪酬计入管理费用。预计质量保证损失计入销售费用。

10.【答案】B

【解析】管理费用 = 10 + 30 + 310 = 350（万元），车间管理部门的人工费应计入制造费用。

11.【答案】C

【解析】销售商品确认的销售成本通过"主营业务成本"科目核算，销售原材料确认的销售成本通过"其他业务成本"科目来核算，销售人员的工资通过"销售费用"科目核算，因此本题中计入其他业务成本的金额为10万元。

12.【答案】C

【解析】企业在筹建期间发生的开办费应该计入管理费用。

13.【答案】A

【解析】企业发行股票支付的手续费，如果是溢价发行股票的，应从溢价中抵扣，冲减资本公积（股本溢价）；无溢价发行股票或溢价金额不足以抵扣的，应将不足抵扣的部分冲减盈余公积和未分配利润。选项 B、C、D 应计入财务费用。

14.【答案】C

【解析】选项 A，研究费用应计入管理费用；选项 B，审计费用应该计入管理费用；选项 D，随同商品出售而单独计价的包装物应该计入其他业务成本。

15.【答案】A

【解析】选项 A 影响营业利润；选项 B 计入营业外支出，不影响营业利润；选项 C，盘盈固定资产计入以前年度损益调整；选项 D，无法支付的应付账款计入营业外收入。

16.【答案】C

【解析】应纳税所得额 = 税前会计利润 + 纳税调整项目 = 9 900 + [（150 - 1 000 × 14%）+ 60] = 9 970（万元），企业在计算利润总额即税前会计利润时，已经扣除了相应的税收滞纳金，但是税法规定不允许抵扣，所以在计算应纳税所得额时要调增；而税法规定可以抵扣的职工福利费最多为 1 000 × 14% = 140（万元），但在计算利润总额时，已经扣除了 150 万元，多扣除了，所以在计算应纳税所得额时，要进行调增。本题中没有暂时性差异，故当期所得税费用 = 应纳税所得额 × 所得税税率 = 9 970 × 25% = 2 492.5（万元）；当期净利润 = 利润总额 - 当期所得税费用 = 9 900 - 2 492.5 = 7 407.5（万元）。

17.【答案】C

【解析】当期所得税 = 应纳税所得额 × 25% =（990 + 10）× 25% = 250（万元）。递延所得税 =（递延所得税负债年末数 - 递延所得税负债年初数）+（递延所得税资产年初数 - 递延所得税资产年末数）=（60 - 50）+（25 - 20）= 15（万元）。所得税费用 = 250 + 15 = 265（万元）。

18.【答案】B

【解析】本期营业利润 = 主营业务收入 480 + 其他业务收入 220 - 主营业务成本 300 - 其他业务成本 100 - 销售费用 15 - 资产减值损失 45 + 公允价值变动收益 60 + 投资收益 20 = 320（万元）。


## 二、多项选择题

1.【答案】BC

【解析】已经确认了销售收入的商品退回时要冲减主营业务收入，同时要反映商品入库，增加库存商品。

2.【答案】ABCD

【解析】企业与客户之间的合同同时满足下列五项条件的，企业应当在客户取得相关商品控制权时确认收入：（1）合同各方已批准该合同并承诺将履行各自义务；

（2）该合同明确了合同各方与所转让商品相关的权利和义务；（3）该合同有明确的与所转让商品相关的支付条款；（4）该合同具有商业实质，即履行该合同将改变企业未来现金流量的风险、时间分布或金额；（5）企业因向客户转让商品而有权取得的对价很可能收回。

3.【答案】AC

【解析】选项B、D，与履约义务中已履行部分相关的材料支出和非正常消耗的直接材料直接计入当期损益，不计入合同履约成本。

4.【答案】BC

【解析】支付给直接为客户提供所承诺服务的人员的工资属于合同履约成本；发生的投标费用无论是否取得合同都会发生，不属于增量成本。

5.【答案】ABC

【解析】满足下列条件之一的，属于在某一时段内履行的履约义务：

（1）客户在企业履约的同时即取得并消耗企业履约所带来的经济利益。（选项A正确）

（2）客户能够控制企业履约过程中在建的商品。（选项B正确）

（3）企业履约过程中所产出的商品具有不可替代用途，且该企业在整个合同期间内有权就累计至今已完成的履约部分收取款项。（选项C正确）

庚公司向辛公司销售的日化用品，属于在某一时点销售商品的履约义务，选项D错误。

6.【答案】BD

【解析】$2 \times 23$ 年 6 月 1 日甲公司应确认的收入 $= 5 \times 500 \times (1 - 20\%) = 2\,000$（万元）。包含可变对价的交易价格，应当不超过在相关不确定性消除时，累计已确认的收入可能不会发生重大转回的金额。

7.【答案】BD

【解析】甲公司负有回购义务，回购价格220万元不低于售价200万元，应视为融资交易。甲公司应当在收到款项时确认金融负债，并将200万元与回购价格220万元之间的差额20万元在 $2 \times 23$ 年 1 月 1 日至 5 月 31 日期间确认为利息费用等。

8.【答案】ABC

【解析】对于附有客户额外购买选择权的销售，企业应当评估该选择权是否向客户提供了一项重大权利。企业提供重大权利的，应当作为单项履约义务，选项D错误。

9.【答案】BC

【解析】选项B，应当将销售取得的货款或应收货款在本次商品销售或提供劳务单独售价与奖励积分的单独售价之间进行分配，奖励积分分配的交易价格确认为合同负债；选项 C，对于附有销售退回条款的销售，企业应在客户取得相关商品控制权时，按照因向客户转让商品而预期有权收取的对价金额（不包含预期因销售退回将退回的金额）确认收入。

10.【答案】ABCD

【解析】费用是指企业在日常活动中发生的、会导致所有者权益减少的、与向所有者分配利润无关的经济利益的总流出，具体包括成本费用和期间费用。

11.【答案】ABD

【解析】选项 A、B、D 计入其他业务成本。选项 C，用于对外投资的自产产品视同销售，自产产品成本计入主营业务成本。

12.【答案】BCD

【解析】销售材料结转的材料成本、经营租出无形资产的服务费和转让软件使用权的摊销额均在"其他业务成本"科目中核算；转让软件所有权结转的摊余价值应该在"资产处置损益"科目中核算。

13.【答案】AB

【解析】企业的营业成本包括主营业务成本和其他业务成本。

14.【答案】BCD

【解析】选项 A，计入制造费用；选项 B、C，计入管理费用；选项 D，计入销售费用。

15.【答案】AB

【解析】选项 A，车间管理人员的工资计入制造费用；选项 B，出租包装物的成本应计入其他业务成本。

16.【答案】BC

【解析】选项 A，财务人员属于行政管理人员，其工资应计入管理费用。选项 D，广告费应计入销售费用。

17.【答案】BD

【解析】选项 A，借记"管理费用"科目，贷记"待处理财产损溢"科目；选项 B，借记"待处理财产损溢"科目，贷记"管理费用"科目；选项 C，借记"其他业务成本"科目，贷记"累计摊销"科目；选项 D，借记"本年利润"科目，贷记"管理费用"科目。

18.【答案】AD

【解析】转让长期股权投资、交易性金融资产取得的净收益应计入投资收益；固定资产报废清理的净收益、盘盈利得应计入营业外收入。

19.【答案】ACD

【解析】营业利润＝营业收入－营业成本－税金及附加－销售费用－管理费用－

研发费用－财务费用＋其他收益＋投资收益（－投资损失）＋净敞口套期收益（－净敞口套期损失）＋公允价值变动收益（－公允价值变动损失）－资产减值损失－信用减值损失＋资产处置收益（－资产处置损失）。选项A，计入资产处置损益，会影响营业利润；选项B，计入营业外支出，不影响营业利润；选项C，原材料跌价损失计入资产减值损失，会影响营业利润；选项D，计入公允价值变动损益，会影响营业利润。

20.【答案】ABCD

【解析】选项A，冲减管理费用；选项B，增加其他业务收入；选项C，冲减财务费用；选项D，增加投资收益。四个选项均会导致利润总额增加。

21.【答案】ABCD

【解析】纳税调整增加额包括超出税法规定扣除标准的业务招待费、税款滞纳金；纳税调整减少额包括国债利息收入、前5年内未弥补亏损。

22.【答案】AB

【解析】选项C、D是产品成本计算的方法。

23.【答案】ABC

【解析】投资收益、主营业务收入、营业外收入都属于损益类科目，期末余额均应转入"本年利润"科目；选项D递延收益是负债类科目，其期末余额不能转入"本年利润"科目。

## 三、判断题

1.【答案】×

【解析】交易价格是指企业因向客户转让商品而预期有权收取的对价金额，不包括企业代第三方收取的款项（如增值税）以及企业预期将退还给客户的款项。本题中，增值税普通发票注明的金额113万元为含税金额，其中包含的增值税13万元不包括在交易价格中，所以该业务的交易价格为100万元。

2.【答案】√

【解析】销售商品收入的确认条件之一是企业因向客户转让商品而有权取得的对价很可能收回。

3.【答案】×

【解析】识别合同中的单项履约义务时，应先判断该履约义务是否符合某一时段履行的履约义务的条件，如不符合，则属于某一时点履行的履约义务。

4.【答案】×

【解析】于在某一时段履行的履约义务，当履约进度不能合理确定时，企业已发生的成本预计能够得到补偿的，应当按照已经发生的成本金额确认收入，直到履约进度能够合理确定为止。

5. 【答案】×

【解析】在对可变对价进行估计时，企业应当按照期望值或最可能发生金额确定可变对价的最佳估计数。

6. 【答案】×

【解析】法定义务的质量保证条款与商品本身应该合并作为一起的单项履约义务处理。

7. 【答案】×

【解析】附有销售退回条款的销售，在资产负债表日，企业应当重新估计未来销售退回的情况，并对上述资产和负债进行重新计量，如有变化，应当作为会计估计变更进行会计处理。

8. 【答案】×

【解析】采用售后回购方式销售商品的，分别不同情形应视为租赁交易、融资交易或附有销售退回条款的销售交易进行会计处理。

9. 【答案】×

【解析】增值税属于价外税，是从购买方收取并最终缴纳给税务机关的，不影响企业的损益，不通过"税金及附加"科目核算。

10. 【答案】√

【解析】管理费用不多的商品流通企业，为了简化会计核算，可以不设置"管理费用"科目，相关费用并入"销售费用"科目核算。

11. 【答案】√

【解析】本期发生的制造费用可能包含在期末存货项目中，此时对本期的损益是不产生影响的。

12. 【答案】×

【解析】原材料处置成本、出租包装物的成本记入"其他业务成本"科目。

13. 【答案】√

【解析】所得税费用＝当期所得税＋递延所得税。

14. 【答案】√

【解析】当年形成的亏损，可以在以后5年内用税前利润补亏，本题中当年实现利润总额为15万元，尚不足以弥补亏损额，所以当年是不需要缴纳所得税的。

15. 【答案】×

【解析】账结法下，应将每月在账上结计出各损益类科目的余额转入"本年利润"科目。

## 四、不定项选择题

（1）【答案】BD

【解析】甲公司应作会计分录如下：

借：税金及附加 6
  贷：应交税费——应交环境保护税 2
    银行存款 4

（2）【答案】AC

【解析】甲公司出售包装物的会计分录如下：

出售包装物时：

借：银行存款 9.04
  贷：其他业务收入 8
    应交税费——应交增值税（销项税额） 1.04

结转出售包装物的成本时：

借：其他业务成本 5
  贷：周转材料——包装物 5

（3）【答案】AD

【解析】车间生产设备的日常修理费3万元与当期发生折旧费用5万元，应通过"制造费用"科目核算，选项D正确；车间管理部门使用固定资产发生的日常修理费用1万元，应通过"管理费用"科目核算，选项A正确。

（4）【答案】C

【解析】销售过程中发生汇兑损失6万元，应通过"财务费用"科目核算，所以应确认的销售费用的金额＝10＋15＋8＝33（万元），选项C正确。

（5）【答案】B

【解析】甲公司12月应计入期间费用的金额＝1＋10＋15＋8＋6＝40（万元），选项B正确。

# 第八章 财务报告

本章是非常重要的一章，包括资产负债表、利润表、现金流量表、所有者权益变动表及附注，重点要将本章内容与前面章节内容相结合。本章内容考试或各种题型均会出现。本章历年考试分值在 7 分左右。

## 教材变化

2024 年教材本章内容主要变化有：

1. 简化了财务报告概述内容。

2. 简化了现金流量表部分的内容。

3. 调整了所有者权益变动表部分的内容结构。

4. 删去了财务报告信息披露的相关内容。

5. 删去了"第七节 财务报告的阅读与应用"的相关内容。

# 教材框架

```
            ┌ 财务报告概述 ┌ 财务报告及其目标
            │              └ 财务报表的组成
            │              ┌ 资产负债表的结构
            │ 资产负债表   ┤ 资产负债表的作用
            │              └ 资产负债表的编制
            │              ┌ 利润表的结构
            │ 利润表       ┤ 利润表的作用
财务报告 ──┤              └ 利润表的编制
            │              ┌ 现金流量表的结构
            │ 现金流量表   ┤
            │              └ 现金流量表的编制
            │                ┌ 所有者权益变动表的结构
            │ 所有者权益变动表┤
            │                └ 所有者权益变动表的编制
            │              ┌ 附注的作用
            └ 财务报表附注 ┤
                           └ 附注的主要内容
```

# 考点提炼

## 考点1  资产负债表项目的填列方法 ★★★

| 项目 | 内　　容 |
|------|---------|
| 作用 | 可以反映企业在某一特定日期所拥有或控制的经济资源、所承担的现时义务和所有者对净资产的要求权，帮助财务报表使用者全面了解企业的财务状况、分析企业的偿债能力等情况，从而为其作出经济决策提供依据 |
| 报表结构 | 1. 我国企业采用账户式结构；<br>2. 账户式资产负债表为左右结构：左边为资产项目，按资产的流动性强弱排列；右边为负债及所有者权益项目，按要求清偿期限长短的先后顺序排列 |

续表

| 项目 | | 内 容 |
|---|---|---|
| 填制方法 | 根据总账科目余额填列 | 1. 根据总账科目余额直接填列：短期借款、资本公积等。<br>2. 根据总账科目余额计算填列。<br>货币资金 = 库存现金 + 银行存款 + 其他货币资金 |
| | 根据明细账科目余额计算填列 | 1. 预付款项 =（预付账款明细账借方余额 + 应付账款明细账借方余额）– 坏账准备<br>2. 应付账款 =（应付账款明细账贷方余额 + 预付账款明细账贷方余额） |
| | 根据总账科目和明细账科目余额分析计算填列 | 1. 长期借款项目<br>2. 其他非流动资产项目<br>3. 其他非流动负债 |
| | 根据有关科目余额减去其备抵科目余额后的净额填列 | 1. 长期股权投资 = 期末余额 – 长期股权投资减值准备<br>2. 无形资产 = 期末余额 – 累计摊销 – 无形资产减值准备<br>3. 固定资产 = 期末余额 – 累计折旧 – 固定资产减值准备 ± 固定资产清理<br>4. 在建工程 = 期末余额 – 在建工程减值准备<br>5. 应收票据 = 期末余额 – 坏账准备<br>6. 投资性房地产（采用成本模式计量）= 期末余额 – 投资性房地产累计折旧 – 投资性房地产减值准备 |
| | 综合方法 | 存货 = 原材料 + 库存商品 + 委托加工物资 + 周转材料 + 发出商品 + 在途物资 ± 材料成本差异 – 存货跌价准备 |

**典型例题**

【例 8 – 1】（多选题）下列关于我国企业资产负债表的表述正确的有（　　）。

A. 资产项目按照重要性排列

B. 资产项目按照流动性大小排列

C. 负债项目按照清偿期限长短的先后顺序排列

D. 资产负债表的编制依据是"资产 = 负债 + 所有者权益"

【答案】BCD

【解析】资产负债表中资产项目按照流动性强弱排列，流动性强的排在前面，流动性弱的排在后面。

【例 8 – 2】（多选题）资产负债表项目的"期末余额"栏，主要的填列方法有（　　）。

A. 根据有关科目的余额减去其备抵科目余额后的净额填列

B. 根据总账科目的期末余额计算填列

C. 根据明细账科目余额计算填列

D. 根据总账科目期末余额直接填列

【答案】ABCD

【解析】四个选项都正确。

【例8-3】（单选题）下列资产负债表项目中，应根据多个总账科目期末余额合计填列的是（　　）。

A. 短期借款　　　　B. 应付账款　　　　C. 货币资金　　　　D. 资本公积

【答案】C

【解析】选项A、D，根据总账科目余额直接填列。选项B，根据明细账科目余额计算填列。

## 考点2　资产负债表的编制说明★★★

| 项目 | 期末余额的填列方法 | 具体编制说明 |
| --- | --- | --- |
| 货币资金 | 根据总账科目余额计算填列 | 库存现金＋银行存款＋其他货币资金 |
| 交易性金融资产 | 根据明细科目期末余额分析填列 | 一年到期且预期持有超过一年的以公允价值计量且其变动计入当期损益的非流动金融资产的期末账面价值，在"其他非流动金融资产"项目反映 |
| 应收票据 | 根据有关科目余额减去其备抵科目余额后的净额填列 | 应收票据明细科目期末余额－相关坏账准备期末余额后的余额分析填列 |
| 应收账款 | 根据有关科目余额减去其备抵科目余额后的净额填列 | "应收账款"科目期末余额－相关坏账准备期末余额（如有"预收账款"借方，亦应填入） |
| 应收款项融资 | — | 以公允价值计量且其变动计入其他综合收益的应收票据和应收账款等 |
| 预付款项 | 根据"预付账款""应付账款"明细科目期末借方余额减去相关坏账准备后的净额填列 | 如"预付账款"科目所属明细科目期末为贷方余额的，应在资产负债表"应付账款"项目内填列 |
| 其他应收款 | 根据有关科目余额合计数减去其备抵科目余额后的净额填列 | 应收利息＋应收股利＋其他应收款－坏账准备有关的金额 |

| 项目 | 期末余额的填列方法 | 具体编制说明 |
|---|---|---|
| 存货 | 综合运用上述填列方法分析填列 | 材料采购、原材料、库存商品、周转材料、委托加工物资；发出商品、生产成本、受托代销商品－受托代销商品款±材料成本差异－存货跌价准备<br>【注意】工程物资、在建工程不属于存货 |
| 合同资产 | 根据相关明细科目期末余额分析填列 | — |
| 持有待售资产 | 根据有关科目余额减去其备抵科目余额后的净额填列 | 持有待售资产－持有待售资产减值准备 |
| 一年内到期的非流动资产 | 根据有关科目的期末余额分析填列 | — |
| 债权投资 | 根据有关科目余额减去其备抵科目余额后的净额填列 | 债权投资－债权投资减值准备，一年内到期的长期债权投资的期末账面价值，在"一年内到期的非流动资产"项目反映；一年内到期的债权投资的期末账面价值，在"其他流动资产"项目反映 |
| 其他债权投资 | 根据相关明细科目期末余额分析填列 | 一年内到期的长期债权投资的期末账面价值，在"一年内到期的非流动资产"项目反映，以公允价值计量且其变动计入其他综合收益的一年内到期的债权投资的期末账面价值，在"其他流动资产"项目反映 |
| 长期应收款 | 根据有关科目期末余额减去其备抵科目余额后的净额填列 | 长期应收款－未实现融资收益－坏账准备 |
| 长期股权投资 | 根据科目余额减去其备抵科目后的净额填列 | 期末余额－减值准备 |
| 其他权益工具投资 | 根据有关科目期末余额填列 | — |
| 固定资产 | 根据科目期末余额减去其备抵科目填列 | 期末余额－累计折旧－固定资产减值准备－固定资产清理 |
| 在建工程 | 根据科目余额减去其备抵科目填列 | 在建工程期末余额－在建工程减值准备＋工程物资期末余额－工程物资减值准备 |
| 使用权资产 | 根据科目期末余额减去其备抵科目填列 | 期末余额－累计折旧－减值准备 |
| 无形资产 | 根据科目期末余额减去其备抵科目填列 | 期末余额－累计摊销－无形资产减值准备 |

续表

| 项目 | 期末余额的填列方法 | 具体编制说明 |
|---|---|---|
| 开发支出 | 根据有关科目的期末余额分析填列 | 根据"研发支出"科目所属的"资本化支出"明细科目期末余额填列 |
| 长期待摊费用 | 根据有关科目的期末余额分析填列 | 根据"长期待摊费用"科目的期末余额减去将于一年内（含一年）摊销的数额后的金额 |
| 递延所得税资产 | 根据总账科目余额填列 | 根据"递延所得税资产"科目的期末余额填列 |
| 其他非流动资产 | 根据有关科目的期末余额填列 | — |
| 短期借款 | 根据科目期末余额填列 | — |
| 交易性金融负债 | 根据明细科目期末余额填列 | — |
| 应付票据 | 根据相关科目余额合计数填列 | 根据"应付票据"科目的期末余额填列 |
| 应付账款 | 根据相关科目所属的相关明细科目的期末余额合计数填列 | "应付账款""预付账款"期末贷方余额合计数填列 |
| 预收款项 | 根据明细科目余额计算填列 | 预收账款所属各明细科目期末贷方余额；"预收账款"科目所属明细科目期末为借方余额的，应在资产负债表"应收账款"项目内填列 |
| 合同负债 | 根据相关科目期末余额分析填列 | — |
| 应付职工薪酬 | 根据科目余额填列 | 外商投资企业按规定从净利润中提取的职工奖励及福利基金，也在本项目列示 |
| 应交税费 | 根据科目贷方余额填列 | "应交税费"科目下的"应交增值税""未交增值税""待抵扣进项税额""待认证进项税额""增值税留抵税额"等明细科目期末借方余额应根据情况，在资产负债表中的"其他流动资产"或"其他非流动资产"项目列示 |
| 其他应付款 | 根据科目余额合计数填列 | 应付利息＋应付股利＋其他应付款 |
| 持有待售负债 | 根据科目的期末余额填列 | — |
| 一年内到期的非流动负债 | — | 一年内到期的长期借款 |
| 长期借款 | 根据总账科目和明细科目分析计算填列 | 长期借款扣除一年内到期且企业不能自主将清偿义务展期的长期借款 |

续表

| 项目 | 期末余额的填列方法 | 具体编制说明 |
|---|---|---|
| 应付债券 | 根据科目的期末余额分析填列 | 对于资产负债表日企业发行的金融工具，分类为金融负债的，在此填列 |
| 租赁负债 | 根据科目的期末余额填列 | 自资产负债表日起一年内到期应予清偿的，在"一年内到期的非流动负债"项目反映 |
| 长期应付款 | 根据明细科目余额减去相关科目余额计算填列 | 长期应付款－未确认融资费用－专项应付款 |
| 预计负债 | 根据科目的期末余额填列 | — |
| 递延收益 | 根据科目的期末余额填列 | 摊销期限只剩一年或不足一年的，仍在该项目填列 |
| 递延所得税负债 | 根据科目的期末余额填列 | — |
| 其他非流动负债 | 根据明细科目余额减去相关科目余额计算填列 | 非流动负债各项目中将于一年内（含一年）到期的非流动负债，应在"一年内到期的非流动负债"项目内反映 |
| 实收资本（或股本） | 根据科目余额填列 | — |
| 其他权益工具 | 下设"优先股"和"永续债"项目填列 | 资产负债表日发行在外的除普通股以外的权益工具的期末账面价值 |
| 资本公积 | 根据科目的期末余额填列 | — |
| 其他综合收益 | 根据科目的期末余额填列 | — |
| 专项储备 | 根据科目的期末余额填列 | — |
| 盈余公积 | 根据科目余额填列 | — |
| 未分配利润 | 根据相关科目余额计算填列 | 本年利润±利润分配 |

**典型例题**

【例8-4】（多选题）下列会计科目中，其余额应在资产负债表"无形资产"项目填列的有（　　　）。

A. 无形资产减值准备　　　　　　　B. 累计摊销

C. 无形资产　　　　　　　　　　　D. 研发支出

【答案】ABC

【解析】"无形资产"项目，应当根据"无形资产"科目的期末余额，减去"累计摊销""无形资产减值准备"科目期末余额后的净额填列。

【例8-5】（单选题）2×23年12月31日，甲企业"预收账款"总账科目贷方余额为30万元，其明细科目余额如下："预收账款——乙企业"科目贷方余额为50万元，"预收账款——丙企业"科目借方余额为20万元。不考虑其他因素，甲企业年末资产负债表中"预收款项"项目的期末余额为（　　）万元。

A. 20　　　　　　B. 30　　　　　　C. 40　　　　　　D. 50

【答案】D

【解析】"预收款项"项目应当根据"预收账款"科目所属各明细科目的期末贷方余额合计数填列。本题中"预收账款——丙企业"是借方余额，所以不需要考虑，即预收款项期末应当填列的金额为50万元。

【例8-6】（单选题）企业期末"工程物资"科目余额，应填列在资产负债表（　　）项目中。

A. 工程物资　　　B. 固定资产　　　C. 在建工程　　　D. 存货

【答案】C

【解析】企业资产负债表中，将在建工程和工程物资项目合并在"在建工程"项目列示。

【例8-7】（单选题）2×23年12月31日，甲公司"长期借款"科目余额为850万元，其中：从乙银行借入的150万元借款距离到期日仅剩8个月，甲公司不能自主展期清偿义务；从丙银行借入的300万元借款距离到期日尚余13个月；从丁银行借入的400万元借款距离到期日尚余24个月。不考虑其他因素，甲公司2×23年12月31日资产负债表长期借款项目的期末余额为（　　）万元。

A. 150　　　　　　B. 700　　　　　　C. 400　　　　　　D. 850

【答案】B

【解析】甲公司2×23年12月31日资产负债表长期借款项目的期末余额=850-150=700（万元），从乙银行借入的150万元借款距离到期日为8个月，已不足1年且甲公司不能自主将清偿义务展期，应列示为1年内到期的非流动负债。

【例8-8】（单选题）甲公司2×23年末会计科目余额如下：原材料科目借方余额为100万元，库存商品科目借方余额为70万元，工程物资科目借方余额为50万元，存货跌价准备科目贷方余额为10万元。不考虑其他因素，期末资产负债表"存货"项目应填列金额为（　　）万元。

A. 160　　　　　　B. 170　　　　　　C. 210　　　　　　D. 220

【答案】A

【解析】存货项目应填列金额=100+70-10=160（万元），"工程物资"科目余额不记入存货。

## 考点3 利润表的编制 ★★★

| 项目 | 内容 |
|------|------|
| 结构 | 1. 表体结构有单步式和多步式两种，我国企业的利润表采用多步式格式。<br>2. 基本结构主要根据"收入－费用＝利润"平衡公式，按照各具体项目的性质和功能作为分类标准，依次将某一会计期间的收入、费用和利润的具体项目予以适当的排列编制而成 |
| 编制要求 | 1. 应单独列报的项目主要有营业利润、利润总额、净利润、其他综合收益的税后净额、综合收益总额和每股收益等。<br>2. 利润表各项目需填列"本期金额"和"上期金额"两栏："上期金额"栏内各项数字，应根据上年该期利润表的"本期金额"栏内所列数字填列；"本期金额"栏内各期数字，除"基本每股收益"和"稀释每股收益"项目外，应当按照相关科目的发生额分析填列 |
| 填列说明 | 1. 营业收入：主营业务收入＋其他业务收入。<br>2. 营业成本：主营业务成本＋其他业务成本。<br>3. 税金及附加：消费税、城市维护建设税、资源税、土地增值税、教育费附加、房产税、车船税、城镇土地使用税、印花税、环境保护税等。<br>4. 销售费用：销售商品过程中的包装费、广告费等为销售商品专设的销售机构的职工薪酬、业务费等。<br>5. 管理费用：组织和管理生产经营发生的管理费用。<br>6. 研发费用：根据"管理费用"科目下的"研发费用"明细科目的发生额以及"管理费用"科目下"无形资产摊销"明细科目的发生额分析填列。<br>7. 财务费用：筹集生产经营所需资金等而发生的应予费用化的利息支出，分为"利息费用"和"利息收入"项目。<br>8. 其他收益：反映计入其他收益的政府补助、扣缴税款手续费。<br>9. 投资收益：对外投资所取得的收益。<br>10. 净敞口套期收益：被套期项目累计公允价值变动、现金流量套期储备转入当期损益的金额。<br>11. 公允价值变动收益：计入当期损益的资产或负债的公允价值变动损益。<br>12. 信用减值损失：计提的各项金融工具减值准备所确认的预期信用损失。<br>13. 资产减值损失：各项资产发生的减值损失。<br>14. 资产处置收益：企业出售划分为持有待售的非流动资产（金融工具、长期股权投资和投资性房地产除外）或处置组（子公司和业务除外）时确认的处置利得或损失，以及处置未划分为持有待售的固定资产、在建工程、生产性生物资产及无形资产，债务重组中因处置非流动资产（金融工具、长期股权投资和投资性房地产除外）产生的得得或损失和非货币性资产交换中换出非流动资产（金融工具、长期股权投资和投资性房地产除外）产生的处置利得或损失。<br>15. 营业利润。<br>16. 营业外收入：债务重组利得、与企业日常活动无关的政府补助、盘盈利得、捐赠利得（企业接受股东或股东的子公司直接或间接的捐赠，经济实质属于股东对企业的资本性投入的除外）等。 |

续表

| 项目 | 内　　容 |
|---|---|
| 填列说明 | 17. 营业外支出：公益性捐赠支出、非常损失、盘亏损失、非流动资产毁损报废损失等。<br>18. 利润总额。<br>19. 所得税费用。<br>20. 净利润。<br>21. 其他综合收益的税后净额：未在损益中确认的各项利得和损失扣除所得税影响后的净额。<br>22. 综合收益总额：企业净利润＋其他综合收益。<br>23. 每股收益：包括基本每股收益和稀释每股收益 |

典型例题

【例8－9】（多选题）下列各项中，应在制造业企业利润表"营业收入"项目列示的有（　　）。

A. 持有交易性金融资产期间取得的利息收入

B. 销售商品取得的收入

C. 出租无形资产的租金收入

D. 出售固定资产实现的净收益

【答案】BC

【解析】选项A，在"投资收益"项目列示。选项D，在"资产处置收益"项目列示。

【例8－10】（单选题）2×23年6月，某企业发生以下交易或事项：支付诉讼费用20万元，报废固定资产净损失18万元，对外公益性捐赠支出15万元，支付税收滞纳金11万元，该企业2×23年6月利润表"营业外支出"项目的本期金额为（　　）万元。

A. 44　　　　　　B. 26　　　　　　C. 29　　　　　　D. 24

【答案】A

【解析】记入"营业外支出"项目的本期金额＝18＋15＋11＝44（万元），支付的诉讼费用20万元计入管理费用。

【例8－11】（单选题）下列各项中，不应列入利润表"营业成本"项目的是（　　）。

A. 已销商品的实际成本　　　　　　B. 在建工程领用产品的成本

C. 对外提供劳务结转的成本　　　　D. 投资性房地产计提的折旧额

【答案】B

【解析】在建工程领用产品的实际成本在领用时直接记入"在建工程"科目，不属于营业成本。

【例8-12】（单选题）下列各项中，应在利润表"管理费用"项目填列的是（　　）。

A. 专利权处置净损失

B. 支付的商品质量三包费

C. 签订合同交纳的印花税

D. 行政管理用外购非专利技术的摊销额

【答案】D

【解析】选项A，应在利润表"资产处置收益"项目填列；选项B，应在利润表"销售费用"项目填列；选项C，在利润表"税金及附加"项目填列。

【例8-13】（单选题）甲公司为增值税一般纳税人。2×23年12月20日销售A商品100件，每件商品的标价为8万元（不含增值税）。甲公司给予购货方50万元的商业折扣。A商品适用的增值税税率为13%，开具增值税专用发票，销售商品符合收入确认条件。不考虑其他因素，甲公司2×23年度利润表中"营业收入"项目"本期金额"栏的填列金额增加为（　　）万元。

A. 854　　　　　B. 646　　　　　C. 800　　　　　D. 750

【答案】D

【解析】甲公司2×23年度利润表中"营业收入"项目"本期金额"栏的填列金额增加额=100×8-50=750（万元）。

【例8-14】（判断题）企业应交纳的增值税应在利润表的"税金及附加"项目中填列。（　　）

【答案】×

【解析】"税金及附加"项目，反映企业经营业务应负担的消费税、城市维护建设税、资源税、土地增值税、教育费附加、房产税、车船税、城镇土地使用税、印花税、环境保护税等相关税费，不包括增值税。

## 考点4　现金流量表★★★

| 项目 | 内　容 |
| --- | --- |
| 结构 | 原理：根据"现金流入量-现金流出量=现金净流量"公式设计。<br>格式基本原理是以权责发生制为基础提供的会计核算资料为依据，按照收付实现制基础进行调整计算。<br>主要现金流量可以分为三类在现金流量表中列示，即： |

续表

| 项目 | 内　容 |
|---|---|
| 结构 | 1. 经营活动产生的现金流量，经营活动是指企业投资活动和筹资活动以外的所有交易和事项。经营活动主要包括销售商品、提供劳务、购买商品、接受劳务、支付工资和交纳税费等流入和流出现金及现金等价物的活动或事项。<br>2. 投资活动产生的现金流量，投资活动是指企业长期资产的购建和不包括在现金等价物范围内的投资及其处置活动。投资活动主要包括购建固定资产、处置子公司及其他营业单位等流入、流出现金和现金等价物的活动或事项。<br>3. 筹资活动产生的现金流量，筹资活动是指导致企业资本及债务规模和构成发生变化的活动。筹资活动主要包括吸收投资、发行股票、分配利润、发行债券、偿还债务等流入和流出现金和现金等价物的活动或事项。偿付应付账款、应付票据等商业应付款属于经营活动，不属于筹资活动 |
| 编制方法 | 直接法——工作底稿法：<br>以工作底稿为手段，以利润表和资产负债表数据为基础，结合有关科目的记录，对现金流量表的每一项目进行分析并编制调整分录，从而编制出现金流量表的一种方法。<br>第一步，将资产负债表项目的年初余额和期末金额过入工作底稿中与之对应项目期初数栏和期末数栏。<br>第二步，对当期业务进行分析并编制调整分录。在调整分录中，有关现金及现金等价物的事项分别记入"经营活动产生的现金流量""投资活动产生的现金流量""筹资活动产生的现金流量"等项目，借记表明现金流入，贷记表明现金流出。<br>第三步，将调整分录过入工作底稿中的相应部分。<br>第四步，核对调整分录，借贷合计应当相等，资产负债表项目期初数加减调整分录中的借贷金额以后，应当等于期末数。<br>现金流量表各项目均需填列"本期金额"和"上期金额"两栏。现金流量表"上期金额"栏内各项数字，应根据上一期间现金流量表"本期金额"栏内所列数字填列 |

典型例题

【例 8-15】（多选题）现金流量表中的现金包括（　　）。

A. 库存现金　　　　　　　　　　B. 银行存款

C. 现金等价物　　　　　　　　　D. 其他货币资金

【答案】ABCD

【解析】现金流量表中的现金包括库存现金、银行存款、其他货币资金和现金等价物。

【例 8-16】（多选题）下列各项中，属于经营活动产生现金流量的项目有（　　）。

A. 广告宣传支付的现金　　　　　B. 购买商品支付的现金

C. 购建固定资产支付的现金　　　D. 购买债券支付的现金

【答案】AB

【解析】选项 C、D 都属于投资活动产生的现金流量。

【例 8 - 17】（多选题）下列选项中，应列入现金流量表中"支付其他与经营活动有关的现金"项目的有（　　）。

A. 企业为经营支付的租金
B. 企业支付的差旅费
C. 企业购买固定资产的支出
D. 企业支付的职工薪酬

【答案】AB

【解析】选项 C，应在投资活动产生的现金流量中列示；选项 D，应列入"支付给职工以及为职工支付的现金"项目。

## 考点 5　所有者权益变动表 ★

| 项目 | 内　　容 |
|------|---------|
| 作用 | 1. 为财务报表使用者提供所有者权益总量增减变动的信息和所有者权益增减变动的结构性信息，让报表使用者理解所有者权益增减变动的根源。<br>2. 有利于分清导致所有者权益增减变动的缘由与责任，对于考察、评价企业一定时期所有者权益的保全状况、正确评价管理当局受托责任的履行情况等具有重要的作用 |
| 结构 | 所有者权益变动表结构为纵横交叉的矩阵式结构。<br>在所有者权益变动表上，企业至少应当单独列示反映下列信息的项目：<br>1. 综合收益总额；<br>2. 会计政策变更和差错更正的累积影响金额；<br>3. 所有者投入资本和向所有者分配利润等；<br>4. 提取的盈余公积；<br>5. 实收资本、其他权益工具、资本公积、其他综合收益、专项储备、盈余公积、未分配利润的期初和期末余额及其调节情况 |
| 填列方法 | 1. 所有者权益变动表"上年金额"栏内各项数字，应根据上年度所有者权益变动表"本年金额"栏内所列数字填列。<br>2. 所有者权益变动表"本年金额"栏内各项目金额一般应根据资产负债表所有者权益项目金额或"实收资本（或股本）""其他权益工具""资本公积""库存股""其他综合收益""专项储备""盈余公积""利润分配""以前年度损益调整"等科目及其明细科目的发生额分析填列 |

典型例题

【例 8 - 18】（单选题）下列各项中，反映企业净利润及其分配情况的财务报表是（　　）。

A. 现金流量表
B. 所有者权益变动表
C. 资产负债表
D. 利润表

【答案】B

【解析】企业的净利润及其分配情况作为所有者权益变动的组成部分，不需要单独编制利润分配表列示。

【例8-19】（判断题）所有者权益变动表是反映构成所有者权益各组成部分当期增减变动情况的报表。（    ）

【答案】√

## 考点6　财务报表附注★

| 项目 | 内容 |
|---|---|
| 附注概述 | 1. 附注是对在资产负债表、利润表、现金流量表和所有者权益变动表等报表中列示项目的文字描述或明细资料，以及对未能在这些报表中列示项目的说明等。<br>2. 作用：<br>（1）对资产负债表、利润表、现金流量表和所有者权益变动表等列示项目含义的补充说明；<br>（2）提供了对资产负债表、利润表、现金流量表和所有者权益变动表未列示项目的详细或明细说明；<br>（3）使报表使用者全面了解企业的财务状况、经营成果和现金流量。<br>3. 主要内容：<br>（1）企业简介和主要财务指标；<br>（2）财务报表的编制基础；<br>（3）遵循企业会计准则的声明；<br>（4）重要会计政策和会计估计；<br>（5）会计政策和会计估计变更以及差错更正的说明；<br>（6）报表重要项目的说明；<br>（7）或有和承诺事项、资产负债表日后非调整事项、关联方关系及其交易等需要说明的事项；<br>（8）有助于财务报表使用者评价企业管理资本的目标、政策及程序的信息 |

典型例题

【例8-20】（单选题）下列各项中，关于财务报表附注的表述不正确的是（    ）。

A. 附注中包括财务报表重要项目的说明

B. 对未能在会计报表中说明的内容必须在附注中加以披露

C. 附注是企业财务报表的必要组成部分

D. 附注中包括会计政策和会计估计变更以及差错更正的说明

【答案】B

【解析】附注应当披露重要的和重大的经济事项，未在会计报表中说明的问题如果比较小则无须披露。

# 巩固练习

## 一、单项选择题

1. 下列各项中，不应在"利润表"中列示的项目是（　　）。

　　A. 其他综合收益　　　　　　　　B. 资产处置收益

　　C. 其他收益　　　　　　　　　　D. 税金及附加

2. 2×23 年 12 月 31 日，某企业"工程物资"科目的借方余额为 300 万元，"发出商品"科目的借方余额为 40 万元，"原材料"科目的借方余额为 70 万元。"材料成本差异"科目的贷方余额为 5 万元，不考虑其他因素，该企业 12 月 31 日资产负债表中的"存货"项目的期末余额为（　　）万元。

　　A. 115　　　　　　B. 105　　　　　　C. 405　　　　　　D. 365

3. 下列各项中，影响企业当期营业利润的是（　　）。

　　A. 确认的所得税费用

　　B. 计提的存货跌价准备

　　C. 自营工程领用本企业生产的产品成本

　　D. 结转盘亏固定资产的净损失

4. 甲企业 2×23 年 6 月 30 日"固定资产"科目余额为 5 000 万元，"累计折旧"科目余额为 2 000 万元，"固定资产减值准备"科目余额为 250 万元，"工程物资"科目余额为 500 万元，"固定资产清理"科目贷方余额为 300 万元。该企业 2×23 年 6 月 30 日资产负债表中固定资产项目的金额为（　　）万元。

　　A. 3 000　　　　　B. 2 225　　　　　C. 2 450　　　　　D. 5 500

5. 下列资产负债表项目中，应根据多个科目余额计算填列的是（　　）。

　　A. 应付票据　　　　　　　　　　B. 盈余公积

　　C. 未分配利润　　　　　　　　　D. 长期借款

6. 下列资产中，属于流动资产的是（　　）。

　　A. 使用权资产　　　　　　　　　B. 一年内到期的非流动资产

　　C. 递延所得税资产　　　　　　　D. 无形资产

7. 下列不应在资产负债表"其他应收款"项目填列的是（　　）。

A. 确认被投资方已宣告但尚未发放的现金股利

B. 支付的租入包装物押金

C. 为职工代垫的房租

D. 为购买方代垫的商品包装费

8. 下列各项中，属于"投资活动产生的现金流量"项目的是（　　）。

A. 销售商品收到的现金

B. 购买股票、债券支付的现金

C. 广告宣传支付的现金

D. 归还银行借款支付的现金

9. 下列各项中，应在资产负债表中货币资金项目列示的是（　　）。

A. 银行本票存款　　　　　　　　　B. 银行承兑汇票

C. 商业承兑汇票　　　　　　　　　D. 交易性金融资产

10. 下列各项中，应列入利润表"销售费用"项目的是（　　）。

A. 计提行政管理部门使用无形资产的摊销额

B. 计提由行政管理部门负担的工会经费

C. 发生的不符合资本化条件的研发费用

D. 计提专设销售机构固定资产的折旧费

11. 下列关于财务报表的表述中，错误的是（　　）。

A. 资产负债表是反映企业在某一时间段财务状况的报表

B. 财务报表是对企业财务状况、经营成果和现金流量的结构性表述

C. 一套完整的财务报表至少应当包括资产负债表、利润表、所有者权益（或股东权益）变动表、现金流量表以及附注

D. 资产负债表是企业经营活动的静态体系

12. 企业 2×23 年 10 月 31 日生产成本借方余额为 50 000 元，材料采购借方余额为 30 000 元，材料成本差异贷方余额 500 元，发出商品借方余额为 40 000 元，周转材料借方余额为 10 000 元，存货跌价准备贷方余额 3 000 元，则资产负债表"存货"项目的金额为（　　）元。

A. 116 500　　　　B. 117 500　　　　C. 119 500　　　　D. 126 500

13. 某企业 12 月 31 日"应收账款"科目的借方余额为 650 万元，其中，"应收账款"明细账的借方余额为 850 万元，贷方余额为 200 万元，年末计提坏账准备后的"坏账准备"科目的贷方余额为 65 万元。假定年末坏账准备均与应收账款相关，该企业 12 月 31 日资产负债表中"应收账款"项目的金额为（　　）万元。

A. 585　　　　B. 600　　　　C. 785　　　　D. 885

14. 下列项目中，应在所有者权益变动表中反映的是（　　）。

    A. 支付职工薪酬　　　　　　　　　　B. 盈余公积转增股本

    C. 赊购商品　　　　　　　　　　　　D. 购买商品支付的现金

15. 2×23 年 12 月 31 日，某企业应付款项相关会计科目期末贷方余额为：其他应付款为 40 万元，应付利息为 10 万元，应付股利为 300 万元。不考虑其他因素，2×23 年 12 月 31 日该企业资产负债表中"其他应付款"项目期末余额栏应填列的金额为（　　）万元。

    A. 40　　　　　　B. 340　　　　　　C. 350　　　　　　D. 300

16. 甲公司适用的所得税税率为 25%，2×23 年该公司实现利润总额为 200 万元，其中国债利息收入为 20 万元，税收滞纳金为 12 万元。不考虑其他因素，甲公司 2×23 年利润表中"净利润"项目的"本期金额"栏应填列的金额为（　　）万元。

    A. 152　　　　　　B. 126　　　　　　C. 138　　　　　　D. 174

17. 某企业"应付账款"科目月末贷方余额为 40 000 元，其中，"应付账款——甲公司"明细科目贷方余额为 25 000 元，"应付账款——乙公司"明细科目贷方余额为 25 000 元，"应付账款——丙公司"明细科目借方余额为 10 000 元；"预付账款"科目月末贷方余额为 20 000 元，其中，"预付账款——A 工厂"明细科目贷方余额为 40 000 元，"预付账款——B 工厂"明细科目借方余额为 20 000 元。该企业月末资产负债表中"应付账款"项目的金额为（　　）元。

    A. 20 000　　　　　B. 90 000　　　　　C. 110 000　　　　　D. −10 000

18. 企业归还的长期借款利息，在编制现金流量表时，应作为（　　）项目填列。

    A. 补充资料

    B. 归还借款所支付的现金

    C. 归还债务所支付的现金

    D. 分配股利、利润或偿付利息所支付的现金

## 二、多项选择题

1. 资产负债表中"存货"项目的金额，应根据（　　）等账户的余额分析填列。

    A. 在途物资　　　　　　　　　　　　B. 委托加工物资

    C. 包装物　　　　　　　　　　　　　D. 发出商品

2. 以下各项中，影响企业利润总额的有（　　）。

    A. 已销商品成本　　　　　　　　　　B. 确认的所得税费用

    C. 计提的坏账准备　　　　　　　　　D. 转让股票所得收益

3. 企业至少应当在所有者权益变动表上单独列示的项目有（　　）。

    A. 净利润                      B. 提取的盈余公积

    C. 其他综合收益               D. 向所有者分配利润

4. 下列各项中，应列入企业资产负债表"应交税费"项目的有（　　）。

    A. "应交税费——应交消费税"科目期末贷方余额

    B. "应交税费——应交资源税"科目期末贷方余额

    C. "应交税费——应交车船税"科目期末贷方余额

    D. "应交税费——应交个人所得税"科目期末借方余额

5. 下列各项中，应计入营业外收入的有（　　）。

    A. 无法查明原因的现金溢余        B. 接受捐赠利得

    C. 原材料盘盈                    D. 非货币性资产交换利得

6. 下列选项中，应在现金流量表中"支付给职工以及为职工支付的现金"项目填列的有（　　）。

    A. 代扣代缴的个人所得税

    B. 支付在建工程人员的工资

    C. 支付给高管的福利费

    D. 发放给职工的劳动保护用品

7. 下列各项中，应根据有关科目余额减去其备抵科目余额后的净额填列的有（　　）。

    A. 无形资产                    B. 交易性金融资产

    C. 其他应收款                D. 工程物资

8. 下列选项中，企业应在资产负债表的"非流动负债"项目内列示的有（　　）。

    A. 从银行借入的 5 年期的贷款

    B. 以分期付款方式购入的发生的偿还期为 1 年以上的应付款项

    C. 按年付息还本的债券确认的未付利息

    D. 将于 1 年内到期的长期借款

9. 下列选项中，企业应在利润表"管理费用"项目中填列的有（　　）。

    A. 发生的中介机构咨询费

    B. 外币交易发生的汇兑损益

    C. 发生的业务招待费

    D. 行政管理部门承担的差旅费

10. 企业发生的下列业务中，期末应记入利润表中"税金及附加"项目的有（　　）。

A. 与某公司签订购销合同所发生的印花税

B. 收回后直接对外销售的委托加工物资所交的消费税

C. 本期应缴纳的城市维护建设税

D. 销售铁矿石应缴纳的资源税

11. 下列各项中，应列入利润表"资产减值损失"项目的有（　　　）。

    A. 原材料盘亏损失　　　　　　　　B. 固定资产减值损失

    C. 应收账款减值损失　　　　　　　D. 无形资产减值损失

12. 下列各项中，应在企业资产负债表"预付款项"项目填列的有（　　　）。

A. "预收账款"科目所属明细科目的期末贷方余额

B. "应收账款"科目所属明细科目的期末贷方余额

C. "预付账款"科目所属明细科目的期末借方余额

D. "应付账款"科目所属明细科目的期末借方余额

13. 下列各项中，在资产负债表"非流动资产"项目下列示的有（　　　）。

    A. 其他应收款　　　　　　　　　　B. 债权投资

    C. 开发支出　　　　　　　　　　　D. 其他权益工具投资

14. 以下属于筹资活动产生的现金流量的有（　　　）。

A. 借款收到的现金

B. 偿付利息所支付的现金

C. 取得债券利息收入所收到的现金

D. 用固定资产清偿债务

15. 下列属于企业财务报告附注中应披露的内容有（　　　）。

    A. 企业基本情况　　　　　　　　　B. 财务报表的编制基础

    C. 会计估计变更的说明　　　　　　D. 遵循企业会计准则的声明

## 三、判断题

1. 企业购建固定资产支付的现金，应在现金流量表"经营活动产生的现金流量"项目中填列。（　　　）

2. "预付账款"科目所属的相关明细科目的期末贷方余额，应在资产负债表"应付账款"项目列示。（　　　）

3. 企业所交纳的税金不需要预计应交数的，如印花税，应在资产负债表中"应交税费"项目列示。（　　　）

4. "长期股权投资"项目应根据"长期股权投资"科目的期末余额填列。（　　　）

5. 企业应当按照权责发生制编制财务报表。　　　　　　　　　　（　　）

6. 财务报告附注是对在资产负债表、利润表、现金流量表和所有者权益变动表等报表中列示项目的文字描述或明细资料，以及对未能在这些报表中列示项目的说明等。　　　　　　　　　　　　　　　　　　　　　　　　　　　　（　　）

7. 利润表中"综合收益总额"项目依据企业净利润和其他综合收益（税后净额）的合计金额填列。　　　　　　　　　　　　　　　　　　　　　　（　　）

8. 年末，企业应将于一年内（含一年）摊销的长期待摊费用，列入资产负债表"一年内到期的非流动资产"项目。　　　　　　　　　　　　　　　（　　）

9. 企业必须对外提供资产负债表、利润表和现金流量表，但会计报表附注不属于企业必须对外提供的资料。　　　　　　　　　　　　　　　　　（　　）

10. "营业收入"项目应根据"主营业务收入""其他业务收入""营业外收入"科目的发生额分析填列。　　　　　　　　　　　　　　　　　　　　（　　）

11. 采用间接法编制的现金流量表，便于分析企业经营活动产生的现金流量的来源和用途，预测企业现金流量的未来前景。　　　　　　　　　　　（　　）

## 四、不定项选择题

1. 甲公司 2×23 年 12 月 31 日有关资料如下：

（1）"库存现金"科目余额为 10 000 元，"银行存款"科目余额为 2 000 000 元，"货币资金"科目余额为 500 000 元。

（2）宣告向股东发放现金股利 500 000 元，股票股利 800 000 元。现金股利尚未支付。

（3）应付管理人员工资 200 000 元，应计提福利费 28 000 元，应付车间工作人员工资 50 000 元。

（4）"长期待摊费用"科目的期末余额为 350 000 元，将于一年内摊销的数额为 200 000 元。

（5）"应收票据"账面余额为 200 000 元，已提坏账准备为 30 000 元，"应付票据"的账面余额为 92 000 元。

（6）"无形资产"科目余额为 500 000 元，"累计摊销"科目余额为 50 000 元，"无形资产减值准备"科目余额为 90 000 元。

要求：根据上述资料，分析回答下列小题。

（1）资产负债表中"货币资金"项目的金额为（　　）元。

　　A. 200 000　　　　B. 2 010 000　　　　C. 2 500 000　　　　D. 2 510 000

（2）资产负债表中"其他应付款"项目的金额为（　　）元。

A. 500 000　　　　　B. 800 000　　　　　C. 0　　　　　D. 1 300 000

（3）资产负债表中"应付职工薪酬"项目的金额为（　　）元。

A. 200 000　　　　　B. 278 000　　　　　C. 250 000　　　　　D. 228 000

（4）资产负债表中"长期待摊费用"项目的金额为（　　）元。

A. 350 000　　　　　B. 550 000　　　　　C. 0　　　　　D. 150 000

（5）资产负债表中"应收票据"项目的金额为（　　）元。

A. 200 000　　　　　B. 170 000　　　　　C. 78 000　　　　　D. 108 000

（6）资产负债表中"无形资产"项目的金额为（　　）元。

A. 450 000　　　　　B. 360 000　　　　　C. 410 000　　　　　D. 500 000

2. 甲企业为增值税一般纳税人，适用的增值税税率为13%，所得税税率为25%。

（1）该企业2×22年度有关资料如下：

①本年度内发出自产产品10 000件，其中对外销售9 000件，其余为在建工程（不动产）领用。该产品成本每件为12元，销售价格每件为20元。

②本年度内计入投资收益的债券利息收入为40 000元，其中，取得国债利息收入为3 500元。

③本年度内发生管理费用为50 000元，其中，折旧费用为30 000元，业务招待费为20 000元。按税法规定可在应纳税所得额前扣除的折旧费用为15 000元，业务招待费为5 000元。

④本年度内接受现金捐赠3 000元。

假定不考虑其他因素。

（2）该企业2×23年度有关资料如下：

2×23年度实现利润总额为200万元，其中包括本年收到的国债利息收入50万元。当年按税法核定的全年计税工资为200万元，全年实发工资为180万元；当年的营业外支出中，有10万元为税收滞纳金支出。除上述事项外，甲企业无其他纳税调整事项。

要求：根据上述资料，不考虑其他因素，回答下列小题。

（1）根据资料（1），计算该企业2×22年利润表中营业利润金额为（　　）元。

A. 62 000　　　　　B. 63 000　　　　　C. 65 000　　　　　D. 66 000

（2）根据资料（1），计算该企业2×22年利润表中利润总额的金额为（　　）元。

A. 62 000　　　　　B. 63 000　　　　　C. 65 000　　　　　D. 91 875

（3）根据资料（1），计算该企业2×22年利润表中所得税费用为（　　）元。

A. 23 125　　　　　B. 22 875　　　　　C. 42 125　　　　　D. 42 875

（4）根据资料（2），甲企业2×23年度应纳税所得额的金额为（　　）万元。

A. 50　　　　　B. 160　　　　　C. 40　　　　　D. 45

（5）根据资料（3），甲企业2×23年度确认的所得税费用和实现的净利润分别为（　　）万元。

　　A. 0　　　　　　　B. 40　　　　　　　C. 135　　　　　　　D. 160

# 巩固练习参考答案及解析

## 一、单项选择题

1.【答案】A

【解析】选项A属于资产负债表中应列示的项目。

2.【答案】B

【解析】存货项目的期末余额＝40＋70－5＝105（万元），选项B正确。

3.【答案】B

【解析】选项A，计入所得税费用，影响净利润，不影响营业利润和利润总额；选项C，计入在建工程，不属于损益类科目，不影响营业利润、利润总额和净利润；选项D，计入营业外支出，影响利润总额，不影响营业利润。

4.【答案】C

【解析】固定资产项目应当根据"固定资产"科目的期末余额减去备抵科目"累计折旧""固定资产减值准备"余额后的余额，以及"固定资产清理"科目的期末余额填列。本题资产负债表固定资产项目的金额＝5 000－2 000－250－300＝2 450（万元），选项C正确。"工程物资"科目余额在资产负债表中的"在建工程"项目反映。

5.【答案】C

【解析】"应付票据"根据"应付票据"科目的期末余额填列；盈余公积项目应根据"盈余公积"科目的期末余额直接填列；未分配利润项目应根据"本年利润"和"利润分配"科目的期末余额计算填列；长期借款项目应根据"长期借款"总账科目余额扣除"长期借款"科目所属的明细科目中将在一年内到期且企业不能自主地将清偿义务展期的长期借款后的金额计算填列。

6.【答案】B

【解析】选项A、C、D都属于非流动资产。

7.【答案】D

【解析】其他应收款项目应根据"应收利息""应收股利""其他应收款"科目的期末余额合计数，减去"坏账准备"科目中相关坏账准备期末余额后的金额填列。选项A，记入"应收股利"科目，应在其他应收款项目填列；选项B、C，计入其他应收款；选项D，应记入"应收账款"科目。

8. 【答案】B

【解析】投资活动产生的现金流量，是指与非流动资产的取得或处置有关的活动产生的现金流量，包括企业长期资产的购建和不包括在现金等价物范围内的投资及其处置活动产生的现金流量。选项B正确，选项D属于筹资活动产生的现金流量；选项A、C属于经营活动产生的现金流量。

9. 【答案】A

【解析】资产负债表中的货币资金项目包括库存现金、银行存款和其他货币资金三项内容，银行本票存款属于其他货币资金的内容，所以选项A正确。银行承兑汇票和商业承兑汇票属于应收票据或应付票据核算的内容；"交易性金融资产"应根据在初始确认时指定为和在资产负债表中分类为以公允价值计量且其变动记入当期损益的金融资产科目的期末余额填列。

10. 【答案】D

【解析】选项A、B列入利润表"管理费用"项目，选项C列入利润表"研发费用"项目。

11. 【答案】A

【解析】资产负债表是反映企业在某一特定日期财务状况的报表，选项A错误。

12. 【答案】D

【解析】本题考核存货项目的计算。存货项目的金额 = 50 000 + 30 000 − 500 + 40 000 + 10 000 − 3 000 = 126 500（元）。

13. 【答案】C

【解析】资产负债表中的"应收账款"项目，应根据"应收账款"科目期末余额，减去计提的坏账准备后的余额进行填列；"预收账款"科目所属明细科目期末为借方余额的，也应在"应收账款"项目填列。因此该企业资产负债表中"应收账款"的金额 = 850 − 65 = 785（万元）。

14. 【答案】B

【解析】盈余公积转增股本在所有者权益变动表"股本"栏和"盈余公积"栏反映。

15. 【答案】C

【解析】其他应付款项目应根据"应付利息""应付股利""其他应付款"科目余额合计数填列，所以应填列金额 = 40 + 10 + 300 = 350（万元）。

16.【答案】A

【解析】由于国债利息不需要缴纳所得税，且税收滞纳金不允许税前扣除，因此甲公司本年应纳所得税金额 ＝（200 － 20 ＋ 12）× 25％ ＝ 48（万元），所以净利润 ＝ 200 － 48 ＝ 152（万元）。选项 A 正确。

17.【答案】B

【解析】资产负债表中的"应付账款"项目应根据"应付账款"和"预付账款"科目所属明细科目的期末贷方余额合计数填列，该企业月末资产负债表中"应付账款"项目的金额 ＝ 25 000 ＋ 25 000 ＋ 40 000 ＝ 90 000（元）。

18.【答案】D

【解析】企业归还的长期借款利息，在编制现金流量表时，应作为"分配股利、利润或偿付利息所支付的现金"项目填列。

## 二、多项选择题

1.【答案】ABCD

【解析】资产负债表的"存货"项目，反映企业期末在库、在途和在加工中的各种存货的可变现净值或成本（成本与可变现净值孰低）。因此选项 A、B、C、D 均正确。

2.【答案】ACD

【解析】选项 B，确认的所得税费用影响净利润，但是不影响利润总额。

3.【答案】BCD

【解析】在所有者权益变动表上，企业至少应当单独列示的项目包括：（1）综合收益总额；（2）会计政策变更和差错更正的累积影响金额；（3）所有者投入资本和向所有者分配利润等；（4）提取的盈余公积；（5）实收资本、其他权益工具、资本公积、其他综合收益、专项储备、盈余公积、未分配利润的期初和期末余额及其调节情况。

4.【答案】ABCD

【解析】"应交税费"项目，反映企业按照税法规定计算应交纳的各种税费，包括增值税、消费税、城市维护建设税、教育费附加、企业所得税、资源税、土地增值税、房产税、城镇土地使用税、车船税等。企业代扣代缴的个人所得税也通过本项目列示。本项目应根据"应交税费"科目的期末贷方余额填列，如"应交税费"科目期末为借方余额，应以"－"号填列。

5.【答案】ABD

【解析】选项 C，原材料盘盈应冲减管理费用，不计入当期的营业外收入。

6.【答案】AC

【解析】"支付职工以及为职工支付的现金"项目反映企业实际支付给职工的现金以及为职工支付的现金，包括本期实际支付给职工的工资、奖金、各种津贴和补贴等，以及为职工支付的其他费用，不包括支付的离退休人员的各项费用和支付给在建工程人员的工资等。选项 A、C 正确。

7.【答案】AC

【解析】选项 B，根据相关明细科目期末余额填列分析；选项 D 不单独列示。

8.【答案】AB

【解析】选项 C、D 都应在流动负债项目中列示。

9.【答案】ACD

【解析】选项 B 应计入财务费用。

10.【答案】ACD

【解析】收回后直接对外销售的委托加工物资所交的消费税，应计入商品的成本中。

11.【答案】BD

【解析】原材料的盘亏损失如果属于一般经营损失的，扣除赔款和净残值后的净损失计入管理费用，如果属于非常损失的，扣除赔款和净残值后的净损失计入营业外支出；应收账款减值损失计入信用减值损失。

12.【答案】CD

【解析】"预付款项"项目应根据"预付账款"和"应付账款"科目所属各明细科目的期末借方余额合计数，减去"坏账准备"科目中有关预付账款计提的坏账准备期末余额后的净额填列。

13.【答案】BCD

【解析】其他应收款属于流动资产；选项 B、C、D 都在"非流动资产"项目下列示。

14.【答案】AB

【解析】选项 C 属于投资活动的现金流量，选项 D 不会引起现金流量的变动。

15.【答案】ABCD

【解析】四个选项均正确。

## 三、判断题

1.【答案】×

【解析】企业购建固定资产支付的现金，应在现金流量表"投资活动产生的现金流量"项目中填列。

2. 【答案】√

【解析】"预付款项"项目根据"预付账款""应付账款"明细科目期末借方余额减去相关坏账准备后的净额填列，如"预付账款"科目所属明细科目期末为贷方余额的，应在资产负债表"应付账款"项目内填列。

3. 【答案】×

【解析】印花税不应在资产负债表中"应交税费"项目列示，应在利润表中"税金及附加"项目列示。

4. 【答案】×

【解析】"长期股权投资"项目应根据"长期股权投资"科目的期末余额，减去"长期股权投资减值准备"科目的期末余额后的金额填列。

5. 【答案】×

【解析】现金流量表应当按照收付实现制编制，其他财务报表按照权责发生制编制。

6. 【答案】√

7. 【答案】√

【解析】"综合收益总额"项目，反映企业净利润与其他综合收益的税后净额的合计金额。

8. 【答案】×

【解析】企业将于一年内（含一年）摊销的长期待摊费用不再列入"一年内到期的非流动资产"项目。

9. 【答案】×

【解析】会计报表附注也属于企业必须对外提供的资料。

10. 【答案】×

【解析】"营业收入"项目应根据"主营业务收入"和"其他业务收入"科目的发生额计算填列。

11. 【答案】×

【解析】这是采用直接法编制现金流量表的优势。

## 四、不定项选择题

1. （1）【答案】D

【解析】"货币资金"项目金额 = 10 000 + 2 000 000 + 500 000 = 2 510 000（元）。

（2）【答案】A

【解析】"应付股利"项目金额为 500 000 元，企业发放的股票股利不通过"应付股利"科目核算，其他应付款项目包括应付利息、应付股利和其他应付款科目的期末余额。

（3）【答案】B

【解析】"应付职工薪酬"项目金额 = 200 000 + 28 000 + 50 000 = 278 000（元）。

（4）【答案】D

【解析】"长期待摊费用"项目金额 = 350 000 – 200 000 = 150 000（元）。企业应根据"长期待摊费用"总账科目余额减去将于一年内摊销的金额作为资产负债表"长期待摊费用"项目的金额。

（5）【答案】B

【解析】"应收票据"项目金额 = 200 000 – 30 000 = 170 000（元）。

（6）【答案】B

【解析】"无形资产"项目金额 = 500 000 – 50 000 – 90 000 = 360 000（元）。

2. （1）【答案】A

【解析】营业利润 = 9 000 × 20 – 9 000 × 12 + 40 000 – 50 000 = 62 000（元）。

（2）【答案】C

【解析】该企业 2×22 年利润总额 = 62 000 + 3 000 = 65 000（元）。

（3）【答案】B

【解析】所得税费用 = [65 000 – 3 500 + （30 000 – 15 000）+ （20 000 – 5 000）] × 25% = 22 875（元）。

（4）【答案】B

【解析】甲企业 2×23 年度应纳税所得额 = 200 – 50 + 10 = 160（万元）。

（5）【答案】BD

【解析】甲企业 2×23 年度应交所得税 = 160 × 25% = 40（万元），递延所得税费用为 0，因此，所得税费用为 40 万元；甲企业 2×23 年度实现的净利润 = 200 – 40 = 160（万元）。

借：本年利润                                      40

    贷：所得税费用                         40

# 第九章　产品成本核算

本章内容为产品成本核算的内容，涉及费用的归集和分配以及在产成品与在产品之间的分配，核算复杂，学习难度较大。主要包括成本核算对象的确定、产品成本各项要素费用的归集和分配、生产费用在完工产品和在产品之间的归集与分配、产品成本计算方法。考生需要对上述内容熟练掌握，特别需要注意的是，辅助生产费用分配的方法、生产成本在完工产品和在产品之间的分配方法可能会在不定项选择题中出现。

本章考点涉及考试题型较多，大多以客观题的形式出现，主、客观题的考核形式均可能出现，考生在复习过程中应侧重文字表述的理解以及理论知识的应用，熟悉出题方式，练习计算能力。本章预计分值在 8~12 分之间。

## 教材变化

本章是 2024 年教材新设的一章，该章从 2023 年教材第二章中分出来单设为一章，内容在原有内容基础上进行了修改、完善和补充。具体调整如下：

（一）框架结构的调整

本章共设三节，第一节成本核算的概述、第二节产品成本的归集和分配、第三节产品成本计算方法。

（二）变化具体内容

1. 在"第一节成本核算的概述"，涵盖了原教材关于产品成本核算的要求、产品成本核算的一般程序、产品成本核算对象、产品成本项目相关内容。

2. 在"第二节产品成本的归集和分配"涵盖了原教材关于"产品成本核算""生产费用在完工产品和在产品之间的归集和分配"相关内容，并对原内容进行了部分删除。

（1）删除了"产品成本核算"中有关"废品损失和停工损失的核算"的内容。

（2）删除了"生产费用在完工产品和在产品之间的归集和分配"中有关"联产品和副产品的成本分配"的内容。

3. 在"第三节产品成本计算方法"，分别按照特点、一般程序对品种法、分批法、分步法进行了阐述。并对原内容增加了部分详细阐述。

## 教材框架

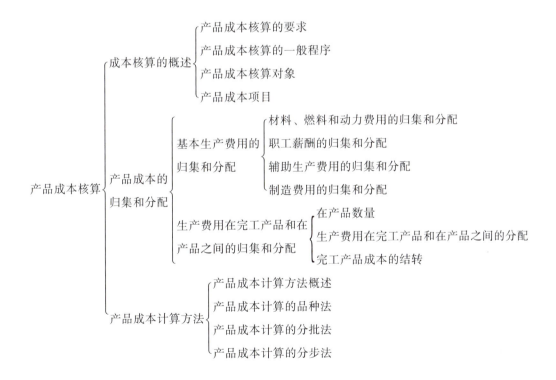

# 考点提炼

## 考点1　产品成本核算要求和一般程序 ★★

| 项　目 | 内　　容 |
|---|---|
| 成本会计概念 | 是基于商品经济条件下，为求得产品的总成本和单位成本而核算全部生产成本和费用的会计活动 |
| 产品成本核算的要求 | 1. 做好各项基础工作。<br>2. 正确划分各种费用支出的界限。<br>（1）正确划分收益性支出和资本性支出的界限；<br>（2）正确划分成本费用、期间费用和营业外支出的界限；<br>（3）正确划分本期成本费用与以后期间成本费用的界限；<br>（4）正确划分各种产品成本费用的界限；<br>（5）正确划分本期完工产品与期末在产品成本的界限。<br>3. 根据生产特点和管理要求选择适当的成本计算方法。<br>常用的产品成本计算方法有品种法、分批法、分步法、分类法、定额法、标准成本法等。<br>4. 遵守一致性原则。<br>各种会计处理方法要前后一致，使前后各项的成本资料相互可比。<br>【要点】采用的会计政策和估计一经确定，不得随意变更。<br>5. 编制产品成本报表 |
| 产品成本核算的一般程序 | 1. 根据生产特点和成本管理的要求，确定成本核算对象。<br>2. 确定成本项目，一般应当设置"直接材料""燃料及动力""直接人工""制造费用"等成本项目。<br>3. 设置有关成本和费用明细账，如生产成本明细账、制造费用明细账、产成品和自制半成品明细账等。<br>4. 收集确定各种产品的生产量、入库量、在产品盘存量以及材料、工时、动力消耗等，并对所有已发生生产费用进行审核。<br>5. 归集所发生的全部生产费用，并按照确定的成本计算对象予以分配，按成本项目计算各种产品的在产品成本、产品成本和单位成本。<br>6. 结转产品销售成本 |

**典型例题**

【例9-1】（多选题）下列各项中，属于正确划分各种费用支出界限的有（　　）。

A. 正确划分收益性支出和资本性支出的界限

B. 正确划分本期成本费用与以后期间成本费用的界限

C. 正确划分各种产品成本费用的界限

D. 正确划分本期完工产品与期末在产品成本的界限

【答案】ABCD

【解析】为正确计算产品成本，必须正确划分以下五个方面的费用界限：一是正确划分收益性支出和资本性支出的界限；二是正确划分成本费用、期间费用和营业外支出的界限；三是正确划分本期成本费用与以后期间成本费用的界限；四是正确划分各种产品成本费用的界限；五是正确划分本期完工产品与期末在产品成本的界限。

【例9-2】（多选题）产品成本核算的一般程序中，设置的有关成本和费用明细账包括（　　）。

A. 生产成本明细账　　　　　　　　B. 制造费用明细账

C. 产成品和自制半成品明细账　　　D. 销售费用明细账

【答案】ABC

【解析】在产品成本核算的一般程序中应设置有关成本和费用明细账，如生产成本明细账、制造费用明细账、产成品和自制半成品明细账等。

## 考点2　产品成本核算对象★★★

| 企业类型 | 成本核算对象 |
| --- | --- |
| 制造企业 | 按照产品品种、批次订单或生产步骤等确定。<br>1. 大量大批单步骤生产产品或管理上不要求提供有关生产步骤成本信息的——产品品种；<br>2. 小批单件生产产品的——每批或每件产品；<br>3. 多步骤连续加工产品且管理上要求提供有关生产步骤成本信息的——每种（批）产品及各生产步骤；<br>4. 产品规格繁多的——将产品结构、耗用原材料和工艺过程基本相同的产品适当合并 |
| 农业企业 | 按照生物资产的品种、成长期、批别（群别、批次）、与农业生产相关的劳务作业等确定 |
| 批发零售企业 | 按照商品的品种、批次、订单、类别等确定 |
| 建筑企业 | 按照订立的单项合同确定 |
| 房地产企业 | 按照开发项目、综合开发期数并兼顾产品类型等确定 |
| 采矿企业 | 按照所采掘的产品确定成本核算对象 |
| 交通运输企业 | 1. 以运输工具从事货物、旅客运输的，按照航线、航次、单船（机）、基层站段等确定；<br>2. 从事货物等装卸业务的，按照货物、成本责任部门、作业场所等确定；<br>3. 从事仓储、堆存、港务管理业务的，按照码头、仓库、堆场、油罐、筒仓、货棚或主要货物的种类、成本责任部门等确定 |
| 信息传输企业 | 按照基础电信业务、电信增值业务和其他信息传输业务等确定 |

续表

| 企业类型 | 成本核算对象 |
|---|---|
| 软件及信息技术服务企业的科研设计与软件开发等人工成本比重较高的 | 按照科研课题、承接的单项合同项目、开发项目、技术服务客户等确定 |
| 文化企业 | 按照制作产品的种类、批次、印次、刊次等确定 |

**典型例题**

【例9-3】（单选题）下列业务中，按照货物、成本责任部门、作业场所等确定产品成本核算对象的是（    ）。

A. 从事仓储管理业务        B. 从事堆存管理业务

C. 从事货物装卸业务        D. 从事港务管理业务

【答案】C

【解析】交通运输企业从事货物等装卸业务的，可以按照货物、成本责任部门、作业场所等确定成本核算对象。

【例9-4】（多选题）下列项目中，属于制造企业确定产品成本核算对象的有（    ）。

A. 批次订单    B. 产品品种    C. 生产步骤    D. 产品结构

【答案】ABC

【解析】制造企业一般按照产品品种、批次订单或生产步骤等确定产品成本核算对象。

## 考点3　产品成本项目★

| 成本项目 | 内　容 | 说　明 |
|---|---|---|
| 直接材料 | 指直接构成产品实体的原材料，以及有助于产品形成的主要材料和辅助材料。包括原材料、辅助材料、备品配件、外购半成品、包装物、低值易耗品等费用 | 由于生产的特点、各种生产费用支出的比重及成本管理和核算的要求不同，企业可根据具体情况适当增加一些项目，如"废品损失"等成本项目。企业内部管理有相关要求的，还可以按照现代企业的成本管理要求，对有关成本项目进行组合，输出有关成本信息 |
| 燃料及动力 | 指直接用于产品生产的各种外购和自制的燃料和动力费用 | |
| 直接人工 | 指直接从事产品生产工人的职工薪酬 | |
| 制造费用 | 指企业为生产产品和提供劳务发生的各项间接费用 | |

典型例题

**【例9-5】**（单选题）下列各项中，不应计入产品生产成本的是（　　）。

A. 生产产品领用的原材料　　　　　B. 车间照明的电费

C. 厂房的日常修理费用　　　　　　D. 车间管理人员的工资

**【答案】** C

**【解析】** 厂房的日常修理费用计入管理费用，属于期间费用，不计入产品成本；生产产品领用的原材料属于直接材料；车间照明的电费、车间管理人员的工资属于制造费用。

**【例9-6】**（多选题）下列各项中，属于制造企业产品成本的有（　　）。

A. 直接材料　　　　　　　　　　　B. 直接人工

C. 制造费用　　　　　　　　　　　D. 燃料及动力

**【答案】** ABCD

**【解析】** 产品成本项目包括直接材料、燃料和动力、直接人工、制造费用。

## 考点4　材料、燃料及动力费用的归集和分配★★

| 项目 | | 具体内容 |
| --- | --- | --- |
| 归集 | | 1. 分产品领用的材料，可直接计入该产品直接材料成本项目；<br>2. 不能分产品领用的材料（即几种产品共同耗用某种材料的情况），应先按照分配标准进行分配，再计入相关产品直接材料成本项目 |
| 分配计算公式 | 通用 | 费用分配率＝材料、燃料、动力消耗总额÷分配标准之和<br>某产品应负担的费用＝该产品的分配标准×费用分配率 |
| | 消耗定额较准 | 某种产品材料定额消耗量＝该种产品实际产量×单位产品材料消耗定额<br>材料消耗量分配率＝材料实际总消耗量÷各种产品材料定额消耗量之和<br>某种产品应分配的材料费用＝该种产品的材料定额消耗量×材料消耗量分配率×材料单价 |

典型例题

**【例9-7】**（单选题）某企业的燃料费用按生产工时来分配，本月燃料费用为8 000元，甲产品生产工时为300小时，乙产品的生产工时为500小时，其中甲产品应分配的燃料费为（　　）元。

A. 5 000　　　　B. 8 000　　　　C. 3 000　　　　D. 6 000

**【答案】** C

**【解析】** 燃料费用分配率＝燃料消耗总额÷分配标准之和＝8 000÷（300＋500）＝

10（元/小时），甲产品应负担的燃料费用＝甲产品的生产工时×费用分配率＝300×10＝3 000（元）。

## 考点5　职工薪酬的归集与分配★★★

| 项目 | | 具体内容 |
|---|---|---|
| 归集 | | 1. 直接进行产品生产的生产工人职工薪酬，记入"直接人工"成本项目；<br>2. 不能直接计入产品成本的职工薪酬，按工时、产品产量、产值比例等进行合理分配 |
| 分配计算公式 | 通用 | 生产职工薪酬费用分配率＝各种产品生产职工薪酬总额÷各种产品生产工时之和<br>某种产品应分配的生产职工薪酬＝该种产品生产工时×生产职工薪酬费用分配率 |
| | 定额工时比例 | 某种产品耗用的定额工时＝该种产品投产量×单位产品工时定额<br>生产职工薪酬费用分配率＝各种产品生产职工薪酬总额÷各种产品定额工时之和<br>某种产品应分配的生产职工薪酬＝该种产品定额工时×生产职工薪酬费用分配率 |

典型例题

**【例9－8】**（单选题）某企业本月生产完工甲产品200件，乙产品300件，月初月末均无在产品，该企业本月发生直接人工成本6万元，按定额工时比例在甲、乙产品之间分配，甲、乙产品的单位定额工时分别为7小时、2小时，本月甲产品应分配的直接人工成本为（　　）万元。

　　A. 2.4　　　　　　　B. 1.8　　　　　　　C. 3.6　　　　　　　D. 4.2

**【答案】**D

**【解析】**甲产品耗用的定额工时＝甲产品完工产品量×单位甲产品工时定额＝200×7＝1 400（小时）；

乙产品耗用的定额工时＝乙产品完工产品量×单位乙产品工时定额＝300×2＝600（小时）；

生产职工薪酬费用分配率＝生产职工薪酬总额÷甲、乙产品定额工时之和＝6÷（1 400＋600）＝0.003（万元/小时），甲产品应分配的生产职工薪酬＝甲产品定额工时×生产职工薪酬费用分配率＝1 400×0.003＝4.2（万元）。

### 考点6　辅助生产费用的分配 ★★★

| 分配方法 | 特点与适用范围 | 优缺点 |
| --- | --- | --- |
| 直接分配法 | 1. 不考虑各辅助生产车间之间互相提供劳务或产品的情况，各辅助生产费用只进行对外分配；<br>2. 适用于辅助生产内部相互提供产品和劳务不多、不进行费用的交互分配、对辅助生产成本和企业产品成本影响不大的情况 | 分配一次，计算简单，但分配结果不够准确 |
| 交互分配法 | 辅助生产费用通过两次分配完成：<br>首先在辅助生产车间进行交互分配，然后再在辅助生产车间以外的各受益单位之间进行分配 | 提高了分配的正确性，但同时加大了分配的工作量 |
| 计划成本分配法 | 1. 辅助生产为各受益单位提供的劳务或产品，都按计划单位成本进行分配，实际发生的费用与按计划单位成本分配转出的费用之间的差额采用简化计算方法全部计入管理费用。<br>2. 适用于辅助生产劳务或产品计划单位成本比较准确的企业 | 便于考核和分析各受益单位的成本，有利于分清各单位的经济责任，但成本分配不够准确 |
| 提示：辅助生产费用的分配应通过辅助生产费用分配表进行 | | |

**典型例题**

【例9-9】（单选题）某企业有甲、乙两个辅助车间，采用交互分配法分配辅助生产费用。某月交互分配前，甲、乙车间归集的辅助生产费用分别为75 000元和90 000元。甲车间向乙车间交互分配辅助生产费用2 500元，乙车间向甲车间交互分配辅助生产费用3 000元。当月，甲车间向辅助生产车间以外的受益部门分配的辅助生产费用为（　　）元。

A. 75 000　　　　　B. 74 000　　　　　C. 75 500　　　　　D. 72 500

【答案】C

【解析】甲车间向辅助生产车间以外的受益部门分配的辅助生产费用 = 甲车间待分配费用 + 甲车间交互转入费用 - 甲车间交互转出费用 = 75 000 + 3 000 - 2 500 = 75 500（元）。

【例9-10】（单选题）辅助生产成本交互分配法的交互分配，是指将辅助生产成本首先在企业内部（　　）。

A. 辅助生产车间之间分配

B. 辅助生产车间与销售部门之间分配

C. 辅助生产车间与基本生产车间之间分配

D. 辅助生产车间与行政管理部门之间分配

【答案】A

【解析】交互分配法下辅助生产费用通过两次分配完成，先进行辅助生产车间之间交互分配，再进行对外分配。

【例9-11】（多选题）下列各项中，属于辅助生产费用分配方法的有（　　）。

A. 直接分配法 B. 交互分配法

C. 计划成本分配法 D. 约当产量法

【答案】ABC

【解析】辅助生产费用的分配方法很多，如直接分配法、交互分配法、计划成本分配法、顺序分配法和代数分配法等，选项A、B、C正确；约当产量法是生产费用在完工产品和在产品之间归集和分配的方法，选项D错误。

## 考点7　制造费用的归集和分配★★

| 项目 | | 具体内容 |
|---|---|---|
| 制造费用内容 | | 包括物料消耗，车间管理人员的薪酬，车间管理用房屋和设备的折旧费、租赁费和保险费，车间管理用具摊销，车间管理用的照明费、水费、取暖费、劳动保护费、设计制图费、试验检验费、差旅费、办公费以及季节性及修理期间停工损失等。<br>提示：制造费用项目一经确定，不应任意变更 |
| 分配方法 | 生产工人工时比例法 | 较为常用 |
| | 生产工人工资比例法 | 适用于各种产品生产机械化程度相差不多的企业。<br>说明：如果生产工人工资是按生产工时比例分配，那么该方法实际上等同于生产工人工时比例法 |
| | 机器工时比例法 | 适用于产品生产的机械化程度较高的车间 |
| | 按年度计划分配率分配法 | 特别适用于季节性生产企业 |
| 提示：分配方法一经确定，不得随意变更；如需变更，应当在附注中予以说明 | | |

典型例题

【例9-12】（多选题）下列各项中，制造费用分配方法包括（　　）。

A. 生产工时比例法 B. 生产工人工资比例法

C. 机器工时比例法 D. 按年度计划分配率分配法

【答案】ABCD

【解析】制造费用分配标准包括生产工时、生产工人工资、机器工时、年度计划分配率。

## 考点8　生产费用在完工产品和在产品之间的分配方法★★★

| 分配方法 | 基本原理 | 适用范围 |
|---|---|---|
| 约当产量比例法 | 将月末在产品数量按其完工程度折算为相当于完工产品的数量参与生产费用的分配，一般按照材料消耗比例或完工程度将月末在产品数量折合成完工产品数量 | 适用于产品数量较多，各月在产品数量变化也较大，且生产成本中直接材料成本和直接人工等加工成本的比重相差不大的产品 |
| 在产品按定额成本计价法 | 月末在产品成本按定额成本计算，该种产品的全部成本减去按定额成本计算的月末在产品成本，余额作为完工产品成本 | 适用于各项消耗定额或成本定额比较准确、稳定，而且各月末在产品数量变化不是很大的产品 |
| 定额比例法 | 按照两者的定额消耗量或定额成本比例分配 | 适用于各项消耗定额或成本定额比较准确、稳定，但各月末在产品数量变动较大的产品 |

典型例题

【例9-13】（单选题）生产A产品有两道工序，第一工序要240小时，第二工序要160小时，已知第一工序没有在产品，第二工序在产品200件，平均完成进度是60%，第二工序在产品的约当产量是（　　）件。

A. 80　　　　　　B. 120　　　　　　C. 168　　　　　　D. 200

【答案】C

【解析】第二工序在产品的完工率=（240+160×60%）÷（240+160）×100%=84%，第二工序在产品的约当产量=第二工序在产品数量×第二工序的完工率=200×84%=168（件）。

【例9-14】（单选题）采用定额比例法分配直接材料成本，发出材料5 500千克，单价25元。完工产品350件，单位消耗定额20千克；在产品150件，单位消耗定额12千克。完工产品应分配材料成本为（　　）元。

A. 3 850　　　　B. 109 375　　　　C. 96 250　　　　D. 85 937.5

【答案】B

【解析】直接材料成本分配率=（月初在产品实际材料成本+本月投入的实际材料成本）÷（完工产品定额材料成本+月末在产品定额材料成本）=（5 500×25）÷

$(350 \times 20 + 150 \times 12) = 15.625$ （元/千克）。

完工产品应负担的直接材料成本＝完工产品定额材料成本×直接材料成本分配率＝ $350 \times 20 \times 15.625 = 109\ 375$ （元）。

## 考点9　产品成本计算的品种法★★

| 项目 | 内　　容 |
|---|---|
| 定义 | 品种法是指以产品品种作为成本核算对象，归集和分配生产成本，计算产品成本的一种方法 |
| 特点 | 1. 成本核算对象是产品品种。<br>2. 品种法下一般定期（每月末）计算产品成本。<br>3. 月末一般不存在在产品，当期发生的生产费用总和就是该种完工产品的总成本；如果企业月末有在产品，要将生产成本在完工产品和在产品之间进行分配 |
| 一般程序 | 1. 按产品品种设立成本明细账，根据各项费用的原始凭证及相关资料编制有关记账凭证并登记有关明细账，并编制各种费用分配表分配各种要素费用。<br>2. 根据上述各种费用分配表和其他有关资料，登记辅助生产明细账、基本生产明细账、制造费用明细账等。<br>3. 根据辅助生产明细账编制辅助生产成本分配表，分配辅助生产成本。<br>4. 根据制造费用明细账编制制造费用分配表，在各种产品之间分配制造费用，并据以登记基本生产成本明细账。<br>5. 根据各产品基本生产明细账编制产品成本计算单，分配完工产品成本和在产品成本。<br>6. 编制产成品的成本汇总表，结转产成品成本 |
| 适用范围 | 适用于单步骤、大量生产的企业，如发电、供水、采掘等企业 |

典型例题

【例9－15】（多选题）下列各项中，关于品种法的表述正确的有（　　　）。

A. 广泛适用于单步骤、大量大批生产的企业

B. 广泛适用于单件小批生产的企业

C. 定期计算产品成本

D. 成本核算对象是产品品种

【答案】ACD

【解析】单件小批生产的企业适用于分批法生产的企业，选项B错误。

【例9－16】（判断题）发电、供水、采掘等单步骤大量生产的企业宜采用品种法计算产品成本。（　　　）

【答案】√

【解析】品种法适用于单步骤、大量生产的企业，如发电、供水、采掘等企业。

## 考点 10　产品成本计算的分批法★★

| 项目 | 内　　容 |
| --- | --- |
| 定义 | 分批法是指以产品的批别作为产品成本核算对象，归集和分配生产成本，计算产品成本的一种方法 |
| 特点 | 1. 成本核算对象是产品的批别。成本核算对象是购买者事先订货或企业规定的产品批别。<br>2. 产品成本计算是不定期的。成本计算期与产品生产周期基本一致，但与财务报告期不一致。<br>3. 由于成本计算期与产品的生产周期基本一致，因此，在计算月末在产品成本时，一般不存在在完工产品和在产品之间分配成本的问题 |
| 一般程序 | 1. 按产品批别设置产品基本生产成本明细、辅助生产成本明细账。<br>2. 根据各生产费用的原始凭证或原始凭证汇总表和其他有关资料，编制各种要素费用分配表，分配各要素费用并登账。<br>3. 将计入已完工的产品的成本明细账所归集的生产费用，按成本项目汇总，计算出该批完工产品的总成本和单位成本，并转账。月末完工产品与在产品之间的费用分配有以下几种情况：<br>（1）如果是单件生产，产品完工以前，产品成本明细账所记的生产费用都是在产品成本；产品完工时，产品成本明细账所记的生产费用，就是完工产品成本，因而在月末计算成本时，不存在在完工产品与在产品之间分配费用的问题。<br>（2）如果是小批生产，批内产品一般都能同时完工，在月末计算成本时，或是全部已经完工，或是全部没有完工，因而一般也不存在在完工产品与在产品之间分配费用的问题。<br>（3）如果批内产品跨月陆续完工，这时就要在完工产品与在产品之间分配费用 |
| 适用范围 | 适用于单件、小批生产的企业，如造船、重型机器制造、精密仪器制造等，也可用于一般企业中的新产品试制或试验的生产、在建工程以及设备修理作业等 |

**典型例题**

【例 9–17】（多选题）下列各项中，关于分批法的表述正确的有（　　　）。

A. 成本计算期与产品生产周期基本一致

B. 一般不需在完工产品和在产品之间分配成本

C. 以产品的批别作为成本核算对象

D. 需要计算和结转各步骤产品的生产成本

【答案】ABC

【解析】选项 D 属于分步法的特点。

【例 9–18】（判断题）分批法的成本计算期是固定的，与产品生产周期不一致。

（　　　）

【答案】×

【解析】分批法的产品成本计算是不定期的，成本计算期与产品生产周期基本一致，但与财务报告期不一致。

## 考点 11 产品成本计算的分步法★★

| 项目 | 内　　容 |
|---|---|
| 定义 | 是指按照生产过程中各个加工步骤（分品种）为成本核算对象，归集和分配生产成本，计算各步骤半成品和最后产成品成本的一种方法 |
| 特点 | 1. 成本核算对象是各种产品的生产步骤。<br>2. 月末需要将归集在生产成本明细账中的生产成本在完工产品和在产品之间进行分配。<br>3. 除了按品种计算和结转产品成本外，还需要计算和结转产品的各步骤成本 |
| 方式一：逐步结转分步法 | 是按照产品加工的顺序，逐步计算并结转半成品成本，直到最后加工步骤完成才能计算产品成本的一种方法。<br>该方法主要用于不需分步计算半成品成本的情形，需要将生产成本在各步骤完工产品和在产品之间进行分配 |
| 方式二：平行结转分步法 | 是指在计算各步骤成本时，不计算各步骤所产半成品的成本，也不计算各步骤所耗上一步骤的半成品成本，而只计算本步骤发生的各项其他成本，以及这些成本中应计入产成品的份额，将相同产品的各步骤成本明细账中的这些份额平行结转、汇总，即可计算出该种产品的产成品成本。<br>该方法主要用于不需分步计算半成品成本的情形 |
| 适用范围 | **大量大批的多步骤生产**，如冶金、纺织、机械制造等 |

典型例题

【例 9 - 19】（多选题）下列各项中，属于逐步结转分步法的优点有（　　）。

A. 不需要进行成本还原

B. 能够提供各个生产步骤的半成品成本资料

C. 为各生产步骤的在产品实物管理及资金管理提供资料

D. 能够全面地反映各生产步骤的生产耗费水平

【答案】BCD

【解析】逐步结转分步法需要进行成本还原，增加了核算的工作量，不属于其优点。

【例 9 - 20】（多选题）下列关于平行结转分步法的表述中，正确的有（　　）。

A. 不必逐步结转半成品成本

B. 各步骤可以同时计算产品成本

C. 能提供各个步骤半成品的成本资料

D. 能直接提供按原始成本项目反映的产成品成本资料

【答案】ABD

【解析】平行结转分步法在计算各步骤成本时，不计算各步骤所产半成品的成本，选项 C 错误。

【例 9 - 21】（判断题）平行结转分步法下，各步骤的产品生产成本伴随着半成品实物的转移而转移。（　　）

【答案】×

【解析】平行结转分步法在计算各步骤成本时，不计算各步骤所产半成品的成本，也不计算各步骤所耗上一步骤的半成品成本，而只计算本步骤发生的各项其他成本，以及这些成本中应计入产成品的份额。

# 巩固练习

## 一、单项选择题

1. 下列各项中，不属于产品成本核算要求的是（　　）。

　　A. 成本核算对象的确定　　　　　　B. 正确划分各种费用支出的界限

　　C. 遵守一致性原则　　　　　　　　D. 编制产品成本报表

2. 下列各项中，不属于产品成本的是（　　）。

　　A. 生产产品耗用的材料成本　　　　B. 生产车间生产工人的工资

　　C. 销售部门产品宣传费用　　　　　D. 生产车间生产管理人员的工资

3. 某企业的燃料按工时定额分配，本月燃料费为 10 000 元，甲产品生产工时为 200 小时，乙产品的生产工时为 300 小时，其中甲产品应分配的燃料费为（　　）元。

　　A. 3 000　　　　　B. 4 000　　　　　C. 6 000　　　　　D. 8 000

4. 下列各项中，适用于辅助生产劳务或产品计划单位成本比较准确的企业的辅助生产费用分配方法是（　　）。

　　A. 直接分配法　　　　　　　　　　B. 计划成本分配法

　　C. 顺序分配法　　　　　　　　　　D. 代数分配法

5. 下列各项中，不属于生产费用在完工产品与在产品之间进行分配方法的是
（　　）。

　　A. 在产品按定额成本计价法　　　　　B. 交互分配法

　　C. 定额比例法　　　　　　　　　　　D. 约当产量比例法

6. 某企业 A 产品经过两道工序加工完成。与 A 产品有关的资料如下：A 产品第
一道工序 300 小时，在产品数量为 400 件，第二道工序 200 小时，在产品数量为 200
件，假定各工序内在产品完工程度平均为 50%。第一道工序在产品约当产量为
（　　）件。

　　A. 120　　　　　　B. 150　　　　　　C. 400　　　　　　D. 200

7. 下列各种产品成本计算方法，适用于单件小批生产的是（　　）。

　　A. 品种法　　　　　　　　　　　　　B. 分批法

　　C. 逐步结转分步法　　　　　　　　　D. 平行结转分步法

8. 下列各项中，属于平行结转分步法缺点的是（　　）。

　　A. 不能提供各生产步骤的半成品成本资料

　　B. 不必进行成本还原

　　C. 各生产步骤可以同时计算产品成本

　　D. 能够直接提供按原始成本项目反映的产成品成本资料

## 二、多项选择题

1. 下列各项中，属于成本核算一般程序的有（　　）。

　　A. 确定成本核算对象　　　　　　　　B. 确定成本项目

　　C. 登记生产费用　　　　　　　　　　D. 结转产品销售成本

2. 甲公司基本生产车间生产 A、B 两种产品，本月共发生生产工人职工薪酬
10 000 万元，按生产工时比例在 A、B 产品之间分配，A 产品的生产工时为 200 小
时，B 产品的生产工时为 300 小时。下列关于甲公司分配职工薪酬会计处理结果表述
正确的有（　　）。

　　A. 职工薪酬费用分配率为 20 万元/小时

　　B. A 产品应分配的职工薪酬为 4 000 万元

　　C. B 产品应分配的职工薪酬为 8 000 万元

　　D. 职工薪酬费用分配率为 10 万元/小时

3. 下列关于辅助生产费用分配方法的表述，正确的有（　　）。

　　A. 采用交互分配法，辅助生产费用需要经过两次分配完成

　　B. 采用计划成本分配法，辅助生产费用需进行对外和对内的分配

C. 采用直接分配法，实际发生的费用与分配转出的计划费用之间的差额计入制造费用

D. 采用计划成本分配法，辅助生产车间实际发生的费用与分配转出的计划费用之间的差额计入制造费用

4. 制造费用指为生产产品和提供劳务所发生的各项间接费用，包括（　　）。

A. 生产车间管理人员的工资、福利费

B. 生产车间固定资产日常修理费

C. 生产车间的房屋、设备的折旧费

D. 生产车间季节性停工损失

5. 下列关于品种法的说法，正确的有（　　）。

A. 适用于大量大批的多步骤生产

B. 成本核算对象是产品品种

C. 月末一般不存在在产品

D. 每月月末计算产品成本

6. 下列关于逐步结转分步法特点的说法中，正确的有（　　）。

A. 分步计算半成品成本

B. 逐步计算并结转半成品成本

C. 不计算各步骤所产半成品的成本

D. 需要将生产成本在各步骤完工产品和在产品之间进行分配

## 三、判断题

1. 小批单件生产产品的，一般只按照每批次确定成本核算对象。（　　）

2. 企业采用计划成本、标准成本、定额成本等类似成本进行直接材料日常核算的，在结转成本时，可以以计划成本、标准成本、定额成本等代替实际成本。（　　）

3. 交互分配法特点是辅助生产费用通过一次分配即可完成，减轻分配工作量。

（　　）

4. 制造费用属于直接生产成本，所以成品成本中的制造费用要根据生产工时等分配标准分配计入。（　　）

5. 如果企业定额管理基础好，各月末在产品数量变化不大，则该企业适宜采用的完工产品和在产品成本分配方法是在产品按固定成本计价法。（　　）

6. 分批法在计算月末在产品成本时，一般需要在完工产品和在产品之间分配成本。（　　）

# 巩固练习参考答案及解析

## 一、单项选择题

1. 【答案】A

【解析】产品成本核算的要求主要有：（1）做好各项基础工作；（2）正确划分各种费用支出的界限；（3）根据生产特点和管理要求选择适当的成本计算方法；（4）遵守一致性原则；（5）编制产品成本报表。选项 B、C、D 属于产品成本核算要求；选项 A，属于成本核算对象的内容。

2. 【答案】C

【解析】选项 A，生产产品耗用的材料成本，属于产品成本中的料，计入生产成本；选项 B，生产车间生产工人的工资，属于产品成本中的工，计入生产成本；选项 D，生产车间生产管理人员的工资，属于产品成本中的费用，计入生产成本；选项 C，销售部门产品宣传费用，应计入销售费用，不计入产品成本。

3. 【答案】B

【解析】甲产品应分担的材料费 $= 10\,000 \div (200 + 300) \times 200 = 4\,000$（元）。

4. 【答案】B

【解析】选项 A，适用于辅助生产内部相互提供产品和劳务不多、不进行费用的交互分配、对辅助生产成本和企业产品成本影响不大的情况；选项 B，适用于辅助生产劳务或产品计划单位成本比较准确的企业；选项 C，适用于各辅助生产车间之间相互受益程度有明显顺序的企业；选项 D，适用于已经实现电算化的企业。

5. 【答案】B

【解析】生产费用在完工产品和在产品之间进行分配的方法主要有：不计算在产品成本法、在产品按固定成本计价法、在产品按所耗直接材料成本计价法、约当产量比例法、在产品按定额成本计价法、在产品按完工产品成本计价法、定额比例法等，选项 A、C、D 属于生产费用在完工产品和在产品之间进行分配的方法；选项 B 属于辅助生产费用的分配方法。

6. 【答案】A

【解析】第一道工序的完工率 $= (300 \times 50\%) \div (300 + 200) \times 100\% = 30\%$，第一道工序在产品约当产量 $=$ 第一道工序在产品数量 $\times$ 第一道工序的完工率 $= 400 \times$

30% = 120（件）。

7.【答案】B

【解析】分批法适用于单件、小批生产的企业。

8.【答案】A

【解析】平行结转分步法的缺点是：不能提供各个步骤的半成品成本资料；在产品的费用在产品最后完成以前，不随实物转出而转出，即不按其所在的地点登记，而按其发生的地点登记，因而不能为各个生产步骤在产品的实物和资金管理提供资料；各生产步骤的产品成本不包括所耗半成品费用，因而不能全面地反映各该步骤产品的生产耗费水平（第一步骤除外），不能更好地满足这些步骤成本管理的要求，选项 A 属于平行结转分步法的缺点；平行结转分步法的优点是：各步骤可以同时计算产品成本，平行汇总计入产成品成本，不必逐步结转半成品成本；能够直接提供按原始成本项目反映的产成品成本资料，不必进行成本还原，因而能够简化和加速成本计算工作，选项 B、C、D 属于平行结转分步法的优点。

## 二、多项选择题

1.【答案】ABD

【解析】成本核算的一般程序包括：（1）确定成本核算对象；（2）确定成本项目；（3）设置成本和费用明细账；（4）收集并审核发生的费用；（5）归集并分配全部生产费用，得出成本核算对象成本；（6）结转产品销售成本。选项 C 错误。

2.【答案】AB

【解析】职工薪酬费用分配率 = A、B 产品生产职工薪酬总额 ÷ A、B 产品生产工时总和 = 10 000 ÷（200 + 300）= 20（万元/小时）；A 产品应分配的职工薪酬 = A 产品的生产工时 × 分配率 = 200 × 20 = 4 000（万元）；B 产品应分配的职工薪酬 = B 产品的生产工时 × 分配率 = 300 × 20 = 6 000（万元）。

3.【答案】AB

【解析】采用直接分配法，不存在实际发生的费用与分配转出的计划费用之间的差额问题，选项 C 错误；计划成本分配法下辅助生产车间实际发生费用与按单位计划成本分配转出费用的差额简化计入管理费用，选项 D 错误。

4.【答案】ACD

【解析】生产车间固定资产日常修理费应计入管理费用，选项 B 错误。

5.【答案】BCD

【解析】品种法计算成本的主要特点：一是成本核算对象是产品品种，选项 B 正确；二是品种法下一般定期（每月月末）计算产品成本，选项 D 正确；三是月末一般不存在在产品，如果有在产品，数量也很少，所以，一般不需要将生产费用在完工产品与在产品之间进行划分，当期发生的生产费用总和就是该种完工产品的总成本；如果企业月末有在产品，要将生产成本在完工产品和在产品之间进行分配，选项 C 正确。品种法适用于单步骤、大量生产的企业，如发电、供水、采掘等企业，选项 A 错误。

6.【答案】ABD

【解析】逐步结转分步法主要用于分步计算半成品成本的情形，是按照产品加工的顺序，逐步计算并结转半成品成本，直到最后加工步骤完成才能计算产品成本的一种方法。该方法需要将生产成本在各步骤完工产品和在产品之间进行分配。平行结转分步法在计算各步骤成本时，不计算各步骤所产半成品的成本，选项 C 错误。

## 三、判断题

1.【答案】×

【解析】小批单件生产产品的，一般按照每批或每件产品确定成本核算对象。

2.【答案】×

【解析】企业应当按照权责发生制的原则，根据产品的生产特点和管理要求结转成本。企业不得以计划成本、标准成本、定额成本等代替实际成本。企业采用计划成本、标准成本、定额成本等类似成本进行直接材料日常核算的，期末，应当将耗用直接材料的计划成本或定额成本等类似成本调整为实际成本。

3.【答案】×

【解析】交互分配法辅助生产费用通过两次分配完成，先进行交互分配，再进行对外分配。

4.【答案】×

【解析】制造费用属于间接生产成本。

5.【答案】×

【解析】完工产品和在产品的成本分配常用的分配方法有：不计算在产品成本法、在产品按固定成本计价法、在产品按所耗直接材料成本计价法、约当产量比例法、在产品按定额成本计价法、在产品按完工产品成本计价法、定额比例法等。在产品按定额成本计价法，适用于各月末在产品数量变化不大的情况。

6.【答案】×

【解析】分批法下由于成本计算期与产品的生产周期基本一致，因此，在计算月末在产品成本时，一般不存在在完工产品和在产品之间分配成本的问题。

# 第十章　政府会计基础

## 考情分析

本章内容为政府会计基础知识，这部分内容难度不大，但一些概念和知识点需要记忆，注意政府会计核算模式具备财务会计和预算会计双重功能，与企业会计核算模式有所不同。考生需要熟练掌握政府单位特定业务的财务会计和预算会计的平行记账等内容，关注国库集中支付（直接支付和授权支付）、预算结转结余及分配以及资产的账务处理。本章考点涉及考试题型通常以单项选择题、多项选择题和判断题等客观题的形式考核，出不定项选择题的可能性不大。本章预计分值 10 分左右。

## 教材变化

本章是 2024 年教材新设的一章，该章从 2023 年教材第二章中分出来单设为一章，内容在原有内容基础上进行了修改、完善和补充。具体调整如下：

（一）框架结构的调整

本章共设三节，第一节政府会计要素与核算模式、第二节行政事业单位常见业务的会计核算、第三节政府决算报告和财务报告。

（二）变化具体内容

1. 在"第一节政府会计要素与核算模式"，包含了三个部分，第一部分是政府会计概述，第二部分是政府会计要素及其确认和计量，第三部分是政府会计核算模式。

（1）"政府会计概述"中简化了原内容对于政府会计标准体系阐述的内容。

（2）"政府会计要素及其确认和计量"内容与原教材差别不大，主要阐述政府预算会计要素和政府财务会计要素相关内容。

（3）政府会计核算模式阐述政府会计的构成，列示了预算会计与财务会计的适度分离和预算会计与财务会计的相互衔接相关内容。

2. 在"第二节行政事业单位常见业务的会计核算"中，在原教材关于"政府单位会计核算"内容的基础上，进行了部分删除。

（1）在"国库集中支付业务"中：

一是删除了"财政直接支付业务"中有关"预算指标数与实际支出数差额会计处理"相关内容；

二是删除了"财政授权支付业务"中有关"年末注销额度、年初恢复额度、年末财政授权支付预算指标数大于零余额账户用款额度下达数、下年度收到批复的上年末未下达零余额账户用款额度的账务处理"相关内容；

三是新增了"预算管理一体化的相关会计处理"的内容。

（2）在"非财政拨款收支业务"中：

"事业（预算）收入"部分删除了"其他方式下确认事业收入""事业活动中涉及增值税业务""开展专业业务活动及其辅助活动取得的非同级财政拨款收入"的账务处理相关内容。

（3）在"预算结转结余及分配业务"中：

一是"财政拨款结转结余的核算"部分，删除了"财政拨款结转"关于上缴、调出、会计差错调整、改变用途等账务处理内容；删除了"财政拨款结余"关于上缴或注销、会计差错调整的账务处理内容；

二是"非财政拨款结转结余的核算"部分，删除了"非财政拨款结转"关于会计差错调整、缴回等账务处理内容；删除了"非财政拨款结余"关于会计差错调整的账务处理内容；

三是删除了"专用结余的核算"相关内容；

四是删除了"经营结余的核算"相关内容；

五是删除了"其他结余的核算"相关内容；

六是删除了"非财政拨款结余分配的核算"相关内容。

（4）在"净资产业务"中：

一是删除了"专用基金"相关内容；

二是删除了"无偿调拨净资产"相关内容；

三是删除了"权益法调整"相关内容；

四是删除了"以前年度盈余调整"相关内容。

3. 在"第三节政府决算报告和财务报告"中，调整了决算报告和财务报告的阐述顺序。

# 教材框架

政府会计基础
- 政府会计要素与核算模式
  - 政府会计概述
  - 政府会计要素及其确认和计量
    - 政府预算会计要素
    - 政府财务会计要素
  - 政府会计核算模式
- 行政事业单位常见业务的会计核算
  - 单位会计核算概述
  - 国库集中支付业务
  - 非财政拨款收支业务
  - 预算结转结余及分配业务
  - 净资产业务
  - 资产业务
  - 负债业务
- 政府决算报告和财务报告
  - 政府决算报告
  - 政府财务报告

# 考点提炼

## 考点1　政府预算会计要素及其确认与计量★★

| 要素 | 定义 | 确认 | 计量 |
|---|---|---|---|
| 预算收入 | 是指政府会计主体在预算年度内依法取得的并纳入预算管理的现金流入 | 一般在实际收到时予以确认 | 以实际收到的金额计量 |
| 预算支出 | 是指政府会计主体在预算年度内依法发生并纳入预算管理的现金流出 | 一般在实际支付时予以确认 | 以实际支付的金额计量 |
| 预算结余 | 是指政府会计主体预算年度内预算收入扣除预算支出后的资金余额，以及历年滚存的资金余额。<br>预算结余包括结余资金和结转资金。<br>1. 结余资金，是指年度预算执行终了，预算收入实际完成数扣除预算支出和结转资金后剩余的资金。<br>2. 结转资金，是指预算安排项目的支出年终尚未执行完毕或者因故未执行，且下年需要按原用途继续使用的资金 | | |

典型例题

【例10-1】（多选题）下列各项中，属于政府预算会计要素的有（　　）。

A. 预算收入　　　　B. 预算结余　　　　C. 预算结转　　　　D. 预算支出

【答案】ABD

【解析】政府预算会计要素有预算收入、预算支出和预算结余。

【例10-2】（判断题）预算收入应采用权责发生制进行确认和计量，一般在实际收到时予以确认。（　　）

【答案】×

【解析】预算收入按照收付实现制进行确认和计量，一般在实际收到时予以确认，以实际收到的金额计量。

## 考点2　政府财务会计要素及其确认与计量★★★

| 要素 | 项目 | 内　　容 |
|---|---|---|
| 资产 | 定义 | 是指政府会计主体过去的经济业务或者事项形成的，由政府会计主体控制的，预期能够产生服务潜力或者带来经济利益流入的经济资源 |
| | 分类 | 按照流动性分为流动资产和非流动资产。<br>1. 流动资产是指预计在1年内（含1年）耗用或者可以变现的资产；<br>2. 非流动资产是指流动资产以外的资产 |
| 资产 | 确认条件 | 符合政府资产定义的经济资源，在同时满足以下条件时，确认为资产。<br>1. 与该经济资源相关的服务潜力很可能实现或者经济利益很可能流入政府会计主体；<br>2. 该经济资源的成本或者价值能够可靠地计量 |
| | 计量属性 | 主要有历史成本、重置成本、现值、公允价值和名义金额。<br>【要点】政府会计主体对资产进行计量，一般应当采用历史成本 |
| 负债 | 定义 | 是指政府会计主体过去的经济业务或者事项形成的，预期会导致经济资源流出政府会计主体的现时义务。<br>【要点】将来发生的经济业务或者事项形成的义务不属于现时义务，不应当确认为负债 |
| | 分类 | 政府会计主体的负债按照流动性分为流动负债和非流动负债，还可以分为偿还时间与金额基本确定的负债和由或有事项形成的预计负债。其中：<br>1. 流动负债是指预计在1年内（含1年）偿还的负债；<br>2. 非流动负债是指流动负债以外的负债 |
| | 确认条件 | 符合政府负债定义的义务，在同时满足以下条件时，确认为负债。<br>1. 履行该义务很可能导致含有服务潜力或者经济利益的经济资源流出政府会计主体；<br>2. 该义务的金额能够可靠地计量 |
| | 计量属性 | 主要有历史成本、现值和公允价值。<br>【要点】政府会计主体对负债进行计量，一般应当采用历史成本 |
| 净资产 | 定义 | 是指政府会计主体资产扣除负债后的净额，其金额取决于资产和负债的计量 |

续表

| 要素 | 项目 | 内　　容 |
|---|---|---|
| 收入 | 定义 | 是指报告期内导致政府会计主体净资产增加的、含有服务潜力或者经济利益的经济资源的流入 |
| | 确认条件 | 收入的确认应当同时满足以下条件：<br>1. 与收入相关的含有服务潜力或者经济利益的经济资源很可能流入政府会计主体；<br>2. 含有服务潜力或者经济利益的经济资源流入会导致政府会计主体资产增加或者负债减少；<br>3. 流入金额能够可靠地计量 |
| 费用 | 定义 | 是指报告期内导致政府会计主体净资产减少的、含有服务潜力或者经济利益的经济资源的流出 |
| | 确认条件 | 费用的确认应当同时满足以下条件：<br>1. 与费用相关的含有服务潜力或者经济利益的经济资源很可能流出政府会计主体；<br>2. 含有服务潜力或者经济利益的经济资源流出会导致政府会计主体资产减少或者负债增加；<br>3. 流出金额能够可靠地计量 |

**典型例题**

【例 10 -3】（多选题）下列项目中，属于政府负债的计量属性的有（　　）。

A. 历史成本　　　　　　　　　B. 重置成本

C. 现值　　　　　　　　　　　D. 名义金额

【答案】AC

【解析】政府负债的计量属性主要包括历史成本、现值和公允价值；政府资产的计量属性主要包括历史成本、重置成本、现值、公允价值和名义金额。

【例 10 -4】（多选题）下列关于政府单位资产要素的表述，正确的有（　　）。

A. 资产是政府会计主体过去的经济业务或者事项形成的经济资源

B. 资产是由政府会计主体控制的经济资源

C. 资产是预期能够产生服务潜力或者带来经济利益流入的经济资源

D. 资产是预期能够产生服务潜力的现时义务

【答案】ABC

【解析】资产是指政府会计主体过去的经济业务或者事项形成的，由政府会计主体控制的，预期能够产生服务潜力或者带来经济利益流入的经济资源。

## 考点3　政府会计核算模式★★

| 特点 | 内　　容 |
|------|---------|
| "双功能" | 政府会计应当实现预算会计和财务会计的双重功能。<br>1. 预算会计：对政府会计主体预算执行过程中发生的全部预算收入和全部预算支出进行会计核算，主要反映和监督预算收支执行情况。<br>2. 财务会计：对政府会计主体发生的各项经济业务或者事项进行会计核算，主要反映和监督政府会计主体财务状况、运行情况和现金流量等 |
| "双基础" | 1. 预算会计实行收付实现制，国务院另有规定的，从其规定；<br>2. 财务会计实行权责发生制 |
| "双要素" | 政府会计要素包括预算会计要素和财务会计要素。<br>1. 预算会计要素：包括预算收入、预算支出与预算结余；<br>2. 财务会计要素：包括资产、负债、净资产、收入和费用 |
| "双报告" | 政府会计主体应当编制决算报告和财务报告。<br>1. 政府决算报告：是综合反映政府会计主体年度预算收支执行结果的文件，主要以收付实现制为基础编制，以预算会计核算生成的数据为准；<br>2. 政府财务报告：是反映政府会计主体某一特定日期的财务状况和某一会计期间的运行情况和现金流量等信息的文件，主要以权责发生制为基础编制，以财务会计核算生成的数据为准 |

典型例题

【例10-5】（单选题）下列项目中，属于政府会计"双报告"的是（　　）。

A. 决算报告和绩效报告

B. 绩效报告和财务报告

C. 预算报告和决算报告

D. 决算报告和财务报告

【答案】D

【解析】政府会计主体应当编制决算报告和财务报告。

【例10-6】（判断题）政府会计是对政府及其组成主体的财务状况、运行情况、现金流量、预算执行等情况进行核算、监督和报告，实行收付实现制。（　　）

【答案】×

【解析】政府会计中的预算会计实行收付实现制，国务院另有规定的，从其规定；其中的财务会计实行权责发生制。

### 考点4　国库集中支付业务——财政直接支付业务★★★

| 业务和事项 | 核算模式 | 账务处理 |
|---|---|---|
| 收到"财政直接支付入账通知书"时 | 预算会计 | 借：行政支出/事业支出等<br>　贷：财政拨款预算收入 |
| | 财务会计 | 借：库存物品/固定资产/应付职工薪酬/业务活动费用/单位管理费用等<br>　贷：财政拨款收入 |

**典型例题**

【例10-7】（多选题）2×23年7月8日，某事业单位根据经过批准的部门预算和用款计划，向同级财政部门申请支付第二季度水费95 000元。7月15日，财政部门经审核后，以财政直接支付方式向自来水公司支付该单位的水费95 000元。7月20日，该事业单位收到"财政直接支付入账通知书"。该事业单位应编制的会计分录包括（　　）。

A. 借：事业支出　　　　　　　　　　　　　　　95 000
　　　贷：财政拨款预算收入　　　　　　　　　　　　95 000

B. 借：行政支出　　　　　　　　　　　　　　　95 000
　　　贷：财政拨款预算收入　　　　　　　　　　　　95 000

C. 借：单位管理费用　　　　　　　　　　　　　95 000
　　　贷：财政拨款收入　　　　　　　　　　　　　　95 000

D. 借：业务活动费用　　　　　　　　　　　　　95 000
　　　贷：财政拨款收入　　　　　　　　　　　　　　95 000

【答案】AC

【解析】在财政直接支付方式下，对直接支付的支出，单位在收到"财政直接支付入账通知书"时，按照通知书中直接支付的金额，在预算会计中借记"行政支出""事业支出"等科目，贷记"财政拨款预算收入"科目，选项A正确、选项B错误；同时在财务会计中借记"库存物品""固定资产""应付职工薪酬""业务活动费用""单位管理费用"等科目，贷记"财政拨款收入"科目，选项C正确、选项D错误。

### 考点5　国库集中支付业务——财政授权支付业务★★★

| 业务和事项 | 核算模式 | 账务处理 |
|---|---|---|
| 收到"授权支付到账通知书"时 | 预算会计 | 借：资金结存——零余额账户用款额度<br>　　贷：财政拨款预算收入 |
| | 财务会计 | 借：零余额账户用款额度<br>　　贷：财政拨款收入 |
| 按规定支用额度 | 预算会计 | 借：行政支出/事业支出等<br>　　贷：资金结存——零余额账户用款额度 |
| | 财务会计 | 借：业务活动费用/单位管理费用/库存物品等<br>　　贷：零余额账户用款额度 |

**典型例题**

【例10－8】（多选题）2×23年3月，某科研所根据经过批准的部门预算和用款计划，向同级财政部门申请财政授权支付用款额度180 000元。4月6日，财政部门经审核后，以财政授权支付方式下达了180 000元用款额度。4月8日，该科研所收到代理银行转来的"授权支付到账通知书"。该科研所应编制的会计分录包括（　　　）。

A. 借：资金结存——零余额账户用款额度　　　　　　180 000
　　　贷：财政拨款预算收入　　　　　　　　　　　　　　180 000

B. 借：资金结存——零余额账户用款额度　　　　　　180 000
　　　贷：资金结存——财政应返还额度　　　　　　　　180 000

C. 借：零余额账户用款额度　　　　　　　　　　　　180 000
　　　贷：财政拨款收入　　　　　　　　　　　　　　　180 000

D. 借：财政应返还额度　　　　　　　　　　　　　　180 000
　　　贷：财政拨款收入　　　　　　　　　　　　　　　180 000

【答案】AC

【解析】在财政授权支付方式下，单位收到代理银行盖章的"授权支付到账通知书"时，根据通知书所列数额，在预算会计中借记"资金结存——零余额账户用款额度"科目，贷记"财政拨款预算收入"科目；同时在财务会计中借记"零余额账户用款额度"科目，贷记"财政拨款收入"科目。因此，选项A、C正确。

### 考点6 预算管理一体化的相关会计处理 ★★★

| 业务和事项 | 核算模式 | 账务处理 |
|---|---|---|
| 根据收到的国库集中支付凭证及相关原始凭证 | 财务会计 | 借：库存物品/固定资产/业务活动费用/单位管理费用/应付职工薪酬等<br>贷：财政拨款收入（使用本年度预算指标）<br>或财政应返还额度（使用以前年度预算指标） |
| | 预算会计 | 借：行政支出/事业支出等<br>贷：财政拨款预算收入（使用本年度预算指标）<br>或资金结存——财政应返还额度（使用以前年度预算指标） |
| 年末，根据财政部门批准的本年度预算指标数大于当年实际支付数的差额中允许结转使用的金额 | 财务会计 | 借：财政应返还额度<br>贷：财政拨款收入 |
| | 预算会计 | 借：资金结存——财政应返还额度<br>贷：财政拨款预算收入 |

☞**提示**：在实行预算管理一体化的地区和部门，国库集中支付不再区分财政直接支付和财政授权支付，单位的会计处理与财政直接支付方式下类似，不再使用"零余额账户用款额度"科目。

**典型例题**

【例10－9】（多选题）某事业单位根据收到的基本支出补助的国库集中支付凭证及相关原始凭证（使用本年度预算指标），应作的会计分录有（    ）。

A. 借：单位管理费用
       贷：财政应返还额度

B. 借：单位管理费用
       贷：财政拨款收入

C. 借：事业支出
       贷：财政拨款预算收入

D. 借：事业支出
       贷：资金结存——财政应返还额度

【答案】BC

【解析】单位应当根据收到的国库集中支付凭证及相关原始凭证，按照凭证上的国库集中支付入账金额，在财务会计下借记"库存物品""固定资产""业务活动费用""单位管理费用""应付职工薪酬"等科目，贷记"财政拨款收入"科目（使用本年度预算指标）或"财政应返还额度"科目（使用以前年度预算指标）；同时，在预算会计下借记"行政支出""事业支出"等科目，贷记"财政拨款预算收入"科目（使用本年度预算指标）或"资金结存——财政应返还额度"科目（使用以前年度预算指标）。

## 考点 7　非财政拨款收支业务——事业（预算）收入★★

| 业务和事项 | | 账务处理 | |
|---|---|---|---|
| | | 财务会计 | 预算会计 |
| 采用财政专户返还方式 | 实现时，按照实际收到或应收的金额 | 借：银行存款/应收账款等<br>　　贷：应缴财政款 | — |
| | 向财政专户上缴款项时 | 借：应缴财政款<br>　　贷：银行存款等 | — |
| | 收到从财政专户返还的款项时 | 借：银行存款等<br>　　贷：事业收入 | 借：资金结存——货币资金<br>　　贷：事业预算收入 |
| 采用预收款方式 | 实际收到款项时 | 借：银行存款等<br>　　贷：预收账款 | 借：资金结存——货币资金<br>　　贷：事业预算收入 |
| | 按合同完成进度确认收入时 | 借：预收账款<br>　　贷：事业收入 | — |
| 采用应收款方式 | 根据合同完成进度计算本期应收的款项 | 借：应收账款<br>　　贷：事业收入 | — |
| | 实际收到款项时 | 借：银行存款等<br>　　贷：应收账款 | 借：资金结存——货币资金<br>　　贷：事业预算收入 |

**典型例题**

【例 10-10】（单选题）采用财政专户返还方式管理的事业收入，收到从财政专户返还的事业收入时，按照实际收到的返还金额，政府预算会计应借记"资金结存——货币资金"科目，贷记（　　）科目。

A. 事业收入

B. 事业预算收入

C. 上级补助预算收入

D. 财政拨款预算收入

【答案】B

【解析】对于采用财政专户返还方式管理的事业（预算）收入，收到从财政专户返还的事业收入时，按照实际收到的返还金额，在财务会计中借记"银行存款"等科目，贷记"事业收入"科目；同时在预算会计中借记"资金结存——货币资金"科目，贷记"事业预算收入"科目。

### 考点8 非财政拨款收支业务——捐赠（预算）收入和支出★★

| 业务和事项 | | 账务处理 | |
|---|---|---|---|
| | | 财务会计 | 预算会计 |
| 接受捐赠的货币资金 | | 借：银行存款/库存现金等<br>　贷：捐赠收入 | 借：资金结存——货币资金<br>　贷：其他预算收入——捐赠预算收入 |
| 接受捐赠的存货、固定资产等非现金资产 | | 借：库存物品/固定资产<br>　贷：捐赠收入<br>　　银行存款等（关税费、运输费等） | 借：其他支出<br>　贷：资金结存——货币资金（关税费、运输费等） |
| 单位对外捐赠 | 现金资产 | 借：其他费用<br>　贷：银行存款/库存现金等 | 借：其他支出<br>　贷：资金结存——货币资金 |
| | 库存物品、固定资产等非现金资产 | 借：资产处置费用<br>　贷：库存物品/固定资产 | 如未支付相关费用，不作账务处理 |

**典型例题**

【例10-11】（判断题）捐赠预算收入是指单位接受捐赠的资产，包括现金捐赠收入和非现金捐赠收入。（　　）

【答案】×

【解析】捐赠收入指单位接受其他单位或者个人捐赠取得的收入，包括现金捐赠收入和非现金捐赠收入；而捐赠预算收入指单位接受捐赠的现金资产。

## 考点9　财政拨款结转结余的核算 ★★★

| 业务和事项 | | 账务处理 |
|---|---|---|
| 结转 | 年末，将财政拨款收入和对应的财政拨款支出 | 结转入"财政拨款结转"科目 |
| | 按照规定从其他单位调入财政拨款结转资金的，按照实际调增的额度数额或调入的资金数额 | 预算会计：<br>借：资金结存<br>　　贷：财政拨款结转——归集调入 |
| | | 财务会计：<br>借：财政应返还额度等<br>　　贷：累计盈余 |
| | 年末，冲销有关明细科目余额 | 将"财政拨款结转——本年收支结转、年初余额调整、归集调入、归集调出、归集上缴、单位内部调剂"科目余额转入"财政拨款结转——累计结转"科目 |
| | 年末，按照有关规定将符合财政拨款结余性质的项目余额转入财政拨款结余 | 借：财政拨款结转——累计结转<br>　　贷：财政拨款结余——结转转入 |
| 结余 | 年末，按照有关规定将符合财政拨款结余性质的项目余额 | 转入财政拨款结余 |
| | 经财政部门批准对财政拨款结余资金改变用途，按照批准调剂的金额 | 借：财政拨款结余——单位内部调剂<br>　　贷：财政拨款结转——单位内部调剂 |
| | 年末，冲销有关明细科目余额 | 将"财政拨款结余——年初余额调整、归集上缴、单位内部调剂、结转转入"科目余额转入"财政拨款结余——累计结余"科目 |

**典型例题**

【例10-12】（多选题）2×23年6月，财政部门拨付某事业单位基本支出补助300万元，"事业支出"科目下"财政拨款支出（基本支出）"明细科目的当期发生额分别为300万元。月末，该事业单位将本月财政拨款收入和支出结转，应编制的会计分录有（　　）。

　　A. 借：财政拨款预算收入——基本支出　　　　　　　　　3 000 000
　　　　　贷：财政拨款结转——本年收支结转——基本支出结转　3 000 000

B. 借：财政拨款收入——基本支出 3 000 000
贷：财政拨款结转——本年收支结转——基本支出结转 3 000 000
C. 借：财政拨款结转——本年收支结转——基本支出结转 3 000 000
贷：行政支出——财政拨款支出（基本支出） 3 000 000
D. 借：财政拨款结转——本年收支结转——基本支出结转 3 000 000
贷：事业支出——财政拨款支出（基本支出） 3 000 000

【答案】AD
【解析】（1）结转财政拨款收入：
借：财政拨款预算收入——基本支出 3 000 000
贷：财政拨款结转——本年收支结转——基本支出结转 3 000 000
（2）结转财政拨款支出：
借：财政拨款结转——本年收支结转——基本支出结转 3 000 000
贷：事业支出——财政拨款支出（基本支出） 3 000 000

## 考点10 非财政拨款结转结余的核算 ★★★

| 业务和事项 | | 账务处理 |
|---|---|---|
| 结转 | 年末结转 | 1. 将除财政拨款预算收入、经营预算收入以外的各类预算收入本年发生额中的专项资金收入转入"非财政拨款结转"科目；<br>2. 将行政支出、事业支出、其他支出本年发生额中的非财政拨款专项资金支出转入"非财政拨款结转"科目 |
| | 按照规定从科研项目预算收入中提取项目管理费或间接费时，按照提取金额 | 预算会计：<br>借：非财政拨款结转——项目间接费用或管理费<br>　　贷：非财政拨款结余——项目间接费用或管理费 |
| | | 财务会计：<br>借：业务活动费用<br>　　单位管理费用等<br>　　贷：预提费用——项目间接费用或管理费 |
| | 年末，冲销有关明细科目余额 | 将"非财政拨款结转——年初余额调整、项目间接费用或管理费、缴回资金、本年收支结转"科目余额转入"非财政拨款结转——累计结转"科目。<br>结转后，"非财政拨款结转"科目除"累计结转"明细科目外，其他明细科目应无余额 |
| | 年末，将留归本单位使用的非财政拨款专项（项目已完成）剩余资金转入非财政拨款结余 | 借：非财政拨款结转——累计结转<br>　　贷：非财政拨款结余——结转转入 |

续表

| 业务和事项 | | 账务处理 |
|---|---|---|
| 结余 | 年末，将留归本单位使用的非财政拨款专项（项目已完成）剩余资金转入"非财政拨款结余——结转转入"科目 | 借：非财政拨款结转——累计结转<br>　　贷：非财政拨款结余——结转转入 |
| | 实际缴纳企业所得税时，按照缴纳金额 | 预算会计：<br>借：非财政拨款结余——累计结余<br>　　贷：资金结存——货币资金<br><br>财务会计：<br>借：其他应交税费——单位应交所得税<br>　　贷：银行存款等 |
| | 年末，冲销有关明细科目余额 | 将"非财政拨款结余——年初余额调整、项目间接费用或管理费、结转转入"科目余额结转入"非财政拨款结余——累计结余"科目。<br>结转后，"非财政拨款结余"科目除"累计结余"明细科目外，其他明细科目应无余额 |
| | 年末，事业单位将"非财政拨款结余分配"科目余额转入非财政拨款结余 | "非财政拨款结余分配"科目为借方余额的：<br>借：非财政拨款结余——累计结余<br>　　贷：非财政拨款结余分配<br>"非财政拨款结余分配"科目为贷方余额的：<br>借：非财政拨款结余分配<br>　　贷：非财政拨款结余——累计结余 |
| | 年末，行政单位将"其他结余"科目余额转入非财政拨款结余 | "其他结余"科目为借方余额的：<br>借：非财政拨款结余——累计结余<br>　　贷：其他结余<br>"其他结余"科目为贷方余额的：<br>借：其他结余<br>　　贷：非财政拨款结余——累计结余 |

典型例题

【例 10 - 13】（单选题）下列各项中，属于非财政拨款结转资金核算内容的是（　　）。

A. 财政拨款收支　　　　　　　　　B. 经营收支

C. 非同级财政拨款专项资金收支　　D. 同级财政拨款专项资金收支

【答案】C

【解析】非财政拨款结转资金是指单位除财政拨款收支、经营收支以外的各非同级财政拨款专项资金收入与其相关支出相抵后剩余滚存的、须按规定用途使用的结转资金。

【例10-14】（判断题）事业单位应当在期末结转当期经营收支，将借方余额或贷方余额转入"非财政拨款结余分配"科目。（　　）

【答案】×

【解析】事业单位应当在期末结转本期经营收支。如"经营结余"科目为贷方余额，将余额结转至"非财政补助结余分配"科目；如为借方余额，即为经营亏损，不予结转。

## 考点11　净资产业务★★

| 项目 | 具体内容 |
|---|---|
| 本期盈余 | 1. 核算单位本期各项收入、费用相抵后的余额。<br>2. 期末，单位应当将各类收入科目和各类费用科目本期发生额转入"本期盈余"科目。<br>3. 年末，单位应当将"本期盈余"科目余额转入"本年盈余分配"科目 |
| 本年盈余分配 | 1. 核算单位本年度盈余分配的情况和结果。<br>2. 年末，单位应当将"本期盈余"科目余额转入本科目 |
| 累计盈余 | 核算单位历年实现的盈余扣除盈余分配后滚存的金额，以及因无偿调入调出资产产生的净资产变动额。<br>【注意】按照规定上缴、缴回、单位间调剂结转结余资金产生的净资产变动额，以及对以前年度盈余的调整金额，也通过"累计盈余"科目核算 |

**典型例题**

【例10-15】（多选题）2×22年11月10日，某行政单位接受其他部门无偿调入库存物品一批，该批库存物品在调出方的账面价值为18 000元，经验收合格后入库。库存物品调入过程中该单位以银行存款支付运输费800元。该行政单位的账务处理有（　　）。

A. 借：库存物品　　　　　　　　　　　　　　　　18 800
　　贷：银行存款　　　　　　　　　　　　　　　　　　800
　　　　无偿调拨净资产　　　　　　　　　　　　　18 000

B. 借：库存物品　　　　　　　　　　　　　　　　18 800
　　贷：无偿调拨净资产　　　　　　　　　　　　　18 800

C. 借：库存物品          18 000

  贷：无偿调拨净资产         18 000

D. 借：其他支出          800

  贷：资金结存——货币资金       800

【答案】AD

【解析】按照规定，通常情况下，无偿调拨非现金资产不涉及资金业务，因此不需要进行预算会计核算（除非以现金支付相关费用等）。但本题中，在库存物品调入过程中该单位以银行存款支付了运输费，因此也需要进行预算会计核算。

编制财务会计分录：

借：库存物品          18 800

  贷：银行存款          800

    无偿调拨净资产        18 000

同时，编制预算会计分录：

借：其他支出          800

  贷：资金结存——货币资金       800

选项 A、D 正确。

## 考点 12　资产业务 ★★

| 项目 | | 具体内容 |
|---|---|---|
| 几个共性内容 | 资产取得 | 1. 取得的方式包括外购、自行加工或自行建造、接受捐赠、无偿调入、置换换入、租赁等。<br>2. 在取得时按照成本进行初始计量，并分别不同取得方式进行会计处理 |
| | 资产处置 | 1. 处置的形式包括无偿调拨、出售、出让、转让、置换、对外捐赠、报废、毁损以及货币性资产损失核销等。<br>2. 单位应当将被处置资产账面价值转销计入资产处置费用，并按照"收支两条线"将处置净收益上缴财政 |
| 固定资产 | 分类 | 房屋及构筑物，专用设备，通用设备，文物和陈列品，图书、档案，家具、用具、装具及动植物 |
| | 核算 | 1. 设置"固定资产""固定资产累计折旧"等科目。<br>2. 购入需要安装的固定资产，应当先通过"在建工程"科目核算，安装完毕交付使用时再转入"固定资产"科目 |
| | 折旧 | 1. 固定资产应当按月计提折旧，当月增加的固定资产，当月开始计提折旧；当月减少的固定资产，当月不再计提折旧。<br>2. 固定资产提足折旧后，无论能否继续使用，均不再计提折旧；提前报废的固定资产，也不再补提折旧。<br>3. 已提足折旧的固定资产，可以继续使用的，应当继续使用，规范实物管理 |

典型例题

**【例 10 - 16】**（多选题）某事业单位的下列固定资产中，无须计提折旧的有（　　）。

A. 文物　　　　　　　　　　　B. 图书

C. 档案　　　　　　　　　　　D. 动植物

**【答案】** ABCD

**【解析】** 除文物和陈列品、动植物、图书、档案、单独计价入账的土地以及以名义金额计量的固定资产等外，单位应当按月对固定资产计提折旧。

**【例 10 - 17】**（判断题）盘盈的文物资产如果找不到同类资产参照，可以采用名义金额进行计量。（　　）

**【答案】** ×

**【解析】** 对于投资和公共基础设施、政府储备物资、保障性住房、文物文化资产等经管资产而言，其初始成本只能按照规定的三个层次进行计量，不能采用名义金额计量。

## 考点 13　负债业务 ★★

| 项目 | | 具体内容 |
| --- | --- | --- |
| 应缴财政款 | 定义 | 指单位取得或应收的按照规定应当上缴财政的款项，包括应缴国库的款项和应缴财政专户的款项 |
| | 核算 | 设置"应缴财政款"科目核算应缴财政的各类款项。<br>【注意】按规定应缴纳的各种税费，通过"应交增值税""其他应交税费"科目核算，不通过"应缴财政款"科目核算 |
| | 会计处理 | 取得或应收时：<br>借：银行存款/应收账款等<br>　　贷：应缴财政款<br>上缴时：<br>借：应缴财政款<br>　　贷：银行存款<br>【注意】应缴财政的款项不属于纳入部门预算管理的现金收支，因此不进行预算会计处理 |
| 应付职工薪酬 | 定义 | 指按照有关规定应付给职工（含长期聘用人员）及为职工支付的各种薪酬 |
| | 核算 | 设置"应付职工薪酬"科目核算应付职工薪酬业务 |

典型例题

**【例10-18】**（单选题）事业单位按照税法规定，代扣职工个人所得税时，应借记"应付职工薪酬"科目，贷记（　　）科目。

A. 应交增值税

B. 应交个人所得税

C. 应缴财政款

D. 其他应交税费

**【答案】** D

**【解析】** 单位按税法规定代扣个人所得税时，借记"应付职工薪酬"科目，贷记"其他应交税费——应交个人所得税"科目。

# 巩固练习

## 一、单项选择题

1. 政府会计中负债的计量属性不包括（　　）。

　　A. 历史成本　　　　B. 重置成本　　　　C. 公允价值　　　　D. 现值

2. 下列项目中，不属于政府会计特点的是（　　）。

　　A. 双方法　　　　B. 双要素　　　　C. 双功能　　　　D. 双报告

3. 下列关于政府会计核算模式的说法中，正确的是（　　）。

　　A. 实行单一预算会计核算方式

　　B. 实行单一财务会计核算方式

　　C. 预算会计与财务会计紧密结合并轨

　　D. 预算会计与财务会计适度分离并相互衔接

4. 某市属事业单位因开展专业业务活动，于2×23年5月收到同级教育部门拨入的经费500万元，则该事业单位收到该笔款项时，预算会计核算中应贷记的会计科目是（　　）。

　　A. 财政拨款收入

B. 非同级财政拨款预算收入

　　C. 事业预算收入

D. 非同级财政拨款收入

5. 单位对外捐赠现金资产的，按照实际捐赠的金额，在预算会计中借记（　　）科目，贷记"资金结存——货币资金"科目。

　　A. 其他费用

B. 资产处置费用

　　C. 待处理财产损溢

D. 其他支出

6. 2×23 年 8 月 8 日，某行政单位接受其他部门无偿调入物资一批，该批物资在调出方的账面价值为 20 000 元，经验收合格后入库。物资调入过程中单位以银行存款支付了运输费 1 000 元。财务部门根据有关凭证编制会计分录，不考虑相关税费。在预算会计中，应贷记（　　）。

    A. 无偿调拨净资产　　　　　　　　　　　　　　20 000

    B. 无偿调拨净资产　　　　　　　　　　　　　　21 000

    C. 资金结存——货币资金　　　　　　　　　　　1 000

    D. 资金结存——货币资金　　　　　　　　　　21 000

## 二、多项选择题

1. 下列有关政府会计的说法正确的有（　　）。

    A. 政府会计由预算会计和财务会计构成

    B. 预算会计实行权责发生制

    C. 财务会计实行收付实现制

    D. 政府会计主体应当编制决算报告和财务报告

2. 下列关于政府会计的相关描述，正确的有（　　）。

    A. 政府会计对政府及其组成主体的财务状况、运行情况、现金流量、预算执行等情况进行全面核算、监督和报告

    B. 政府会计应当实现预算会计和财务会计双重功能

    C. 政府单位应当编制决算报告和财务报告

    D. 政府决算报告只需要编制决算报表

3. 下列关于政府单位负债要素的表述，正确的有（　　）。

    A. 负债是政府会计主体过去的经济业务或者事项形成的

    B. 预期会导致经济资源流出政府会计主体

    C. 流动负债包括应付政府债券

    D. 负债预期会导致经济资源流出政府会计主体的现时义务

4. 2×23 年度甲单位财政直接支付指标数与当年财政直接支付实际支出数之间的差额为 30 万元。甲单位在 2×23 年末应作的会计分录包括（　　）。

    A. 借：零余额账户用款额度　　　　　　　　　300 000

        贷：财政拨款收入　　　　　　　　　　　　300 000

    B. 借：零余额账户用款额度　　　　　　　　　300 000

        贷：财政拨款预算收入　　　　　　　　　　300 000

    C. 借：财政应返还额度——财政直接支付　　　300 000

　　　　　贷：财政拨款收入　　　　　　　　　　　　　　　300 000
　　D. 借：资金结存——财政应返还额度　　　300 000
　　　　　贷：财政拨款预算收入　　　　　　　　　　　　 300 000

5. 下列各项中，关于事业单位固定资产折旧原则的说法正确的有（　　　）。

　　A. 当月增加的固定资产，当月开始计提折旧

　　B. 当月增加的固定资产，下月开始计提折旧

　　C. 当月减少的固定资产，当月需要计提折旧

　　D. 当月减少的固定资产，当月不再计提折旧

## 三、判断题

1. 行政事业单位发生的每笔业务，在采用财务会计核算的同时应当进行预算会计核算。　　　　　　　　　　　　　　　　　　　　　　　　　　　（　　）

2. 属于预算会计要素的有预算收入、净资产、预算支出、预算结余。　（　　）

3. 在实行预算管理一体化的地区和部门，国库集中支付不再区分财政直接支付和财政授权支付，单位的会计处理不再使用"零余额账户用款额度"科目。（　　）

4. 专用结余是事业单位按照规定从财政拨款结余中提取的，具有专门用途资金的变动和滚存情况。　　　　　　　　　　　　　　　　　　　　　　（　　）

5. 事业活动中涉及增值税业务的，事业预算收入应当按照实际收到的金额扣除增值税销项税之后的金额入账。　　　　　　　　　　　　　　　　　（　　）

# 巩固练习参考答案及解析

## 一、单项选择题

1.【答案】B

【解析】政府负债的计量属性有历史成本、现值和公允价值。

2.【答案】A

【解析】与企业会计相比，政府会计具有"双功能""双基础""双要素""双报告"的特点。

3.【答案】D

【解析】政府会计由预算会计和财务会计构成。政府会计核算模式实现了预算会计与财务会计适度分离并相互衔接，全面、清晰反映政府财务信息和预算执行信息。

4.【答案】C

【解析】事业单位对于因开展专业业务活动及其辅助活动取得的非同级财政拨款收入，应当通过"事业收入"和"事业预算收入"科目下的"非同级财政拨款"明细科目核算；对于其他非同级财政拨款收入，应当通过"非同级财政拨款收入"和"非同级财政拨款预算收入"科目核算。

5.【答案】D

【解析】单位对外捐赠现金资产的，按照实际捐赠的金额，在财务会计中借记"其他费用"科目，贷记"银行存款""库存现金"等科目；同时在预算会计中借记"其他支出"科目，贷记"资金结存——货币资金"科目。

6.【答案】C

【解析】正确的会计分录为：

财务会计中：

借：库存物品　　　　　　　　　　　　　　　21 000

　　贷：银行存款　　　　　　　　　　　　　　　　1 000

　　　　无偿调拨净资产　　　　　　　　　　　　20 000

同时，在预算会计中：

借：其他支出　　　　　　　　　　　　　　　1 000

　　贷：资金结存——货币资金　　　　　　　　　　1 000

## 二、多项选择题

1.【答案】AD

【解析】预算会计实行收付实现制；财务会计实行权责发生制。

2.【答案】ABC

【解析】政府决算报告应当包括决算报表和其他应当在决算报告中反映的相关信息和资料，选项 D 错误。

3.【答案】ABD

【解析】负债是指政府会计主体过去的经济业务或者事项形成的，预期会导致经济资源流出政府会计主体的现时义务，选项 A、B、D 正确；非流动负债是指流动负债以外的负债，包括长期借款、长期应付款、应付政府债券和政府依法担保形成的债务等，选项 C 错误。

4.【答案】CD

【解析】年末，政府单位根据本年度财政直接支付预算指标数与其实际支出数的差额，在预算会计中借记"资金结存——财政应返还额度"科目，贷记"财政拨款预算收入"科目；同时在财务会计中借记"财政应返还额度"科目，贷记"财政拨款收入"科目。

5.【答案】AD

【解析】选项A、D正确，当月增加的固定资产，当月开始计提折旧；当月减少的固定资产，当月不再计提折旧。

## 三、判断题

1.【答案】×

【解析】单位对于纳入部门预算管理的现金收支业务，在采用财务会计核算的同时应当进行预算会计核算；对于其他业务，仅需进行财务会计核算。

2.【答案】×

【解析】政府预算会计要素包括预算收入、预算支出、预算结余。

3.【答案】√

【解析】在实行预算管理一体化的地区和部门，国库集中支付不再区分财政直接支付和财政授权支付，单位的会计处理与财政直接支付方式下类似，不再使用"零余额账户用款额度"科目，"财政应返还额度"科目和"资金结存——财政应返还额度"科目不再设置"财政直接支付""财政授权支付"明细科目。

4.【答案】×

【解析】专用结余是指事业单位按照规定从非财政拨款结余中提取的具有专门用途的资金。

5.【答案】×

【解析】事业活动中涉及增值税业务的，事业收入按照实际收到的金额扣除增值税销项税之后的金额入账，事业预算收入按照实际收到的金额入账。